사회학총서 8

사회학적 관심의 동양사상적 지평

김미경 · 김영주 · 박수호 · 오세근 · 우실하 · 유승무 · 윤세원 · 이영찬
이재룡 · 이현지 · 정 륜 · 정성원 · 정승안 · 정학섭 · 진희권 · 홍승표

다산출판사

인사말

윤정로(KAIST/한국사회학회장)

한국에서 사회학이 제도화된 학문으로 자리 잡게 된 지 60년이 훨씬 넘었습니다. 1946년 서울대학교의 개교와 함께 최초의 사회학과가 설립되었다고 합니다. 분단과 전쟁, 산업화와 민주화로 요약되는 현대사의 격랑 속에서 사회학 공동체는 학문적 역량을 축적하고 제도적 기반을 확충하였을 뿐만 아니라 한국사회의 발전에도 기여했습니다.

이제 현대 한국사회가 직면하고 있는 문제들은 하나의 분과학문이나 국가의 경계를 넘어, 통합적이고 글로벌한 관점에서 접근하지 않으면 풀어나갈 수 없다는 것이 상식이 되었습니다. 이러한 시대적 과제들은 더욱 절실하게 사회학적 감수성과 통찰력을 요구하고 있습니다. 사회학은 이러한 과제들에 비전과 해답을 제시해 줄 수 있는 학문입니다. 사회과학의 여러 분과학문에 종합적이고 체계적인 이론과 방법론의 토대를 제공하면서 동시에 사회 각 부문으로 광범위하게 분석대상을 넓혀온 전통을 사회학이 갖고 있기 때문입니다.

한국사회학회는 이런 사회학의 능력과 전통을 활용하여 한국사회가 당면한 시대적 요구에 부응하기 위해, 사회학의 분야별 성과를 체계적으로 정리하여 총서 시리즈를 출판하게 되었습니다. 총서의 발간에는 60여 년의 역사를 가진 한국사회학 공동체의 희망도 담겨 있습니다. 한국의 사회문제에 대한 적실한 분석과 독창적 이론의 정립, 대안의 제시라는 학문의 목표에 한 걸음 더 다가서는 계기가 될 것이라는 희망입니다.

지난한 총서의 발간 작업은 2013년도에 결실을 거두어, 이론을 필두로 종교, 법, 인권, 사회운동, 인구와 보건 분야 6권의 총서가 출판되었습니다. 이러한 결실은 정진성 전임 회장과 실무를 담당한 연구이사 강정한 교수가 진두에 나선 가운데 학회 임원진, 그리고 각 분과학회에서 기획과 집필, 원고의 감수를 맡아주신 여러 회원들의 헌신적인 노력 덕분이었습니다.

한국사회학회는 총서 발간을 지속적으로 추진할 것입니다. 이미 기획되었으나 아직 마무리되지 못한 분야들과 함께 새로운 분야에 대한 기획과 출판도 추진할 계획입니다. 학회 운영의 총괄 업무에 더하여 2014년도 총서 출판 임무까지 흔쾌히 맡아주신 총무이사 주은우 교수께 깊이 감사드립니다. 총서 출판에 정성을 기울여주시는 다산출판사 여러분들께도 진심으로 감사드립니다.

인사말

정진성(서울대/전 한국사회학회장)

사회학은 언론, 행정, 사법, 기업, 복지, 시민사회 분야 전반에 골고루 필요한 지식을 교육하여 취업 분야가 넓을 뿐만 아니라 사회과학 여러 분과학문에 가장 유용한 이론의 공급원이기도 합니다. 최근 법학전문대학원을 비롯하여 여러 새로운 형태의 대학원이 설립되면서, 학부 교육과정에서 사회학이 갖고 있는 종합성과 논리성, 이론적 강점이 새롭게 주목받기 시작했습니다. 더욱이 엄청난 속도의 과학기술 발전과 글로벌리제이션의 진전으로 사회가 더 이상 하나의 분과학문으로 설명할 수 없는 복합적 양상으로 변화하는 상황에서, 사회학의 종합성과 유연성이 학문 간의 융복합을 추동하는 역할을 할 수 있다는 점도 새롭게 조명되기 시작했습니다. 다만 실용적이고 전문화되어 가는 세태에서 '사회'라는 개념이 추상적이고 모호하게 인식되고 있기 때문에, 사회학을 공부하는 학생들에게, 그리고 일반인들에게도 사회학의 개념과 위상을 명확히 정립하여 인식하도록 할 필요가 있다는 것이 사회학총서 기획의 기본 취지입니다.

2011년 6월 사회학회 총회에서 2013년 회장이 선출되고, 곧바로 구성된 새로운 회장단은 사회학총서를 만들자는 데 뜻을 모았습니다. 2011년 회장단에서 '21세기 사회학혁신 특별위원회'를 만들어서 사회학의 영역과 커리큘럼을 조사했으며, 2012년 회장단은 일본에서 사회학총서가 두 차례에 걸쳐 발간되었고 최근 중국사회학회도 총서 발간에 관심을 기울이고 있는 것을 확인하고 한국사회학회에서도 총서작업을 시도하면 좋겠다는 의지를 보인 바 있습니다.

총서 기획은 사회학회 내에서 활동하고 있는 20여 개의 분과학회를 기반으로 이루어졌습니다. 1990년대 후반부터 사회학의 규모가 늘어나면서 여러 분과학회가 속속 만들어졌는데, 이 분과학회들이 전·후기 사회학대회의 발표 세션 구성의 주체가 되고 있습니다. 대부분의 분과학회들은 그 분야의 전반적인 내용을 체계적으로 보여주는 저술의 필요성을 인지하고 있었으며, 사회학회 차원에서 각 분야를 아우르는 총서를 기획하는 데에 매우 적극적인 의사를 표명했습니다. 이미 개설서를 출판한 문화사회학회, 비판사회학회 등을 제외한 16개 분과학회가 2012년 11월에 1차 기획회의를 가지고 총서의 기본적인 가이드라인을 결정했습니다. 총서는 각 사회학 영역의 내용과 방법론 등을 포괄하며 사회학 학부 고학년과 대학원 신입생 수준의 학생들이 그 분야 사회학에 대해 전문지식을 습득할 수 있는 수준과 방식으로 집필하는 것으로 의견을 모았습니다.

총서작업 과정에서 사회학회는 전 분과학회가 참여하는 학술회의를 열었습니다. 모든 분과학회가 발표와 토론에 참여하여 총서 추진과정에서 실제로 집필의 한 부분이 이루어지고 집필의 추진력도 받을 수 있도록 한 것입니다. 4월에 '복지'를 주제로 하여 8개의 학회가 참여하는 심포지엄을 개최했고, 5월에는 '경제민주화' 대토론회를 7개 학회의 참여로 진행했습니다. 각 분과학회들은 매우 성실하고 진지하게 발표원고를 준비하여, 복지와 경제민주화와 같은 사회 전체에 큰 영향을 미치는 문제에 대해서 기존의 좁은 학문의 울타리를 넘어 융복합의 분석을 주도할 수 있는 사회학의 강점을 최대한으로 발휘했습니다.

사회학총서는 사회학의 학문적 특성과 내용을 확실히 할 뿐만 아니라, 각 분과학회가 총서작업을 통해 학문적 수준과 결속력을 높일 것으로 기대합니다. 나아가 분과학회 상호 간의 학문적 교류와 신뢰를 강화하여 한국

사회학회 전체의 정체성과 참여도를 높이고 결과적으로 한국사회학 전체의 수준을 높일 것이라고 믿습니다. 특히 서구의 학문적 업적에 기대온 과거의 관행에서 크게 벗어나 한국사회의 맥락에서 학자들의 문제의식과 시각, 문제해결의 방식을 정립할 수 있는 효과적인 계기가 될 것으로 생각됩니다.

그간에 각 학회장들의 회합이 계속 이어졌고, 6월 전기사회학대회에서는 총서 집필 현황을 서로 점검하는 공동 세션이 열렸으며, 이제 12월 사회학대회에서는 출판기념회를 계획하고 있습니다. 현재, 함께 시작한 16개 학회(몇 개는 개인들의 집필로 이루어지고 있음) 전체가 실제로 12월 사회학회에서 출판된 책을 가질 수 있기를 기대합니다만, 혹시 미처 끝내지 못한 학회는 다음 해를 기약하면 될 것입니다. 또 여러 다른 분과학회나 개인 학자들이 속속 총서 작업에 합류하여 사회학총서가 점점 더 완성된 모습을 갖추게 되기를 기원합니다.

집필에 참여하신 사회학회 여러분들께 감사드리며, 총서의 기획으로부터 실무에 이르는 전체 과정을 책임져 주신 강정한 교수와 총서의 출판을 선뜻 맡아주신 다산출판사 분들께 진심으로 고마움을 전합니다.

아무쪼록 수준 높은 책들이 출판되어, 한국사회학의 발전에 큰 기여를 하게 되기를 기대합니다.

발간사

송호근(사회학총서 발간위원장)

한국사회학회에서 처음 시도하는 총서 발간을 진심으로 환영하고 축하한다. 그동안 학회 차원에서, 그리고 뜻있는 사회학자들 간에 총서 발간의 필요성이 심심치 않게 제기된 바 있고, 영역별로 총서 형태의 연구서를 이미 발행한 분과학회가 더러 있지만, 사회학회 차원에서 총서 발간이라는 대사업을 시작한 것은 처음 있는 일이다. 그런 의미에서 조금 늦은 감이 없지 않지만, 20세기 한국사회의 발전상을 바탕으로 21세기 세계화와 더불어 진행되는 한국사회의 변화상을 각 분과별로 정리, 조망해 보는 일은 그야말로 한국사회학의 토대를 다지는 기초 작업이다. 21세기 한국사회는 더 이상 일국경계에 한정된 사회가 아니라 전 지구적 차원의 변화와 맞물린 다국적 · 혼합적 변동의 중심에 놓여 있으며, 그에 따라 20세기 사회학 패러다임으로는 포착되지 않는 신종의 변동 요인들이 대거 집중되거나 자체 생산되고 있다고 봐도 과언이 아니다. 신종 요인들의 유입과 동화과정, 자체 생산되는 신요인들의 본질을 파악하려면 새로운 이론과 분석방법이 필요하다. 고전사회학의 기본 원리와 20세기 사회학 패러다임을 기초로 하되 구본신참, 신구절충의 정신으로 글로벌화의 와중에 있는 한국사회의 변동원리를 포착하고 정립하는 것이 절실한 과제이다. 총서 발간의 가장 중요한 의미는 바로 여기에 있다.

돌이켜보건대, 한국사회학은 사회변동의 척후역할을 담당하던 '호황의 시대' 를 지나 사회적 수요가 현격히 줄어든 '위축의 시대' 를 맞고 있다. 누구나 사회학적 지혜를 필요로 했던 '격동의 시대' 에 오늘날의 수요위기를 예측하고 적절한 대비책을 준비해야 했다는 뒤늦은 반성이 총서를 발간하게 된 주요한 계기일 것이다. 사회학은 수요 위기와 함께 정체성 위기라는 이중적 위기에 당면하고 있다. 인접학문으로 주제와 쟁점이 이관되는 자연스런 학문분화, 산업화와 민주화가 어느 정도 정착함에 따라 변동론적 비전이 상대적으로 설득력을 잃는 현상, 그리고 무엇보다 사회학 내부에서 진행된 과잉전문화로 연구자와 대중이 분리되는 현상 등이 대중독자와 지지기반을 약화시킨 요인들로 보인다. 이는 사회과학 전반에서 목격되는 일반적 모습인데 사회학에서 그 중첩효과가 극대화되었다. 아카데미아에서 사회학의 위상을 회복하는 일, 대중독자들로부터 사랑과 신뢰를 회복하는 일이 무엇보다 절실한 요즘, '풍요한 사회' 의 내부 역학을 파헤치고 시민과 시민사회, 그리고 국가권력의 양지와 음지를 날카로운 분석기제와 생생한 언어로 조명하는 것은 사회학의 정체성을 살려내고자 하는 이 시대 사회학자들의 가장 중대한 과제라고 생각한다.

총서발간이 바로 그 작업의 기초를 마련할 것으로 기대한다. 21세기 한국사회의 변동역학과 인과법칙, 그리고 시민생활을 관할하는 객관적 법칙을 밝혀내는 작업이야말로 미시적 지식생산에 함몰된 아카데미아의 근시안적 연구경향을 극복하고 시민사회를 이끌 집단적 지혜와 교양을 증진하는 지름길이기 때문이다. 21세기 사회학이 바로 그 일을 담당해야 한다. 이는 정체성 위기에 처한 사회과학 일반의 지식저변을 넓혀 그 기초를 다지는 공동체적 과업의 첫걸음이라 할 수 있다. 이런 의미에서 총서 발간에 참여하는 집필진들은 사회과학의 공익함양과 공공성 증대라는 시대적 요구를 실천하는 사회학 전사라 해도 과언이 아니다.

총서 발간을 통해 사회학이 새로 태어나고 현재와 미래의 연구과제와 원리를 새롭게 갱신할 수 있기를 기대한다. 21세기 한국사회는 사회학과 더불어 숨 쉬고 사회학과 더불어 진화해 나갈 것을 희망한다. 사회학은 언제나 시민들이 발 딛고 있는 삶의 현장에서 시작해서 새로운 기획을 들고 다시 현장으로 돌아오는 실천적 학문이다. 시민들의 생생한 삶을 생동력 있는 이론과 신선한 언어로 퍼 올리는 것이야말로 21세기 사회학의 정체성을 구축하는 기본 원리다. 집필진들의 열정과 헌신을 기대한다.

기획의 글

유승무(중앙승가대 불교사회학부)

이 책은 사실상 사회학이 동양사상과 운우지정(雲雨之情)을 맺은 순간부터 시작된 것이나 마찬가지다. 1997년 영남대학교에서 개최된 전기 사회학대회의 '동양사회사상 집담회'가 바로 그 순간이었다. 그동안 동양사상은 왠지 사회학과는 어울릴 것 같지도 않았을 뿐만 아니라 사회학도라면 당연히 만나서는 안 될 것 같은 그 무엇으로 치부되어 왔다는 점을 생각하면, 그 순간은 한국사회학사의 획기적 전환점으로 기록될 수 있는 사건이었다.

한국사회를 연구하는 사회학자들이, 한국의 전통사회를 주도해 왔고 오늘날 한국인들의 삶에도 결정적인 영향을 미치고 있는 사상과 문화에 관심을 기울여 본 적이 없는 기막힌 관행이야말로 한국사회학의 발전에 걸림돌이 되고 있었다. 동양사상에 매료된 일군의 사회학자들은 바로 이러한 관행을 타파하고 동양사상과 문화에 대한 본격적인 사회학적 연구에 착수하기 위해 '동양사회사상학회'를 창립하였다. 최석만(전남대 사회학과) 초대회장을 비롯한 당시 창립멤버들은, 서구의 사회학적 성과에 의존하는 학문적 식민지성을 탈피해야 한다는 당위적 말잔치를 넘어서서, 동양사상에 기초하여 기존 사회학을 일신시키려는 학문적 실천을 실제로 감행하자는 도원결의(桃園結義)를 하였다. 그 결기(結氣)가 동양사회사상학회의 학회지인 『동양사회사상』(2013년부터 『사회사상과 문화』로 제호를 변경)을 통하여 약 160여 편에 달하는 연구 성과를 축적하기에 이르렀다. 한국연구재단 등재지인 학회지는 1998년 1집에서 출발하여 2014년 6월 현재 29집까지 출판되었다.

그 많은 성과를 이 짧은 지면에서 자세하게 분석할 여유는 없지만 회원들의 초심(初心)이 그 성과 하나하나에 반영된 것만큼은 분명하다. 실제로 기존 사회학 일반의 학문적 성과와 비교해 볼 때 유교, 불교, 노장, 북방 샤머니즘 등의 세계관을 사회학적 관점에서 재해석하고 있다는 점이 동양사회사상학회의 차별적 연구 성과로 드러나고 있다. 우리는 바로 이 점이야말로 학회원들의 초심이 관철된 결과일 뿐만 아니라 한국사회학의 확장 및 일신에 기여할 수 있는 이론적 · 메타이론적 근거로 활용될 것으로 기대한다.

또한 우리 학회에서는 사회화 및 가족, 규범문화와 사회통제, 노동, 복지, 정치, 사회변동 등과 같은 사회학의 통상적 연구주제는 물론 한국사회의 고유한 사회현상에 대한 실증적 연구과제도 동양사상뿐만 아니라 그로부터 파생된 문화적 특성과 연관시켜 해석하고 있는 연구가 대종을 이루고 있다. 이러한 연구들은 한국사회에서 발생하는 구체적 사회현상은 동양사상이나 전통문화와의 연관성 속에서 해석할 때 보다 잘 이해된다는 점을 실증하는 연구들로서 한국사회의 이해에 크게 기여하리라 기대한다.

물론 동양사회사상학회가 한국사회학회의 분과 학회이고 학회구성원들이 대부분 사회학자들이란 점에서 동양사상과 간접적인 관련성만을 지닌 연구 성과들도 있다. 바로 이러한 요구를 수용하여 2014년 29집부터는 학회지의 제호를 『사회사상과 문화』로 변경하여 학회의 연구영역을 점차 확장해 나가고 있다.

우리 학회의 이러한 연구 성과들은 사회학과 동양사상의 운우지정이 낳은 자연스런 귀결이라고 할 수 있다. 이 책의 구성 및 체계와 각 장(chapter)의 내용 역시 그간의 성과들의 자연스런 반영일 수밖에 없음은 두

말할 나위도 없다. 이 책은 크게 두 부분, 즉 제1부의 동양사상적 세계관의 사회학적 인식과 제2부의 사회학적 쟁점의 동양사상적 해석으로 구성되어 있다. 제1부는 유교, 불교, 동북아 샤머니즘 등 동양사상 및 전통문화에 나타난 세계관을 바탕으로 기존 사회학적 시각을 극복해 보고자 하는 연구 성과들을 각각의 장으로 나누어 배치하였다. 제2부는 사회화, 가족 및 젠더, 규범문화와 사회통제, 노동과 사회복지, 정치적 가치, 사회변동 등 사회학 일반의 각론에 해당하는 주제를 동양사상과 연관시켜 재해석하고 있는 연구 성과들로 채웠다. 마지막으로, 노장사상에 대한 사회과학적 연구가 전무하다는 점을 고려하여, 사회과학적 함의를 내포한 원고를 포함시켰다. 다만 이 원고의 경우에도 사회학적 논의가 부족하다는 점 때문에 학회의 중론을 거쳐 보론으로 배치하였다.

이 책은 동양사회사상학회의 회원들이 약 17년간 쏟은 노력의 중간결산이다. 이 책의 모든 필자가 해당 분야에서 왕성한 필력을 자랑하는 중견 연구자이자 동양사상에 일가를 이룬 전문가란 점을 생각할 때, 이 책은 동양사회사상학회의 옥동자이기도 하지만 한국사회학계에서도 길이 남을 연구 성과가 될 것으로 자부한다. 그러나 막상 이 책을 세상에 내놓자니 두려운 마음도 없지 않다.

첫째, 이 책은 동양사회사상학회의 성과들조차도 모두 포괄하지 못하고 있다. 교육, 여가, 한류문화, 언론(소통), 수행 혹은 수양 등과 같이 학회 회원들이 많은 열정을 쏟아 연구한 결과물이 상당히 축적되었음에도 불구하고 지면의 제약 등의 이유로 그 성과들을 이 책에 담지 못했다.

둘째, 이 책은 한편으로는 사회학 일반에서 통상 다루는 주제들을 모두 포괄하지 못하기도 하였거니와 다루고 있는 내용조차도 개론서 정도의 소개에 그치고 있다는 점이다. 또한 이 책에서 감당하고 있는 동양사상도, 수천 년 이상 축적된 동양사상의 깊이와 넓이를 생각할 때, 빙산의 일각에 불과함을 고백하지 않을 수 없다. 그렇기 때문에 이 책의 내용이 오로지 한 분야만을 연구하는 전문연구자들에게는 다소 식상한 것으로 받아들여질 가능성도 배제할 수 없다. 그러나 개론서 수준을 요구한 총서의 기획의도와 상이한 두 분야의 결합을 시도하는 연구의 본질적 한계를 고려할 때, 이 역시도 불가피한 한계일 수밖에 없었다.

따라서 이 책은 이미 엄청난 후속 과제를 내포하고 있다. 우리의 앞길이 멀고 험한 것도 사실이다. 그러나 우리도 여전히 목마르다. 지적 갈증이 심한 만큼 그 갈증을 해소하려는 우리의 열의와 결기도 높다. 벌써 또 하나의 후속 작업이 기다려진다. 도량이 넓고 눈밝은 후속 세대의 동참을 기다린다.

예정된 출산일을 넘기는 산고를 겪으면서도 이 책이 출간될 수 있었던 것은 많은 분들의 헌신적인 노고 덕분이다. 동양사회사상학회의 초대 회장이셨던 전남대 사회학과 최석만 교수님, 2대 회장이셨던 계명대 사회학과 이영찬 교수님, 그리고 현 회장님이신 전북대 정학섭 교수님의 격려, 동양사회사상학회 모든 회원들의 헌신적 참여와 너그러운 이해, 그리고 학회 총무(동명대 정승안 교수님), 간사(고려대 박사과정 이민정 선생님), 그리고 편집진(항공대 우실하 교수님, 광주대 김미경 교수님, 중앙승가대 유승무)의 아낌없는 봉사가 없었다면 이 책은 빛을 보지 못했을 것이다. 또한 한국사회학회(회장 정진성)의 지원이 없었더라도 이 책의 출간은 기약조차 할 수 없었을지도 모른다. 끝으로 이 책을 보기 좋게 꾸며주신 다산출판사 관계자들의 노고에도 심심한 사의를 표한다.

머리말

동양을 넘어 서양을 넘어

최석만(전남대 사회학과)

동양의 세계관은 유불선 세 가지다. 현실에 관한 유교, 내세에 관한 불교, 그리고 초월적 세계를 직관으로 파악하는 도교 이 세 가지가 삼발이처럼 삶을 받쳐 왔다. 때로는 유교로, 때로는 불교로, 또 때로는 도교로 거닐면서 동양의 문화는 풍요해졌다. 하나의 이념이나 세계관이 지배하지 않고 서로가 서로에게 의지하는 이 세계는 평화로운 것이었다. 그리고 이질적 생각, 사상, 문화에 개방된 것이었다.

유교는 사회 운영에 관한 사상이고 그 모델은 가족적 친애이며 인간 삶이 이루어지는 곳에서는 어디서나 필요한 인간의 '상(常)'이다. 여기에서 출발하여 동양 사상에서는 세계 질서와 같은 거시적인 문제에서부터 시작하여 정치, 경제, 문화, 종교, 교육, 윤리, 가족과 같은 사회제도의 문제, 그리고 개인의 가치관, 수양, 예절에 관한 문제에 나름의 답을 제시해 왔다.

그리고 현재 한국의 많은 문제점들에 가족주의와 유교와 전통문화를 대입하면 의외로 원인과 과정이 쉽게 설명이 된다. 서구 사상으로 볼 때 불합리해 보이는 한국의 정치, 경제, 교육, 종교의 많은 부분이 합리적으로 설명된다.

아직도 유교라면 부정적으로 보는 우리 사회의 일부 시각에서는 이런 주장을 '고리타분하다' 고 할지도 모른다. 그러나 그것은 유교와 우리의 전통을 '고리타분하게' 해석하기 때문이다. 또는 너무 '딱딱하다' 고 말할 수도 있다. 그것도 '딱딱하게' 해석하기 때문이며, '시대에 뒤떨어졌다' 는 것도 '시대에 뒤떨어지게' 해석하기 때문이다. 수천 년이 된 기독교 성경에 대해 고리타분하다거나 딱딱하다거나 시대에 뒤떨어졌다고 하지 않는 이유는 그런 식으로 해석을 하지 않기 때문이다.

가족과 부부, 친구 관계에 대해 말하는 별로 신기할 것도 없는 오륜이지만 다른 문명권을 보면 이런 정도의 평범한 인간관계의 윤리가 결여되어 있다는 사실에 깜짝 놀라게 된다. 대부분의 문명권에서 자연발생적으로 생겨나고 고착된 관습, 가족의 관습은 있지만 가족 구성원 사이의 윤리와 준거가 결여되어 있다.

서양의 경우 일찍 그리스 시대부터 지금까지 이상사회(utopia)에서 출발해 가족을 설계하는 플라톤류의 사회공학적이고 이상론적인 사상이 지배적이었다. 수많은 서양철학자 가운데 가족을 진지하게 다룬 사람은 없다. 헤겔만이 가족을, 그것도 시민사회로 나아가기 전의 원시문명 상태로 기술하였을 뿐이다.

18세기와 19세기 신대륙에서 수없이 많은 이상공동체(utopian communities)들이 우리가 생각해 볼 수 있는 거의 모든 형태의 가족 제도를 실험해 보았고 1960년대와 1970년에는 히피들 그리고 20세기 사회주의 국가들에서 가족을 해체하려고 해 보았지만 결국 우리가 보는 평범한 부부와 자녀가 애정으로 삶의 단위를 이루는 가족으로 회귀하였다.

새는 알에서 부화하여 깨어났을 때 본 첫 대상을 어미로 알고 따라다닌다. 이를 각인(imprinting)이라고 한다. 인공부화장에서 태어난 새는 사람을 어미새로 알고 쫄쫄 따라다닌다. 태어나자마자 어미의 소리와 냄새를 각인시킨다. 동물생태학자 로렌츠가 실험한 바로는, 알에서 갓 깨어난 새끼오리에게 진공청소기를 보여 주었더니 그 오리는 죽을 때까지 진공청소기에 강한 애착을 보였다고 한다.

사람도 크게 다르지는 않을 것이다. 태어나면서 본 가족의 애정과 규범과 문화는 평생 사람의 생각과 행동에 영향을 줄 것이다. 우리나라 사람들의 사회관계가 정적(情的)이고 친밀성이 중심이 되고 서열적인 것도 가족문화 때문일 것이다. 사실 이런 요소가 한국인의 삶 전반, 사회 구성, 운영, 세계관에 배어 있다.

동양사상은 현대사회 문제들에 대해 생각보다는 많은 답을 제시할 수 있다. 복지 혜택을 늘릴수록 복지 수요가 더 늘어나는 복지국가 문제, 노인문제, 이혼 문제, 아동교육 문제, 사회치안 문제, 노숙자 문제 등은 가족이 해체되어 나타나는 현상이다.

현대사회에서 '개인'은 우상이다. 우리 스스로 지어낸 시대적 우상이며 영원히 도달할 수 없는 신화이기도 하다. 개인의 자유와 권리를 지나치게 주장하는 것은 현실적으로 국가와 사회에 너무 많은 부담을 준다. 국가가 책임지기 위해서는 물론 더 많은 예산과 인원이 필요하다. 스스로를, 자녀를, 부모를, 이웃을 국가에 맡기면 좋기는 하지만 그 비용은 결국 개인이 부담할 수밖에 없다. 이런 과정에서 커지는 것은 사회적 비효율성이다. 국가라는 관료제를 거쳐서 자녀를 돌보게 하는 것은 사회적으로 비효율적이다. 그리고 관심, 애정, 사랑의 많은 부분이 사회적으로 손실되게 된다.

미래 세계를 진정으로 염려하는 사람이라면 개인이라는 좁은 울타리를 과감히 벗어나야 한다. 그리고 가족, 사회, 세계, 만물이라는 더 넓은 세계로 나아가야 한다.

한국의 가족주의와 유교와 전통문화를 들이대면 난해해 보이는 문제들이 의외로 쉽게 설명이 된다. 정치, 경제, 교육, 종교의 상당 부분, 불합리해 보이던 부분이 합리적으로 설명된다. 가족주의라는 말만 가지고도 이것들의 상당 부분이 설명되는 것이다.

한국을 포함한 동북아시아의 발전은 서구 침체의 또 다른 얼굴이다. 자본, 기술, 시장에 있어서 서양은 동양이 따라잡을 수 없는 대상이었다. 서구가 왜 침체에 빠졌는가를 묻기 전에 우리가, 한국이 왜 놀라운 발전을 할 수 있었는가를 물어야 한다. 삼성, 현대, LG, 포항제철이 어떻게 소니, 인텔, IBM, US Steel을 제치고 세계적인 기업이 되었는가를 설명할 수 있어야 한다. 그리고 제2차 세계대전 이후 제3세계 국가들 가운데 한국만이 유일하게 민주발전과 경제발전이라는 두 마리 토끼를 잡았는가도 설명할 수 있어야 한다. 우리의 교육제도가 문제라고 하기 전에 '기러기 아빠'라는 세계 초유의 현상이 왜 한국에서만 일어나는가, 왜 한국 부모들은 자녀 교육을 위하여 개인의 안락을 과감히 버리는가를 설명해야 한다. 그리고 최근에 다른 나라 사람들이 왜 한류를 좋아하는가도 알아야 한다.

이런 문제들을 근본부터 설명하려고 하면 결국 우리는 전통 문화, 우리가 그토록 냉대했던 우리의 문화를 만날 수밖에 없다. 원류(原流)를 찾아 수풀을 헤치고 잡목 숲을 지나 먼지를 털어 내고 나면 우리는 한국 문화라는, 생각했던 것보다 거대하며 풍요로운 강을 만나게 된다. 한류의 예에서 보듯이 그 강은 이미 우리만이 아닌, 세계인을 위한 강이 되어 가고 있다.

근면하고 성실하며 지식을 숭상하고 나보다는 가족, 남, 공동체, 국가를 위해 헌신해 왔던 한국의 전통 문화는 오늘날 세계 곳곳에서 빛을 발하고 있다. 바그너(Richard Wagner) 탄생 200주년이 되는 올해, 독일의 바이로이트(Bayreuth) 극장에서 열리는 축제의 개막곡 '방랑하는 화란인'(The Flying Dutchman)의 주연을 맡은 사무엘 윤은 한국 사람이다. 또 역사가 500년이나 되는 빈소년합창단의 지휘를 맡고 있는 김보미 씨 역시 한국 사람이다. 유럽에서 성악 콩쿠르 심사를 맡고 있는 음악인이 말하길, 심사를 하고 보면 1등도 한국 사람, 2등도 한국 사람, 3등도 한국 사람인 경우가 꽤 있다고 한다. 마치 미국 여자 프로 골프 대회에서 한국 낭자군이 상위 랭킹을 싹쓸이하고 있듯이 말이다. 유럽의 언론에서는 아마도 한국인들은 광대뼈가 튀어나와 발성 공간이 넓어 노래를 그렇게 잘하는 것이 아닐까 한다고도 하지만 수상 당사자들의 생각으로는 현지 유럽인들에 비해 서너 배의 노력을 했기 때문이라고 한다.

노력으로 예술과 과학에서 세계적으로 두각을 나타내고 있는 한국인의 예는 부지기수로 많다.

그렇다면 왜 한국 사람들은 다른 나라 사람보다 그렇게 열심히 할까?

우리는 정말 왜 이렇게 열심히 할까?

거기다 한국 사람들은 가족적이고 친화적이며 도덕적이다.

한두 명도 아니고 우리 모두가 다 말이다.

왜 그럴까?

물론 우리를 그렇게 이끈 우리 모두의 같은 생각들 때문일 것이다. 다른 말로는 세상을 살아가는 가치관과 세계를 보는 세계관이 그렇다는 것이고, 그 근저 깊은 곳에서 아직도 끝없이 흘러나오는, 극기(克己)와 헌신을 중요시하며 지식과 추상 세계를 숭상했던 우리의 전통적 사유 때문이다.

우리는 2000년 전에 불교를 받아들임으로써 불신과 공포로 가득찬 미신의 세계를 벗어나 현세와 내세를 질서 있는 선한 세계로 보게 되었으며 다시 조선왕조에 이르러 종교와 정치를 분리하는 정교(政敎) 분리 국가를 이루어 세계를 신(神)의 영역이 아닌 이성(理性)의 영역으로 보게 되었다. 조선 시대의 성리학은 현대적인 과학 지식이 없는 가운데 인간 사회와 세계를 선하고 합리적으로 설명하려던 지식 체계였다.

오늘날 한국이 민주주의와 경제발전이라는 두 마리 토끼를 잡은 것도, 해외에서 한국인들이 예술과 과학에서 두각을 나타낸 것도, 그리고 유태인(900만 명) 다음으로 한국인(700만 명)의 해외 진출이 많은 것도 세계에 대한 이러한 합리적이고 긍정적인 사고 때문이다.

같은 유교 문화권이라고 하지만 중국은 그 근저에 유교보다는 도가(道家)라는 무속이, 그리고 일본은 천황제와 신도(神道)라는 무속이 자리하고 있어서 현대사회에 적응하는 데 한국에 비해 뒤지고 있다.

그렇다고 세계화의 시대에 한국 문화가 세계를 주도하는 것은 아니다.

왜냐하면 이제는 융합(fusion)의 시대이기 때문이다. 미래학자 쿠르쯔웨일(Ray Kurzweil)은 인류 문명은 산술적(additive)이 아니라 기하급수적(exponential)으로 발전해 왔다고 한다. 그리고 그 속도는 19세기 이후 우리 눈에 띄게 빨라졌으며 20세기에는 전기, 자동차, 비행기, 인터넷, 핸드폰 등 놀라운 기술이 인류 최초로 등장했었다. 21세기는 다시 그보다 더 빠른 속도로 문명과 기술이 발전하고 있으며 앞으로의 미래에는 그보다 더더욱 빨라질 것이라고 한다. 기술의 가속도적 발전은 사회의 제도와 문화에도 영향을 주어, 지금의 우리로서는 상상하기 힘들지만, 2050년쯤이면 세계에 단일 국가(a global state)가 등장하리라고 한다.

이런 징조는 이미 여러 곳에서 나타나고 있다. 2012년에 해외로 나간 우리나라 국민은 1,300만 명이며 우리나라를 방문한 외국인은 1,100만 명이다. 아마도 조선 시대에는 해외로 나간 우리 국민 수나 우리나라를 방문한 외국인 수가 한 해에 100명도 안 되었을 것이다. 그러나 지금 우리나라 국민 중에 아예 중국에 살고 있는 사람, 중국 사람이면서 우리나라에 살고 있는 사람 수가 90만 명이라는 TV 보도도 있었다. 국제 간의 인적 교류는 20세기 후반부터 급격히 늘어났다가 21세기에는 기하급수적으로 더 늘어나고 있다. 그만큼 현실적으로 국경의 문턱이 낮아지고 있다.

상품 교역, 즉 무역에 있어서도 국경의 의미가 없어진 지 오래이며 금융 또한 국경을 넘어 자유자재로 드나들고 있고 대중문화도 인터넷으로 인하여 국경이 없어졌다. 작년에 우리나라 가수 싸이의 노래가 세계적으로 즉시 유행했던 것도 하나의 예이다.

그렇다면 그보다 더 심층적인 정신문화나 종교는 어떻게 될까? 삶의 목표, 의미, 방식, 세계관, 내세관을 규정하는 본질적인 것들 역시 길게 보아 융합으로 나아가고 있다. 다른 문화와 종교에 대해 더 포용적이 되고 적대감이 점점 사라지고 그 대신 장점을 받아들이게 된다. 이런 현상은 한국 내에서도 세대 간을 비교해 보면 확실히 드러난다. 젊은 세대는 외국에 대해,

그리고 외국 문물에 대해 더 개방적이다. 어느 나라나 그렇다. 현재 이슬람권에서 일어나고 있는 과격한 반서구주의 테러에 대해 정치학자 헌팅턴(Samuel Huntington)은 이슬람, 그리고 모든 문명 간에 일어나는 불가피한 충돌인 것처럼 이야기하지만 실은 고립되어 동질적으로 살아가던 사람들이 갑자기 다른 문명과 종교를 접하면서 생기는 일시적 극한 저항, 히스테리라고 보는 것이 맞을 것이다. 시아파, 수니파 등 종파 간의 적개심이 외래 종교에 못지않게 높은 이유도 바로 그런 것이다. 외국 접촉이 많은 터키나 두바이는 외국인과 외국 문화에 대해 더 포용적이다.

몇 년 전부터 불었던 '아랍의 봄'은 다름 아닌 서구적 민주주의를 지향하는 것이며 이슬람 성직자 이맘(imam)이 지배하는 신정(神政)이 아니라 종교와 정치가 분리되어 모든 사람이 자유로이 종교를 선택할 수 있고 자기 정당을 자유로이 선택할 수 있는 사회로 나아가고 있다.

이러한 변화의 근저에는 인터넷, 휴대폰, 트위터가 전 세계적으로 확산되면서 정보가 즉시 공유되고 서로를 이해하게 되었기 때문이다.

하라리(Yuval Harari)가 얘기하듯, 500만 년 전 아프리카에서 호모 사피엔스로 출발한 인류는 지금까지 종족 간, 민족 간, 국가 간, 문화 간, 종교 간 갈등과 전쟁으로 점철된 세계에서 살아왔다. 21세기에 이르러서야 종족을 넘어 민족을 넘어 국가를 넘어 모든 인류가 비로소 하나가 되어 가는 세계가 되고 있으며 교통과 통신과 인적 · 물적 교류가 증가함으로써 갈등도 서서히 해소되고 서로를 이해하며 정치제도와 경제제도도 비슷해지고 서로의 장점이 모두를 풍요롭게 하는 넓은 세계로 나아가고 있다.

차 례

제 2 부 사회학적 쟁점의 동양사상적 해석

서론

동양적 사유체계와 사회학적 상상력

| 정학섭(전북대 사회학과) |

1. 동양사상과 사회학적 상상력의 조우

동양사상이란 추상적 사유체계이며 무한한 지적 상상력의 원천이다. 그 광대한 상상력의 바다를 헤엄치고 항해(航海)해 보려는 행위를 사회학적 상상력에 가 닿게 하는 일은 지난하다. 이 같은 행위는 동양사상에 대한 학문적 지향과 감수성에 의해 촉발되는 것이기도 하다. 이러한 관점과 감수성은 때로 열정적 행위에 귀속되는 것으로서 동양사상적 공부(功夫)와 수양(修養)에 근거하고 있다.

우리 사회에는 학문의 주체성 · 토착성 담론을 넘어 동양적 사유체계에 대한 일종의 고정관념이 널리 존재하고 있다. 동양적 사유체계는 구시대의 사상체계로서 서양 문화와 제도를 수용한 근대 한국에서는 유용한 가치체계가 못 된다는 것이다. 예컨대 조선시대의 양반 지배계층이 당대의 흐름을 제대로 인식하지 못하고 자기들의 지배권을 정당화하기 위해 주자학적 성리학 사상에 머무르며 서구의 문명과 사상체계를 배척하기도 했으나 이 같은 주장은 전체적으로 볼 때 오해와 편견에 근거하고 있다.

이러한 시각은 일제강점기 일본인 학자들이 침탈과 지배의 정당성 확보 차원에서 '한국인들이 주체적으로 근대화를 이루지 못하고 뒤처져 일본이 한국을 근대화시켰다'는 신화와 일맥상통한다. 이 신화가 지금까지도 무시할 수 없는 설득력을 지니는 것은 한국이 지속적 근대성을 확보하기 위해서는 과거의 전통적 사유체계를 버려야 한다는 강박관념과 연관을 갖고 있기 때문이다(페스트라이시, 2013).

근대성의 지향에 대한 한국인과 한국사회는 지속적인 고도성장과 발전에 대한 일종의 신화를 갖고 있다. 이것은 해방 이후 두 세대 동안 우리가 쌓아온 성공과 신뢰를 바탕으로 하고 있다. 최근에는 미래 세대의 새로운 성장동력을 탐색하고 있기도 하다. 그렇지만 세계화, 정보화, 지역화를 선도할 사상체계의 뿌리에 대한 성찰은 부족한 실정이다. 이러한 새 사상체계의 근거는 한국과 동양의 고유한 사유체계로부터 마련될 수 있음에도….

유가사상을 비롯한 동양적 사유체계는 도덕적 · 윤리적 성찰과 함께 격물(格物), 즉 사물과 사상(事象)의 근본을 살피는 학문체계이다. 동양사상적 관점에서 사회학적 관심 주제들을 다양하게 탐색하려는 것 또한 이 같은 학문적 형이상학의 체계에 토대를 두고 있다. 동양사회사상학회는 동양사상의 사유체계와 사회학적 상상력을 접합시키려는 발원(發願)과 학문적 시도들을 지난 한 세대 동안 실행해 오고 있다. 이 같은 작업은 미국 내지 서구 중심의 표준사회학적 관점으로 한국인과 한국사회를 분석하고 해석하려는 약육강식의 사회학 패러다임 속에서 서구사상과 동양사상의 혼융을 꾀하려는 새로운 성찰과 접근이기도 하다.

앞으로만 구르는 바퀴처럼 물러섬을 배제하고 굉음을 쏟아내며 광속도로 질주하는 후기 근대적 삶 속에서 우리 존재의 정체성은 무엇이며 어디로 지향하고 있는 것인가? 지상의 고통을 줄여주기는커녕 서로의 상처를 깊이 후벼파는 존재상실 속에서 우리는 2천년 전의 고대 풍경을 떠올려 본다. 춘추전국시대에 제자백가들은 전쟁과 두려움에서 벗어나 진정한 사랑과 평화의 문법을 찾을 수 있는 대안을 사상적으로 추구할 때 그들 자신의 학문 방법을 길, 즉 도(道)라고 명명한다. 당대 지식인들의 철학적 · 사상적 울부짖음(백가쟁명, 百家爭鳴)처럼 우리는 동양사상에서 인간의 위험 현상과 고통을 제대로 진단 · 치유할 수 있는 사회학적 상상력을 도출해내려 몸부림친다. 이제 후기 근대적 한국사회의 문제와 대안에 대해 성찰적 관점에서 살펴보고자 한다.

2. 위험사회의 불안과 존재론적 안전감

우리 한국사회는 오늘날 급속하게 고령사회로 치닫고 있다. 혼자 사는 사람들의 폭발적 증가와 그 위험은 엄혹한 우리의 현실이자 당면과제이기도 하다. 후기 자본주의 사회의 다양한 상황에서, '혼자 살기'는 개인 또는 가족의 사적 경험이기는 하나 점점 증가하는 보편적 현상이며 공동체의 주요 화두로 부상하고 있다. 1인 가구의 증가 현상이 공론화되는 경우에도, 부정적 측면의 사회문제, 자기중심주의와 파편화의 징후, 공적 생활의 약화로 해석하는 것이 일반적 경향이기도 하다(클라이넨버그, 2013:17-21).

한국사회는 갖가지 폭력과 중독의 위험(risk)에 노출되어 있고, 한국인들은 존재론적 불안 속에서 안전감을 확보하려 진력(盡力)한다. 누군가와 어떤 형태로든 접속하려 하며 후기 근대적 존재의 취약성과 파편화를 경험하면서도 갖가지 방식으로 친밀성을 추구하고 있다.

근대사회 이후 친밀성(intimacy)의 구조변동은 사회경제적 구조변동과 가족구조 변화 등에서 비롯된다. 근대적 생활양식(life style)은 지역공동체와 일차적 친족관계의 전통적 결속 및 유대를 약화시킨다. 이와 함께 상대적으로 사랑 · 결혼 · 가족에 대한 개인주의적 가치를 증대시킨다. 20세기 후반에 이르러 일반 생활 및 교육 수준이 향상됨으로써 사람들은 자기 자신의 내면과 자기를 둘러싼 사적 관계와 네트워크들(networks)에 대해 성찰적 태도를 갖게 된다. 또한 개인들은 삶의 잣대와 행위의 준거틀을 점점 더 개인적 차원으로 내면화하려고 한다.

이에 따라 기존의 전통적 성역할 규범이나 결혼 및 가족제도는 개인의 친밀성을 지탱하고 유지시킬 기저로서 작동하기가 어려워지게 된다. 그 결과 전통적 가치관이나 결혼 및 가족제도가 약화되고 가족 유형 또한 다양한 형태로 나타난다. 이혼과 재혼, 이혼 후의 (모계)확대가족 등으로 가족

형태가 다양화되거나 독신 · 동거 · 동성애 부부 등 가족제도의 바깥에서 삶의 양식을 새롭게 추구하는 경향이 전개되고 있는 것이다.

한국사회는 서구의 경험과는 달리 근대화 과정에서도 가족 성원들의 전통적 결속 및 유대가 개인의 심리적 안정과 사회통합에 중요한 기반으로 기여해 왔던 것이 사실이다. 이에 기초한 우리 사회 가족중심주의는 교육이나 직업 등 사회경제적 성취에 강력한 동기를 부여하며 경제 및 사회 발전에 작용하기도 한다.

그러나 최근 우리 사회의 구조변동은 결혼 및 가족에 대한 전통적 가치와 이념을 크게 약화시키고 있다. 혼인율의 점증적 저하, 만혼 혹은 독신의 증가, 세계 최저를 다투는 급격한 출산율의 저하, 이혼율의 급증 등이 그러하다. 이혼을 다루는 전문잡지까지 나온다고 한다(문옥표, 2011). 한국사회의 최근 변화는 전 세계적인 흐름의 일부로 이해될 수도 있으나 이러한 변화는 그 속도와 정도에서 급격하게 나타나고 있다.

작금에 이르러 사랑 · 결혼 · 가족은 근대사회 이전처럼 지속적 · 중층적인 사회적 네트워크 속에서 결합하는 경우가 드물다. 근대성이 작동하면서 개인은 지역공동체로부터 독립되어 가고 있다. 사회문화적 연결망은 단편적인 관계들로 해체되면서 개인 중심으로 바뀌고 있다. 결혼과 가족 생활에서 발생하는 갈등 양상을 조정하는 기제(mechanism)들도 제대로 효력을 발휘하지 못하고 있다. 그렇다고 이 같은 변화를 가족의 중요성이 약화되고 있다거나 개인의 윤리나 가치관이 해체되는 현상으로만 해석하기도 어렵다.

쿤츠(S. Kuntz)는 최근 30년 동안 진행되고 있는 서구 가족의 눈부신 변화야말로 "한때의 태풍이 아니라 땅이 쩍쩍 갈라지는 지진에 비견된다"고 경고한다(조선일보, 2009). 21세기 결혼은 견고한 제도로부터 부서지기 쉬운 관계로 변화하면서 '유동성(liquidity)'과 '불확실성(uncertainty)'을 확대해 갈 것이 분명하다는 것이다. 결혼과 비(非)결혼의 경계 자체가 완화되면서 결혼의 '탈(脫)제도화'가 진행될 것이요, 결혼을 절박하게 원하는 남녀의 수가 감소하면서 결혼은 신중히 선택해야 할 '사치품(luxury item)'이 될 것이라고 예측하기도 한다(쿤츠, 2009).

그는 과거 표준적 라이프 코스의 필수 메뉴에 포함되어 있던 결혼이 이제 선택 가능한 디저트로 변하면서, 동거 양식과 독신 생활 또한 폭발적 증가와 질적 전환을 거듭해 갈 것이요, 결혼과 출산의 분리 역시 괄목할 만하여, 불안정한 가족이나 불행한 결혼보다 싱글맘을 선호하는 경향이 보다 뚜렷해질 것이라고 주장한다. 쿤츠는 이런 변화의 결과로 전통적인 남녀 간 결합으로서의 결혼보다는 남 · 남 또는 여 · 여, 싱글맘과 싱글대디같이 결혼의 외연이 점점 확대될 것이라고 전망하기도 한다.

오늘날 사랑 · 결혼 · 가족과 관련한 지식 및 정보와 삶의 조건들 또한 근본적으로 변하고 있다. 스마트폰이 빠르게 확산되고 있으며, 트위터나 페이스북과 같은 SNS(Social Network Service)를 통한 커뮤니케이션, 실시간 e메일 확인과 응답 또한 일상적 현상이 되고 있다. 사람들 간의 소통은 더 빨라지고, 더 많은 사람들과 연결되고 있는 듯하다.

그런데 사람들을 연결하고 통하게 만든다는 각종 스마트 기기에 의해 정작 사람들 간의 소통이 단절되거나, 더욱 소외되는 그런 상황은 아닌가. 언제 어디서나 누구와도 연결되는 듯 하지만 정작 우리는 외로움과 혼자만의 자폐적 고립 속에 함몰되고 있는 것은 아닐까. 디지털 세상에서 과거와는 다른 방식의 삶을 살고 있다고 인식하면서도 실제로 스마트하게 살고 있는 것일까.

우리는 동종의 사람이 아닌 스마트폰을 쥐고 산다. 얼굴을 맞대고 이야기를 나누는 시간은 더 줄고 있다. 친구나 연인과 만나도, 가족과 오랜만에 한자리에 앉는 순간에도 각자의 스마트폰 세계에 빠진다. 소통을 촉진하고 만남을 더 자연스럽게 한다는 스마트폰이 대화의 부재, 소통의 단절 문제를 야기하는 것이다(정학섭, 2011).

3. 인터넷과 SNS, 새로운 소통과 사회적 관계의 양상

영화 〈악마는 프라다를 입는다〉를 보면 주인공의 휴대전화가 끊임없이 울린다. 사장은 주인공인 비서에게 시시때때로 휴대폰을 걸어댄다. 슈퍼우먼답게 그 모든 일들을 척척 수행해 내다가 그녀는 끝내 지치고 만다. 사표를 제출하고 모바일폰을 분수대에 내던지는 끝부분 장면에서 우리는 일종의 홀가분한 대리 만족을 느끼지 않았던가. 흔히 핸드폰이라고도 하는 셀룰러폰은 이렇게 너와 나를 구속하는 끈처럼 작동하는 것이다.

영국의 사회학자 기든스(A. Giddens)는 현대사회의 개개인이 안정된 자아정체성을 갖기 위해서는 신뢰를 기반으로 하는 '존재론적 안전감(ontological security)' 이 필수적이라고 주장한다(기든스, 1991). 그런데 인간은 출생의 순간부터, 즉 자신과 어머니를 연결해 주던 탯줄이 잘리면서부터 '존재론적 안전감' 은 불안해지기 시작한다. 유아 시절 어머니와의 잦은 신체 접촉이 자녀의 정서 안정에 영향을 미치는 것도 이 같은 연유에서 비롯되는 것이다.

우리는 누군가와 '연결(connection)' 되어 있음을 확인함으로써 안정된 자아정체성(self-identity)을 확보한다. 가족의 일원이라는 연대감, 또래집단과의 친밀한 우정(friendship), 직업 및 종교조직의 공동체 구성원으로 인정받는 안전감 등은 인간이 '존재론적 안전감' 을 느낄 수 있는 기본 조건이기도 하다. 그래서 우리는 일상에서 누군가와 몸과 마음으로 연결되려 하고, 신뢰할 수 있고 친밀한 누군가와 끊임없이 접속하고자 열망하는 것이다.

그런데 가족의 역할이 변화하고 사회구조 또한 복잡다단해지면서 사람들은 '디지털 탯줄(the digital umbilical cord)' 을 통해 '존재론적 안전감' 을 획득하려고 한다. 디지털 탯줄은 인터넷, 모바일폰 등을 일컬으며 이를 통해 온라인 게임, 채팅, 트윗, 페이스북 등을 실행한다. 사람들은 누군가와 언제든, 즉시적이고도 직접적으로 연결 · 접속될 수 있는 기회를 포착하는 것이다.

한편, 우리가 타자를 위해 접속 채널을 열어 두었음에도 불구하고 찾는 이가 없을 때 느끼는 감정은 고립감을 넘어 불안과 절망감으로 번져 가기도 한다. 우리 곁의 허공 속은 쉴 새 없이 날아다니는 전파 신호로 가득차 있다. 무수히 많은 전파 속에 나 자신을 찾는 메시지가 없다는 사실에서 느끼는 고립감이란… 그물처럼 촘촘히 짜인 관계의 연결망에서 배제되었다는 존재의 불안감으로 우리는 때로 견디기 힘든 감정의 나락으로 떨어지기도 한다(송종현, 2007: 15).

휴대폰을 늘 지니고 있지 않으면 초조해지는 의존적 현상, 나 몰래 전화가 오지 않았을까 궁금해하며 호주머니에 있지도 않은 휴대폰 진동을 느끼는 듯한 강박적 금단 현상 등은 접속과 연결의 디지털 탯줄을 놓치지 않으려는 존재의 발버둥이기도 하다. 파면화되고 취약해진 후기 근대의 삶이 봉착한 존재의 불안을 극복하고 존재론적 안전감을 성취하기 위해 스마트폰과 같은 기기(機器)에 의존한다. 그러면서 또한 동시에 그 새로운 소통 매체로 인하여 근원적 불안과 소외가 더욱 증폭되는 경험을 공유하는 것이다.

그러나 그것은 또 한편 자유와 편리함을 얻기 위해 치르는 대가인지도 모른다. 관계의 네트워크 속에 나를 노출시키는 한 타자와의 접속은 불가피하다. 모바일 온라인은 우리들 일상에 치명적으로 점점 깊이 파고들어 온다. 우리는 연결과 접속을 귀찮아하면서도 또한 열망한다. 가족이나 친구로부터 배달되는 메시지는 황량한 일상에 잔잔한 위무가 된다. 긴급재난의 죽음에 직면한 이들이 서둘러 휴대폰으로 가족이나 친구를 찾듯이, 접속과 연결은 사람이 추구하는 궁극적인 존재 의미에 다름 아니다. 그 누군가에게 연결되어 있다는 것, 언제 어디서든 접속할 수 있다는 것이 살아 있음의 증좌(證左)이기도 하다. 휴대폰은 이렇게 과학기술과 인간욕망을 정밀하게 집적시키며 끊임없이 진화하고 있는 것이다.

한편, 미국 조지워싱턴대 대니얼 솔로브(Danial J. Solove) 교수가 펴낸 책 『평판(評判)의 미래』는 2005년 서울 지하철에서 일어난 이른바 '개똥녀 사건' 을 분석하고 있다. 그는 "지하철에서 애완견의 배설물을 치우지 않은 여성의 행동은 잘못이지만 이에 대한 사람들의 반응이 과연 적절한 것인가"라는 질문을 던진다. 나아가 그녀의 이름, 사진, 학교와 가족관계까지 추적하고 까발리며 비난을 퍼붓는 마녀사냥식 인터넷 여론몰이의 위험성을 지적하고 있다.

2013년 상반기 우리 사회를 뜨겁게 달구었던 고위공직자 연루 성접대 로비사건의 '원주 별장 파티' 는 어떠했던가. 사실 여부를 떠나 일개 건설업자의 전현직 고위관료 성접대 리스트가 트위터(twitter)로 떠돌고 온갖 방식으로 퍼나르게 된다. 한 전직 경찰청장은 "헛소문이 돌아 할복자살까지 생각했다"며 "이대로 그냥 넘어가면 유언비어로 사람을 죽이는 악습이 계속된다"고 말한다.

2013년 5월 초엔 가수 싸이의 '강남스타일' 을 따라하는 깜찍한 춤 솜씨로 인기를 끌던 황민우 군(8세)이 악성 댓글에 시달려 경찰이 수사에 나서기도 한다. 황군은 세계 네티즌 사이에서 '리틀 싸이' 로 불리며 널리 사랑받고 있다. 그런데 어머니가 베트남 출신이라는 사실이 알려지면서 일부 네티즌들이 '쟤는 베트콩, 뿌리부터 쓰레기 잡종' 운운하며 갖은 비난과 욕설을 퍼붓고 있다는 것이다.

인터넷이나 트위터 · 페이스북(Facebook) 등 소셜미디어를 통해 익명 또는 실명으로 자기 존재를 과시하며 대중의 감정과 심리를 이용하려는 사람들이 점증(漸增)하고 있다. 사회심리학적 관점에서 이들 중에는 자아도취(narcissism)에 사로잡힌 나머지 과도한 자기확신과 기만을 생존의 방책으로 삼는 경우가 많다고 볼 수 있다. 가상공간에선 과장되고 왜곡된 과시 행위가 더 많은 관심을 불러 모을 수 있다. 일탈적 행위를 통제하는 장치가 작동하지 못하는 상황에서 과대망상, 적개심, 충동적 행동 등이 난무하게 되는 것이다. 이들이 활동범위를 확장시킬 수 있는 것은 소셜네트워크서비스(SNS)가 폭발적으로 증가함으로써 이들에게 생산성 도구를 제공해 주고 있기 때문이기도 하다.

몇 클릭 지척지간(咫尺之間)에 진실이 따로 있는데도, 가상공간이나 SNS엔 왜 이렇게 적대적 음모와 증오의 파도가 넘실대며 자정(自淨)의 통제력은 작동하지 않는 것일까. 『루머론(*On Rumor*)』의 저자, 캐스 선스타인(Cass R. Sunstein) 하버드대 교수는 그 원인 중의 하나로 '편향동화(偏向同化)'와 '집단 극단화(group polarization)'를 지적하고 있다(선스타인, 2009).

그는 인터넷이란 가상공간에서 더욱 위험한 존재가 된 '루머'의 메커니즘을 구명(究明)하여 거짓 루머가 어떻게 전파되는지를 설명한다. 판단을 내릴 때 타인에 의존하는 '사회적 폭포효과(social cascades)'와 함께 같은 생각을 가진 사람들끼리 루머를 강화시키는 '집단 극단화'라는 두 경로로 루머가 전파된다는 것이다.

사람들은 종종 자기 생각을 뒤집는 사실을 접하면 이를 터무니없다고 판단하고 기존의 신념을 오히려 강화한다고 한다. 또 유유상종(類類相從)의 태도를 취하여 스스로 믿고 싶은 것만 선택적으로 믿으면서 자기 생각을 굳히거나 집착한다는 것이다. 실제로 우리 사회 좌·우파의 유명 트위토리언들과 팔로워들을 보면 그들만의 진영이 결성돼 있다. 이 같은 상황에서 상대쪽의 다른 담론이 파고들 여지는 거의 없다.

인터넷과 SNS의 '편향동화'는 사실 여부가 확인되지 않은 루머와 결합할 때 맹독성(猛毒性)을 띤다. 과거에 구전(口傳)되던 '~카더라' 통신은 트위터, 블로그, 페이스북 등 SNS 매체와 인터넷을 통해 거의 실시간으로 온 세상에 퍼져 나간다. 누군가가 정보를 흘리면 이른바 큰 루머꾼이 퍼뜨리고, 구글 세대들이 신상 털기에 나서는 방식이다. 그곳에서는 누군가의 소망처럼 잊혀질 권리도 쉽지 않고 잘못된 내용을 바로잡기 또한 참으로 어렵다. 연예인이나 고위 공직자처럼 셀리버리티(celebrity)일수록 극단으로 내몰리기도 한다.

편향동화와 결합한 루머는 사안이 중요하고 상황이 모호할수록 급속도로 퍼져 나간다. 최진실의 자살, 한미 쇠고기 협상 촛불 시위, 천안함 폭침, 원주 별장 성접대 사건 등 사안마다 온갖 루머가 나돌지 않았던가. 이 같은 방식으로 대중의 감정을 동원하고 확산시킴으로써 소기의 목적을 달성하려는 시도들은 냉철한 성찰적 기획(기든스, 1991)의 대상이 되어야 할 것이다. 선스타인은 파괴적인 거짓 루머를 유포하는 자들의 활동을 억제시키기 위해 위축효과(chilling effect)가 필요하다고 주장한다. 거짓 루머를 위축시킬 수 있는 제도적 · 문화적 장치와 표현의 자유 사이에서 어떻게 균형을 확보할지는 향후 사회학적 연구의 중요한 과제이기도 하다.

4. 증오의 대척(對蹠)에서 상경여빈의 민주주의로

지난 2013년 7월 중순 야당 원내대변인의 '귀태(鬼胎, 태어나지 않았어야 하는 사람)' 발언 이후 대한민국 정치와 사회는 그야말로 막말과 생떼부림으로 점철되고 있다.[1)]

낯설고 해괴한 말을 뿌려댐으로써 평지풍파를 일으키며 자아도취에 빠

1) "국회의원에게 이럴 수 있어? … 왜 째려보냐. 저게 국정원장이야?"라는 모욕성 막말로 국정조사 본연의 목표를 상실하게 하는 일개 국회의원의 자기 감정풀이, 증인을 두고 "당신은 광주 경찰이냐, 대한민국 경찰이냐"며 새삼스럽게 지역감정을 자극하는 꼬락서니, 국정 청문회에서 동료 의원끼리 "야, 너 인간이야? 난 너 사람으로 취급 안해. 양의 탈을 쓰고, 아주 못된 놈이야, 저거"라며 상대를 모욕함으로써 의기양양해 하는 작태까지.

지고, 생각 수준에 머물러야 할 언어가 공중의 마이크를 통해 '공공(公共)의 담화'로 위장하여 둔갑술을 부리고 있다. 정치인들의 놀음에 춤을 추다 공중분해되거나 홍수 뒤의 쓰레기처럼 대중담론으로 스며드는 이 같은 막말들. 우리들 온라인과 오프라인에는 반이성적이고 중독적인 유해 정보가 뒤섞여 떠다닌다. 누군가의 주장처럼 "은밀한 생각과 공식적 발화(發話), 정파적 이해와 국가적 가치, 이로움과 해로움처럼 상극하는 영역의 소리가 제자리를 못 찾고 뒤엉켜 시끄럽다. 세종대왕이 우려한 대로 이만하면 가히 망국지음(亡國之音) 수준"이라 아니할 수 없다.

민의의 전당이라는 국회는 본디 '말하는 집(parliament)'이란 뜻을 지니고 있다. 그래서 의원은 백성의 심부름꾼으로서 국정과제를 제대로 연구하고 나름대로 최선의 대안을 강구해야 한다. 합리적이고 논리적으로 대응하지 않고 거들먹대며 해괴하고 감각적인 말로 희롱함으로써 대중의 말초적 신경을 일시적으로 자극시켜 뭘하겠다는 것일까. 격렬한 토론 너머 막말과 몸싸움, 촌철살인의 비판 대신 떼거리의 고함과 삿대질 모습만이 어른거린다. 국회가 '말하는 집'이 아니라 '막말과 몸으로 쌈질하는 집'이 되고 있다. 이들의 입은 몸을 치는 도끼이자 가슴을 찌르는 칼이 되어 시민들 삶을 횡행하고 있지 아니한가.

이 같은 상황의 위기를 더욱 절망하게 하는 것이 작금의 정치 현실이다. 박근혜 정부 들어서도 지금껏 여야는 '정치적 내전(內戰)'으로 지새우고 있다. 생산적 담론은 팽개쳐두고 사사건건 대척하여 원수처럼 으르렁대며 서로 잡아죽일 듯이 맞서고 있다. 정치 현상이 국론을 파편화시키고 백성들도 서로 진영을 달리하며 서로가 서로를 증오하고 있다. 이러고서야 어찌 대한민국 백성이 같은 하늘 아래 함께 산다고 말할 수 있을 것인가?

작금 현실에서 막말을 내뱉고선 제대로 책임지는 경우를 우리는 확인할 길이 없다. 오히려 자기 패들끼리 희희낙락하며 깝죽대고 그것이 결국은 자기 발등을 찍고 그 공동체 조직까지 허물고 마는 것을 저들은 모른다.

물론 민주주의가 때로 격렬한 말의 소동(騷動)과 싸움을 동반하는 것이기는 해도….

그동안 우리는 표현의 자유를 쟁취하고 더욱더 신속 · 정확하게 소통하는 커뮤니케이션 기술을 확보하기 위하여 애써 오고 있다. 이 자유를 백성 절대 다수에 이롭도록 지켜내기 위해서라도 상처투성이의 말, 적나라한 언어, 자아도취의 횡설수설, 독충과도 같은 궤변 등을 엄히 다스려야 하는 시점이다. 누군가의 말마따나 세종대왕의 치음(治音) 정신을 이어받아 치언치문(治言治文)의 길을 제대로 열어 나가야 할 것이다.

이 같은 사회적 관계의 성격 변화와 사회구조 변동 속에서 우리는 황폐해진 개인의 사회적 관계를 어떻게 새롭게 구축할 수 있을 것인가? 하나의 대안을 우리는 동양 내지 한국 철학 및 사상에서 찾아볼 수 있다.

'나날이 새롭게 하고, 또 나날이 새롭게 하는'[2] 확연대공(廓然大公)[3]의 태도로 사람 사이의 관계를 새롭게 설정할 필요가 있다. 확연대공이란 근대성이 빚은 몸과 마음의 때를 씻고 폐쇄적 사고를 탈각하여 세계 및 우주에 삶의 중심을 둠으로써 폐쇄적 개인주의를 배격하려는 자세이다. 타자에 대한 결속 및 유대의식과 친밀성을 강화함으로써 "만민은 나의 형제요 만물은 나와 더불어 지내는 이웃이다[민오동포(民吾同胞), 물오여(物吾與)]."[4]라는 관점을 취하는 것이다. 이 같은 친밀성의 관점으로 우리는 존재의 생성과 발육을 도우면서 자아 및 타자의 평등적이고 조화로운 삶을 영위할 수 있다. 이와 관련하여 『중용』의 저자는 다음과 같이 주장한다.

> "오직 천하에 지극히 성실한 성인이야말로 자신의 본성을 제대로 실현할 수 있다. 자신의 본성을 제대로 실현하므로 타자의 본성을 실현시켜 주

---

2) 『大學』「大學章句」 2장, 湯之盤銘曰 苟日新 日日新 又日新.

3) 廓然大公이란 '크게 열린, 공변된' 마음과 태도를 일컫는다. 이것은 "만물을 자신의 존재 깊이 아우르면서 그들의 생성발육을 도우려는 뜻"(김기현, 2009: 109)을 지향한다.

4) 『退溪全書』 一 「聖學十圖(西銘)」, 200쪽.

며, 타자의 본성을 실현시켜 주므로 만물의 본성을 실현시켜 준다. 만물의 본성을 실현시켜 주므로 천지의 만물 생성과 발육을 도울 수 있다. 천지의 만물 생성과 발육을 도우므로 천지와 더불어 나란히 참여할 수 있다."[5]

이에 대해 주자(朱子)는 '자신의 본성을 제대로 실현한다' 는 것을 "성인의 덕(德)이 지극히 성실하기 때문에 인욕(人慾)의 사사로움이 없어 자신에게 있는 천명(天命)을 살피고 행하여 크고 작음과 정(精)하고 거칠음이 털끝만큼도 다하지 않음이 없는 것"[6]이라고 해석한다. 이는 기본적으로 타자나 만물이 나 자신과의 존재 관련 속에서 내 안에 내재되어 있음을 전제로 하고 있다. 그리하여 "이기적인 또는 개인적인 자아 속에 외롭게 갇혀 지내는 보통 사람들과 달리, 성인은 공동체적 자아의 성실한 실현을 통해 자신은 물론 타자까지 성취시켜 주며, 궁극적으로는 만물의 생성 발육을 도움으로써 천지에 비견될 만한 우주적 대아를 완성하는 것"(김기현, 2009: 105-106)이기도 하다.

타자 및 만물이 나 자신과의 존재 관련 속에 내재되어 있다는 것은 "만물이 모두 나에게 갖추어져 있으니, 그 이치를 내 몸에 돌이켜서 성실히 행하면 이보다 큰 즐거움이 없을 것"[7]이라는 맹자(孟子)의 주장과 상통한다. 여기에서 '그 이치란 나 자신에게 갖추어져 있는 만물' 의 의미와 가치를 의미한다. 맹자가 이어서 "서(恕)의 노력만큼 인(仁)을 획득하는 데 긴절한 것은 없다(强恕而行 求仁莫近焉)"고 말한 것은 이의 자연스런 귀결이다. 자기 자신이 하려고 하지 않는 바를 타자에게 강요하지 않고[기소불욕(己所不欲), 물시어인(勿施於人)][8], 자신의 지향과 타자의 지향을 일치시키려는[추기

---

5) 『中庸』「中庸章句」22장, 唯天下至誠, 為能盡其性. 能盡其性, 則能盡人之性. 能盡人之性, 則能盡物之性. 能盡物之性, 則可以贊天地之化育. 可以贊天地之化育, 則可以與天地參矣.

6) 『中庸』「中庸章句」22장 朱子 集註, 盡其性者德無不實, 故無人欲之私, 而天命之在我者, 察之由之, 巨細精粗, 無毫髮之不盡也.

7) 『孟子』「盡心 上」, 孟子曰, 萬物皆備於我矣. 反身而誠, 樂莫大焉. 强恕而行, 求仁莫近焉.

급인(推己及人)] 배려의 정신이 바로 서(恕)이며 사랑이다. 그런 만큼 우리는 자아와 타자를 분리 · 고립시키는 폐쇄적 개인주의를 탈각하여 만물의 생성 발육을 성실히 추구하려는, 물아일체(物我一體)를 지향하는 사랑을 새삼 고집하지 않을 수 없다.

물아일체라고 하여 모든 사람과 만물을 일률적으로 똑같이 대하고 사랑함을 뜻하지는 않는다. 이것은 "물(物)과 아(我)의 근원적인 일체성을 말하려 한 것일 뿐이며, 한편으로 일상의 실천 현장에서 사랑을 대상에 따라 달리 행하려 한다. 이른바 차등애(差等愛)가 그것이다."(김기현, 2009: 157) 이를테면 맹자(孟子)가 어버이에 대한 사랑[친친(親親)]과 만민에 대한 사랑[인민(仁民)], 그리고 만물에 대한 사랑[애물(愛物)]이 같을 수 없다고 주장한 바도 거의 비슷한 맥락이다. 사랑의 정신은 동일하지만, 부모 · 만민 · 만물에 대한 애정의 정도가 같을 수는 없다. 또한 그 친밀성의 방법에서도 어버이에 대해서는 혈육의 정에 입각하여 공경과 봉양으로, 타인들에 대해서는 따뜻한 배려와 인격의 존중으로, 그리고 만물에 대해서는 그를 아끼고 보호하는 마음으로 실현되어야 하는 것이다.

5. 새로운 질서와 공동체의 지향

여기서 우리는 폐쇄적 개인주의 내지 이기주의가 편만(遍滿)한 사회에서 결혼과 가족과 관련한 친밀성을 회복하기 위해 '덕성(德性)에 기초한 사랑과 공경(恭敬)의 정신'을 환기시킬 필요가 있다. 이 덕성은 유가사상의 인의예지(仁義禮智)의 도덕성을 일컫는다. "덕(德)은 인간이 자신의 생명을

8) 이의 적극적 측면이 바로 "인자는 자신이 나서고 싶을 때에는 남이 나서도록 도와주고 자신의 뜻을 펴고 싶을 때에는 남이 뜻을 펼치도록 도와준다."(『論語』「雍也」편, 夫仁者 己欲立而立人 己欲達而達人)는 공자의 주장이라고 할 수 있다.

금수처럼 자기 안에 폐쇄시키지 않고 개방적으로 행사할 수 있는 인격의 힘"(김기현, 2009: 159)이다.

'덕성에 기초한 사랑과 공경의 정신'은 타자와 인격을 교류하고 생명존중의 정신을 공유하면서 서로의 삶을 제고(提高)·성취시켜 주려는 호혜(互惠)·공경(恭敬)의 태도이다. 주자는 "비록 사랑을 하고자 한다 해도 공경의 마음을 갖지 않으면 사랑을 이룰 수 없다."[9]고 갈파하며, "사랑의 실천에 관한 제자들의 질문에 공자께서 답변하신 것이 다 달랐지만, 그 큰 요점은 공경으로 입문처를 삼으셨다는 점"[10]을 강조한다. 맹자는 심지어 "먹이기만 하고 사랑하지 않으면 돼지로 사귀는 것이요, 사랑하기만 하고 공경하지 않으면 이는 상대방을 짐승처럼 기르는 것이나 다름없다."[11]고 하면서 '공경의 정신에 바탕을 둔 실질적인 사랑'[12]의 중요성을 일깨우고 있다.

공자가 제자 중궁(仲弓)으로부터 인(仁)에 대해 질문을 받고 마치 동문서답하듯, "문을 나서서 사람들을 만날 때에는 마치 큰 손님을 대하듯 정중히 하고, 사람들에게 일을 시킬 때에는 큰 제사를 받들 듯 경건해야 한다."[13]고 대답한 것도, 타자를 사랑으로 대할 때 공경에 기초해야 함을 강조한 것이다. 이와 같은 공경의 태도를 정이천(程伊川)은 "그 기상(氣象)을 보면 모름지기 마음이 넓고 몸이 펴져서[심광체반(心廣體胖)] 동용(動容)하고 주선(周旋)함이 예(禮)에 맞아야 하니, 오직 근독(謹篤)이 바로 이것을 지켜내는 법"[14]이라고 해석한다. 공자는 이어서 "자기 자신이 하려고 하지 않

9) 『朱子書節要』「答張欽夫」, 76쪽.

10) 위의 책 「答石子重」, 192쪽.

11) 『孟子』「盡心 上」 37장, 孟子曰, 食而弗愛 豕交之也. 愛而不敬 獸畜之也.

12) 위의 책 「盡心 上」 37장에서 恭敬而無實, 君子不以虛拘라 하여 "공경을 하되 실질적인 것이 없으면 또한 허망한 것이기에 군자가 그런 데 얽매일 필요가 없다."고 주장한다.

13) 『論語』「顔淵」편 2장, 仲弓問仁 子曰 出門如見大賓 使民如承大祭.

14) 『論語』「顔淵」편 2장, 朱子集註, 程子曰 孔子言仁 只說出門如見大賓 使民如承大祭. 看其氣象 便須心廣體胖 動容周旋中禮. 唯謹獨 便是守之之法. 이에 대해 혹자가 묻기를 "문을 나가고 백성을 부릴 때에는 이와 같이 하는 것이 가하거니와 문을 나가지 않고 백성을 부

는 바를 타자에게 강요하지 말아야 하니, 이렇게 하면 나라에 있어서도 원망함이 없으며 집안에 있어서도 원망함이 없을 것"[15]이라고 주장한다. 주자는 이 구절을 다음과 같이 해석하고 집주(集註)한다.

"공경함으로써 자기 몸을 지키고 서(恕)로써 남에게 미친다면, 사의(私意)가 용납할 곳이 없어서 마음의 덕(德)이 온전해질 것이다. 안에서나 밖에서나 원망함이 없다는 것은 또한 효험으로써 말씀한 것이니, 스스로 상고(尙古)하게 한 것이다. … 내가 살펴보건대, 극기복례(克己復禮)는 건도(乾道)요, 경(敬)을 주장하고 서(恕)를 행함은 곤도(坤道)이다. 배우는 자가 진실로 경(敬)과 서(恕) 사이에서 종사하여 얻음이 있으면 또한 장차 이길 만한 사욕(私慾)이 없게 될 것이다."[16]

작금의 후기 근대적 현실 속에서 우리 가족공동체는 어떠한가? 우리가 살고 있는 가족의 공간은 누군가의 말처럼 '하나의 엄격한 수도원' (최인호, 2011: 70)으로 볼 수도 있다. 그 세계에서 더불어 살고 있는 가족들은 이미

리지 않을 때에는 어찌해야 합니까?" 하니, 정자(程子)가 대답하기를, "이것은 엄연(儼然)히 생각하는 것처럼 할 때인 것이다. 심중(心中)에 있은 뒤에야 외모에 나타나니, 문을 나가고 백성을 부릴 때에 공경함이 이와 같음을 본다면 이보다 앞서의 경(敬)을 알 수 있는 것이다. 문을 나가고 백성을 부림을 인한 뒤에 이 경이 있는 것이 아니다"고 하였다(或問 出門使民之時如此可也 未出門使民之時如之何. 曰 此儼若思時也. 有諸中 而後見於外. 觀其出門使民之時 其敬如此 則前乎此者 敬可知矣. 非因出門使民 然後有此敬也.). 여기서 '儼若思' 란『禮記』「曲禮」편에 나오는 구절로서, 일이 없을 때에 경건한 마음을 간직하여 마치 무엇을 생각하는 것처럼 함을 이른다. 그리고 '이보다 앞서' 란 정(靜)할 때를 가리킨 것으로, 신안진씨(新安陳氏)는 "동(動)할 때에 공경함을 보면 그 이전 정(靜)할 때의 공경함을 알 수 있다."하였다(성백효, 2009: 333 역주 참조).

15)『論語』「顔淵」편 2장, 己所不欲 勿施於人 在邦無怨 在家無怨. 仲弓曰 雍雖不敏 請事斯語矣.

16)『論語』「顔淵」편 2장 朱子集註, 敬以持己 恕以及物 則私意無所容 而心德全矣. 內外無怨 亦以其效言之 使以自考也. … 愚按克己復禮 乾道也. 主敬行恕 坤道也 … 然學者誠能從事於敬恕之間 而有得焉 亦將無己之可克矣. 주경행서(主敬行恕)는 경(敬)을 주장하고 서(恕)를 행하는 것으로 '出門如見大賓 使民如承大祭' 는 주경(主敬)이고, '己所不欲 勿施於人' 은 행서(行恕)이다. 건도(乾道)는 천도(天道)이고 곤도(坤道)는 지도(地道)로서, 지도는 천도의 큼에 미치지 못한다. 중궁(仲弓)의 공부가 안연(顔淵)에게 미치지 못하므로, 안연의 극기복례는 건도이고 중궁의 주경행서는 곤도라 한 것이다(성백효, 2009: 333 역주 참조).

종신서원(終身誓願)을 약속한 수도자(修道者)들이기도 하다. 가족이라는 수도원에서 그 구성원들은 서로의 일상과 지향을 공유(共有)하며 사랑의 수행공동체를 형성해 나가고 있다.

그러면서도 친밀성이 구조적으로 변동하는 오늘날에 이르러 우리는 '도살된 정신의 냄새로 자욱한'(니체, 2006) 자폐적 공간 속에서 가족 성원 모두 파편화되고 존재 본연의 정체성(identity)을 상실해 가고 있다. 그런 한편, 친밀성의 구조변동을 경험하고 개인화의 자유와 고립주의 속에서 우리는 새로운 친밀성의 대안을 끊임없이 모색한다. 결혼과 가족 고유의 친밀성이 파탄되는 사회적 과정 속에서 또 다른 친밀성을 새롭게 추구할 때 friendship에 주목하게 된다.[17)]

가족 기능의 본래적 회복을 추구하며 우리는 정지용(鄭芝溶, 1902~1950)의 시 「향수」에 나오는 다음 구절을 새롭게 각인시켜 볼 수 있다. "서리 까마귀 우지짖고 지나가는 초라한 지붕, 흐릿한 불빛에 돌아앉아 도란도란거리는 곳"을 떠올리고, "촘촘한 그물처럼 우리의 삶을 친밀하게 휘감고 있던 고향에서의 삶"(강신주, 2009: 76)을 반추해 볼 수도 있다.[18)]

기투적(企投的) 존재로서의 우리는 이렇게 후기 근대적 구조변동을 경험하면서도 다양한 층위에서 친밀성을 추구한다. 존재론적 안전감을 확보하고 신뢰감을 획득하기 위해 사회적 관계의 연결망도 형성하려 한다. 사랑 · 결혼 · 가족이라는 본원적 관계의 연결고리를 통해 새로운 질서를 지향하고 민주적 참여와 연대의 공동체를 구축하고자 한다. 이러한 탐구과정에서 우리는 동양적 사유체계와 사회학적 상상력을 새롭게 구상하고 실천해 보려는 것이다.

17) 정학섭(2011) 맺음말 부분을 재구성.
18) 이 글의 여러 곳에서 필자의 칼럼들(2012~13년)을 재인용하고 있기도 하다.

제 1 부

동양사상적 세계관의 사회학적 인식

제 1 장

유교의 자연관과 인간관

| 이영찬(계명대 사회학과) |

1. 세계관 그리고 자연관과 인간관

하나의 사상체계는 그 사상을 공유하는 사람들의 세계에 대한 의미부여 방식과 밀접히 관련되어 있다. 유교사상은 유교의 세계관을 모태로 하여 태어났다. 그래서 유교사상의 본질을 이해하고 현실 속에서 생동감 있게 해석하기 위해서는 유교의 세계관을 파악할 필요가 있다. 사이어(J.W. Sire)는 세계관을 이 세계의 근본적 구성에 대해 우리가 의식 혹은 무의식적으로 견지하고 있는 일련의 전제 혹은 가정들이라 하였다.[1] 그리고 사우웰(T. Sowell)은 "세계관은 이론이라고 부를 수 있는 체계적 추론을 구성하기 '이전에', 우리가 감지하거나 느끼는 것이다. 그것은 증거를 통해 검증받기 위한 가설로서 구체적인 결과를 연역한 것이 아니다. 세계관은 세계의 움직임에 대한 우리의 지각이다"[2]라고 했다. 이렇게 볼 때 세계관이 갖는 가장 큰 의의는 우리가 그것을 통해 인간의 사고나 행위를 비교적 일관된 개념 틀 속에서 이해할 수 있다는 점일 것이다. 이론의 차원에서 보면 세계관은 굴드너(A.W. Gouldner)가 말하는 '배후가정(background assumptions)' 처럼 한편으로는 명시적으로 정리된 가설의 일부 배경을 이루면서 다른 한편으로는 명시적으로 정리되지 않은 채 이론가의 관심의 배후에 남아 처음부터 끝까지 이론의 정립에 영향을 미치는 근본적 전제들이 된다.[3]

세계관이 갖는 의미는 이러한 인식의 문제에 한정되지 않는다. 서양에서 세계관(Weltanschauung, World view)이란 용어는 19세기 말부터 사용되기 시작하였지만, 오늘날까지 전문적인 철학 용어로 사용되기보다는 일

---

1) J.W. Sire, 김현수 옮김, 『기독교 세계관과 현대사상』, 한국기독교학생회 출판부, 1993, p.19.
2) T. Sowell, 이구재 옮김, 『세계관의 갈등』, 인간사랑, 1990, p.12.
3) W. Gouldner, 김쾌상 역, 『현대사회학의 위기』, 한길사, 1982, p.47 참조.

반적인 용어로 편리하게 통용되고 있다. 그 이유는 세계관이란 "모든 현상, 경험, 실천 그리고 그 밖의 모든 문제에 대한 하나의 통합된 총괄적 비전(vision)이나 신념"[4]이기도 하기 때문이다. 이렇게 세계관은 단순한 인식의 문제보다는 가치의 문제, 즉 어떻게 살아야 하는가의 가치선택이라는 실천적 문제에 대한 입장을 내포하고 있기도 하다. 이제 유교의 세계관을 유교의 자연관과 인간관을 통하여 살펴보고자 한다. 세계관이 세계를 보는 인식 틀이며 가치체계라면, 그리고 세계를 구성하는 요소가 세계를 인식하는 주체인 인간과 대상인 자연이라면, 세계관은 결국 인식과 가치의 주체인 인간에 대한 관념과 그 대상인 자연에 대한 관념이 관건이 될 것이다. 그런데 자연관과 인간관은 밀접히 연관되어 있다. 인간관에 따라 자연은 어떠한 존재로 인식되는가가 규정되고, 자연관에 따라 인간은 어떻게 살아가는 것이 이상적인 삶인지가 결정되기 때문이다.

2. 유교의 자연관

'자연(自然)' 이란 단어는 선진유교 경전에서는 거의 보이지 않고, 『도덕경(道德經)』과 『莊子』의 여러 곳에서 찾아볼 수 있다. 도가(道家)에서는 물론이고 후대의 주자학에서 사용되던 '자연' 이라는 용어는 오늘날처럼 명사로 사용된 적이 없고, 더욱이 물질적 자연과는 무관한 의미로 사용되었다. '자연' 은 문자 그대로 '저절로 그러하다' 란 뜻을 가지면서 동사적 · 형용사적으로 주로 사용되었다. 어원으로 풀어볼 때 영어의 'nature' 의 의미는 도가의 '자연(自然)' 의 의미와 매우 유사하였다. 서양에서 "nature라는 말은 라틴어 'natura' 에서 왔다. natura는 '태어날 때부터의 성질' [본성(本性)]

4) 박이문, 『문명의 미래와 생태학적 세계관』, 당대, 1997, p.18.

이라든가, '타고난 그대로의 것' [자연(自然)]이라는 의미 nascor(태어나다)의 완료 분사 natus에서 왔다."[5] 어원으로 보면 영어의 자연(nature)도 '타고난 본성' 과 '타고난 그대로의 것' 이라는 의미를 가지고 있다.

그러나 오늘날 서양적 자연의 개념은 근대 계몽적 이성의 인식대상으로서의 자연 개념을 거의 따른다. 칸트는 "자연을 '모든 사물들이 우리 감각의, 그리하여 경험의 대상이 되는 한에서 그 사물들의 총화' 로 정의하고 있다. 자연은 비감각적 대상을 배제한 모든 현상의 총체, 즉 감각적 세계를 의미하는 것이다. 따라서 과학적 인식 대상으로서의 자연은 '보편적 법칙에 따라 규정되는 한에서 사물의 현재 존재' 가 된다."[6] 근대 서구의 자연 개념에 가까운 유교의 개념은 '천지(天地)', '만물(萬物)' 이라 할 수 있다. '천지' 의 개념은 『맹자』와 『중용』, 그리고 『주역』에서 찾아볼 수 있는데, 여기에서 이미 인격신(人格神)의 천(天) 관념에서 벗어난 물리적 '천(天)' 이 '지(地)' 와 더불어 자연을 표상하는 두 범주로 사용되었다. 그리고 '만물' 의 개념은 '천지' 보다 더 구체적으로 물질적 · 감각적 자연을 표상하였다.

'천지', '만물' 이라는 말이 내포하는 의미는 오늘날의 서양의 자연 개념보다 훨씬 심오한 의미를 내포하고 있다. 소퍼(K. Soper)에 의하면 서양에서 자연이란 말은 대충 네 가지 뜻으로 사용된다.[7] 첫째 자연과학과 생물과학의 연구대상, 둘째 모든 존재의 본질, 셋째 인간의 환경과 그 안에 포함된 여러 가지 인간 외의 모든 생명체, 넷째 인간을 포함한 존재 총체, 즉 형이상학적 차원을 포함한 전체로서의 우주를 뜻한다. 그러나 유교에서 '천지', '만물' 로서의 자연은 이와 같은 서양적 의미의 자연, 즉 감각적 · 물질적 · 과학적 인식대상으로서의 자연과는 사뭇 다른 의미를 내포하고 있다. 유교적 자연은 '모범으로서의 자연', '이법(理法)으로서의 자연', 그

---

5) 최재목, 『나의 유교 읽기』, 소강, 1997, p.260.
6) W. Schmied-Kowarzik, 이종관 옮김, 『자연에 관한 철학적 탐구』, 철학과 현실사, 1994년, p.30.
7) 박이문, 전게서, p.243 참조.

리고 '생명체로서의 자연' 이라는 특징이 강조된다. 이러한 자연에 대한 시각의 차이, 곧 자연을 어떻게 보느냐는 곧 인간을 어떤 존재로 보느냐 하는 문제와 직결된다. 또 인간을 어떻게 보느냐 하는 질문은 인간이 자연 속에서 어떤 위치를 차지하고, 어떻게 살아가야 하는가 하는 질문이 되기도 한다. "자연관이란 단순히 자연을 바라보는 것이 아니라, 우리의 삶을 통해서 인식되는 자연의 내용, 즉 자연에 대한 주체적 파악을 의미한다."[8] 이렇게 인간이 자신의 본질과 운명에 대한 신념을 통해 자연에 부여하는 의미를 자연관이라 할 수 있다.

1) 모범으로서의 자연

유교에서 자연은 완전한 존재로 묘사된다. 완전한 존재로서의 자연은 인간이 순응하여 따라야 할 대상이고, 인간이 모방하여 본받아야 할 모범(模範)으로서의 자연이다. 이런 의미에서 자연은 서양의 완전자(完全者)로서의 신(神)에 가깝지만, 주재성(主宰性)은 없다. "우주의 조화는 제왕(諸王)의 왕(王)인 천상(天上)이 내리는 명령에 의해 일으켜지는 것이 아니라, 우주에 있는 모든 존재가 스스로의 내적 본성에 따라 일어나는 자발적인 협동 작업에 의하여 일으켜지는 것이다."[9] 자연은 그 자체가 '저절로 그러함' 으로서 존재할 뿐이다. 자연은 인간의 운명에 지배력을 갖지만 그것은 자연의 의지에 의해서가 아니다.

> 천(天)이 무슨 말을 하는가! 사계절이 (질서 있게) 운행하고 온갖 생물이 다 잘 자란다. 천이 무슨 말을 하는가![10]

---

8) 곽신환, 『주역의 이해』, 서광사, 1990, pp.11-12.
9) J. Needham, 이석호 외 역, 『중국의 과학과 문명 Ⅲ』, 을유문화사, 1988, p.291.
10) 『論語』(陽貨, 19장): 天何言哉 四時行焉 百物生焉 天何言哉

자연이 인간을 지배하는 방식은 비유하자면, 자연이라는 커다란 톱니바퀴[천도(天道)]에 인간을 비롯한 만물들이 각자 자신의 크기를 가진 톱니바퀴로 맞물려 돌아가는 것과 같다. 다만 인간과 사회는 자연의 톱니에 맞춘 톱니[인도(人道)]를 가질 때 자연의 운행과 조화를 이루어 갈 수 있는 것이다. 완전자로서의 자연과 그것을 모범으로 삼는 인간과의 관계를 맹자는 다음과 같이 말하고 있다.

> 성실함[성(誠)]은 하늘의 도리이고, 성실하려고 생각하는 것[사성(思誠)]은 사람의 도리이다.[11]

성(誠)은 '하늘의 도리'이고 '사물의 시작과 끝'[12]이니 곧 자연의 본체이자 법칙이다. 사람의 도리는 이 자연의 완전한 본체와 법칙을 본받는 데 달렸다는 것이다.

완전자로서 자연은 완성된 인격자가 갖추어야 할 덕의 준거가 될 뿐만 아니라 사회적 규범의 근거가 되기도 한다. 유교에 있어서 자연의 질서와 윤리적 질서는 일치한다. 그래서 인간의 윤리적 질서가 무너지면 자연의 질서도 혼란해진다고 본다. 예컨대 "중국의 예(禮)는 천(天)의 '의지'에, 그리고 실제로는 우주의 구조에 합치되어 있다고 생각되는 것이다. 그런 까닭으로 범죄, 심지어 논쟁에 의해서조차도, 중국인의 마음속에 뿌리 깊은 동요를 불러일으킨 것이다. 왜냐하면 범죄와 논쟁은 자연의 질서를 어지럽히는 것이라고 생각하고 있기 때문이다."[13] 윤리적 질서를 위배하는 것이 자연의 질서를 어지럽히는 것이라는 관념은 윤리적 질서가 자연의 질서에 근거한다는 확신 때문에 가능하다. 자연에 대한 유교적 관념은 사회질서에까지 확장되는 것이다.

---

11) 『孟子』(離婁 上, 12장): 誠者 天之道也 思誠者 人之道也

12) 『中庸』(24장): 誠者 物之終始

13) J. Needham, 전게서, p.243.

2) 이법으로서의 자연

이법(理法)으로서의 자연은 사서(四書)와 『주역』에서 주로 '천도(天道)', '천지도(天之道)', '천지지도(天地之道)', '천명(天命)' 등으로 표현되고, 송대(宋代) 유학에 오면, '태극(太極)', '태허(太虛)', '이(理)', '성(性)' 등으로도 표현되기도 한다. 인간 존재에 있어서 자연의 이법은 인간의 타고난 본성(性)이 된다. 이 본성은 하늘로부터 부여된 그래서 절대적인 '천명(天命)'이다.

> 하늘(天)이 인간에게 명(命)한 것을 본성(性)이라 하고, 그 본성에 따르는 것을 도(道)라 하고, 도를 닦는 것을 교(敎)라 한다.[14]

하늘은 우주 만물의 근원적 존재로서 우주 자연의 운행질서를 총괄하며, 본성은 인간이 하늘로부터 절대적 명령으로서 부여받은 성품이다. 본성이 천명이라는 말은 곧 본성에 인도(人道)와 인교(人敎)의 이법이 존재한다는 것이고, 그것에 따르는 것이 천명(天命)에 따르는 삶이 된다는 것이다. 인간의 본성은 하늘과 인간을 합일(天人合一)시키는 매개이고, 우주 자연의 이법이 인간의 이법으로 전환되는 통로이다. 자연의 이법에 따르는 인간의 자연스런 삶은 곧 하늘로부터 부여받은 타고난 본성에 따른 삶을 말하는 것이다.

공자가 천명으로서 인간 본성의 절대성 · 주체성을 강조했다면, 맹자는 인간 본성의 도덕성을 강조한다. 맹자는 인간이 선한 본성을 가졌고, 이것을 실현하는 것이 다른 존재와 구분되는 까닭이라고 보았다. 맹자가 주장한 성선설(性善說)은 모든 사람이 생래적으로 한결같이 도덕적으로 완전한 사람이라는 말이 아니라, 개인이 태어날 때 그의 본성 속에는 저마다 선한

---

14) 『中庸』(1장): 天命之謂性 率性之謂道 修道之謂教

요소 혹은 원칙이 있다는 말이다. 그는 이런 요소 혹은 원칙을 '사단(四端)'이라고 일컬었는데, 즉 측은지심(惻隱之心)·'수오지심(羞惡之心)'·'사양지심(辭讓之心)'·'시비지심(是非之心)'이 그것이다. 이 사단이 만약 능히 발전하면 인(仁)·의(義)·예(禮)·지(智)의 '사덕(四德)'이 되는데, 이른바 성인(聖人)은 바로 사단을 확충하여 사덕을 완전히 실현한 사람을 말한다. 이와 같이 맹자가 인간의 도덕적 본성을 사덕으로 정립함으로써 인륜과 사회적 규범을 인간의 본성, 나아가서 천명 위에 세울 수 있게 된 것이다.

한편, 이법으로서의 자연이 사물에 투영될 때 이는 물리(物理)가 된다. 선진유교에서는 주로 인간의 현실적·도덕적 삶의 문제를 천착하기 때문에 사물의 이법에 대한 논의가 많지는 않다. 그러나 『주역』은 예외이다. 주역은 64괘를 통하여 우주의 질서와 운행 과정을 상징한다. 『주역』에서 우주의 운행법칙을 원·형·이·정으로 보고 있다. 주희는 이것을 다음과 같이 설명한다.

> 원(元)은 만물이 태어남이요, 형(亨)은 만물이 창무(暢茂)함이요, 이(利)는 열매가 익어감이요, 정(貞)은 그 열매가 이루어짐이다. 열매가 다 익으면 그 뿌리와 꼭지가 떨어지는데 이를 다시 땅에 심어 태어나게 할 수 있으니, 이렇게 함으로써 사덕(四德)이 순환해서 끝이 없는 것이다.[15]

원·형·이·정은 자연에서 춘·하·추·동 사계절의 원리가 된다. 계절의 바뀜은 모든 사물의 시작과 끝, 그리고 거듭되는 생명의 근원이 된다. 『주역』은 자연의 참모습을 끊임 없는 변화 속에서 찾고 있고, 자연의 이법을 강유(剛柔)의 작용과 음양의 변화를 통하여 드러내고 있다. 『주역』에서 자연의 이법은 인간의 이법과 상응성을 갖기 때문에 인간학적 의미를 가진다. 음양, 6효, 8괘, 64괘로 중첩되어 있는 주역체계는 우주과정이자 인생과정을

---

15) 『周易』(乾卦, 彖, 本義): 元者 物之始生, 亨者 物之暢茂 利則向於實也 貞則實之成也 實之既成則其根蔕 脫落 可復種而生矣 此 四德之所以循環而无端也

나타낸다. 『주역』은 기본적으로 점서적 특징을 가지고 있는데, 이것은 인간의 길흉화복을 자연의 이법으로 체계화한 것이라 할 수 있다.

3) 생명의 원천으로서의 자연

유교에서의 자연은 만물을 낳고 성장시키는 생명의 원천이다. 공자는 『주역』에서 자연의 가장 큰 기능과 역할이 만물의 창조와 성장에 있음을 강조하고 있다.

> 천지의 큰 덕을 낳음이라고 한다.[16]

> 낳고 낳음이 역이다.[17]

공자는 자연의 본질은 바로 생명을 낳는 데 있으며, 역(易)의 도(道)도 만물을 낳고 낳는 음양의 운동 원리를 말한다. 『주역』은 전체 우주를 음양, 천지, 건곤, 강유 등으로 표상되는 자연의 두 상반되는 힘의 대립적 조화를 통해 무한히 생명활동을 하는 주체로 보기 때문에 『주역』의 우주관을 생명적 우주관이라고 하여도 무방할 것이다.

그러면 이들 자연의 두 힘은 생명활동에서 각기 어떠한 역할을 담당하는가? 예컨대 『주역』에서 천지의 덕(德)을 건·곤(乾·坤)으로 표현하는데, 자연의 생명활동은 이 두 덕의 조화로운 결합으로 이루어진다. 건의 덕은 '천하의 지극히 강건함'[18]이고, 곤의 덕은 '천하의 지극히 유순함'[19]이다. 건은 강건하고 능동적이므로 사물의 비롯함[시(始)]을 주도하고, 곤은 유순

16) 『周易』 (繫辭 下, 1장): 天地之大德曰生
17) 『周易』 (繫辭 上, 5장): 生生之謂易
18) 『周易』 (繫辭 下, 12장): 夫乾, 天下之至健也
19) 『周易』 (繫辭 下, 12장): 夫坤, 天下之至順也

하고 수동적이므로 사물의 완성[성(成)]을 담당한다. 그런데 건·곤의 생명활동에는 타율성이 개입되지 않는다.

> 건이 크게 시작함을 주관하고, 곤이 물건 이룸을 짓는다. 건은 쉬움으로써 시작을 맡고, 곤은 간단함으로써 능하니, 쉬우면 알기 쉽고 간편하면 따르기 쉽다."[20]

이것은 건·곤이 만물을 생성할 때의 의도하지 않음과 노력하지 않음을 말하고 있다. 즉 자연은 만물의 창조 목적도, 그 목적을 위한 의도된 방향도 없다는 것이다. "건이 '쉬움' [이(易)]의 특성을 갖는 근본적인 원인은 쉬지 않고 활동하는[건(健)] 성질을 갖고 있기 때문이다. 건은 끊임없이 활동하기 때문에 주관적인 의도가 없다. 건은 주관적인 의도가 없기 때문에 만물을 창조할 때 목적이 없다. 완전히 자연적이다. … 곤은 건을 따르기 때문에, 건이 주관적 의도가 없는 것과 마찬가지로 곤도 주관적 의도가 없으며, 건이 목적이 없는 것과 마찬가지로 곤도 목적이 없다. 건이 이미 일을 시작하면 곤은 순응하여 완성한다. 결코 다른 노력을 들이지 않으니 어찌 간단함[간(簡)]이 없겠는가. 건의 쉬움과 곤의 간단함을 합하여 보면 '저절로 그러하다' [자연(自然)]는 의미다."[21] 이와 같이 유교 세계관에서 자연은 만물을 낳는 자율적인 생명력을 본질로 한다. 자연의 생명활동은 외재하는 초월적 능력에 의존하는 것이 아니라 자연 자체가 갖는 내적 본성에서 비롯된다는 것이다.

---

20)『周易』(繫辭 上, 1장): 乾知大始 坤作成物 乾以易知 坤以簡能 易則易知 簡則易從

21) 金景芳 · 呂紹綱, 한국철학사상 연구회 옮김,『易의 철학』, 예문지, 1993, p.39.

3. 유교의 인간관

풍우란은 "모든 철학의 인간론은 그 우주론에 근거한다"[22]고 했다. 그런데 우주론은 절대적 존재에 대한 인간의 해석이 관건이 된다. 신과 인간의 관계가 어떻게 설정되는가에 따라 우주의 생성과 과정, 존재의 본체와 실제의 본질이 규정되고, 그것에 따라 인간이란 무엇이고, 어떠해야 하는가 하는 인간론이 전개된다. 따라서 인간관을 알아보기 위해서는 초월적·절대적 존재와 인간 간의 관계가 세계관 속에서 어떻게 설정되어 있는가를 살펴보는 것이 중요할 것이다.

중국 고대사회에서 천(天) 관념은 주로 주재적 천의 의미로 사용되었다. 은(殷)나라의 복사(卜辭) 가운데에서는 절대적 존재를 지칭하는 '제(帝)' 또는 '상제(上帝)' 라는 글자를 많이 볼 수 있다. 그러나 주(周)나라에 와서는 '제(帝)' 와 더불어 '천(天)' 이란 말을 많이 쓰기 시작했다. "'제(帝)', '상제(上帝)' 는 부족 연합국가의 성격이 강했던 은(殷)나라에서 은 부족을 수호해 주는 조상신이었으며, 또한 여러 부족들의 각기 다른 부족신(部族神) 가운데에서 최고의 권위를 지닌 존재였다. 그러나 은(殷)나라가 멸망하고 주(周)나라가 들어서면서 주나라는 은나라를 정복한 자신들의 행동을 정당화시키기 위하여, 주나라의 건국이 '하늘의 뜻', 즉 천명(天命)에 의한 것이었다고 정당화하였다. 이때부터 '천' 은 절대적 권위를 지닌 존재로서, 단순한 종교적인 숭배의 대상에서 벗어나 정치적 차원으로 확대되었다. 이렇게 정치적 차원으로 확대되어 나온 것이 바로 '천명사상' 이다. 천명은 곧 천이 의지적으로 표현되어 인간의 행위를 판단하는 근거로 작용하였음을 의미하는 것이다. 특히 정치적인 면에서 이 천명은 통치자의 권위를 상징하는 것으로, 통치자는 반드시 천명을 받아야만 했다."[23]

---

22) 馮友蘭, 박성규 옮김, 「중국철학사」, 까치, 1999, p.4.

춘추시대 공자에 이르매 천명 관념은 정치적 · 도덕적 의미에 덧붙여 인간 본성적 의미를 부여받는다. 여기서 천은 초월적인 존재에서 인간 내면적인 존재로 내려오게 된다. 이러한 점은 공자가 "하늘이 나에게 덕을 주었다"라고 한 말에서 잘 드러난다. 이는 천 중심의 세계관에서 인간 중심의 세계관으로의 변화를 의미하는 것이라고 할 수 있다. 즉 천이란 인간을 초월하여 존재하기보다는 인간 내면에 존재하는 덕성이란 의미로 이해한 것이다. 천은 인간이 인간답게 사는 것을 가능하게 하는 근거이며 천이 주는 명(命)은 진리의 자각, 자기 본래성의 자각을 통해 구현해야 할 당위 법칙으로서의 사명이 된다. 그리고 맹자에 오면 공자가 막연히 자각하면서도 명확히 말하지 않은 도덕성의 근원이 하늘에 있음을 분명히 밝힌다. 맹자는 "그 마음을 다하는 자는 그 성(性)을 안다. 그 성을 아는 자는 천(天)을 안다. 그 마음을 보존하고 그 성을 기르는 것은 하늘을 받드는 소이(所以)이다"[24]라고 했다. 여기서 천(天)은 의리적 천으로서 도덕성의 근원이란 의미를 갖는다. 이것은 곧 천명이 인간의 본성이 되는 것이고, 인간이 천으로 고양되는 의미를 담고 있다.

주자학에 이르면 형이상학적 의미의 천이 부각된다. 천(天)은 곧 이(理)가 된다. 천은 도덕성의 근원일 뿐만 아니라 모든 사물의 궁극적 원리로서 철학적 의미를 갖게 되며, 천의 초월성과 인격성은 더 이상 찾아볼 수 없게 된다. 신유학에 이르면 천은 주재자로서의 인격성도, 초월자로서의 절대성도 없다. 단지 사물의 법칙이자 행위의 규범으로서 인식의 대상이 되고 행위 선택의 준거가 될 뿐이다. 이러한 천과의 관계 속에서 유교의 인간관을 다음과 같이 정리해 볼 수 있을 것이다.

---

23) 성균관대학교 유학과 교재편찬위원회, 『유학사상』, 성균관대학 출판부, 1998, p. 77.
24) 『孟子』(盡心 上, 1장): 盡其心者 知其性也 知其性 則知天矣 存其心 養其性 所以事天也

1) 대우주에 대한 소우주로서의 인간

공자는 "하늘이 나에게 덕을 주었다"[25], "나이 50세에 천명을 알았다"[26] 라고 했다. 하늘이 부여한 덕이나 천명은 곧 하늘의 명령이며 인간이 따라야 할 도덕적 본성을 말한다. 공자의 천명사상은 인간의 지위를 천(天)의 지위로 상승시켰다. '천(天)', '상제(上帝)'가 종교적 신앙의 대상에서 인간의 마음속에 내재화된 도덕적 본성으로 자리하게 된 것이다. 공자의 천명사상은 자사(子思)의 "천명(天命)을 성(性)이라 한다"[27]란 명제로 이어지고, 다시 맹자의 "만물은 다 나에게 갖추어져 있다"[28]란 명제로 계승되어 유교의 정통사상으로 자리한다. 자사가 '천명을 성이라 한다'라고 말한 것이 하늘의 입장에서 인간의 본성은 천명으로 주어진 것을 말한 것이라면, 맹자가 '만물이 다 나에게 갖추어져 있다'고 한 것은 인간의 입장에서 진실무망(眞實无妄)하며 순일무잡(純一無雜)한 천리가 인성 속에 구비되어 있다고 말한 것이다. 이 두 명제는 모두 인성과 천리는 동일하다는 입장에서 말한 것이다.

주희는 우주와 인간을 대우주와 소우주의 관계로 설정하였다.

> 인간은 소우주이며, 천지는 대우주이다. 사람의 머리가 둥근 것은 하늘을 닮은 것이며, 발이 평평한 것은 땅을 닮은 것이다.[29]

> 아마도 사람은 곧 하나의 소우주일 뿐이다.[30]

---

25) 『論語』(述而, 22장): 天生德於予
26) 『論語』(爲政, 4장): 五十而知天命
27) 『中庸』(1장): 天命之謂性
28) 『孟子』(盡心 上, 4장): 萬物皆備於我矣
29) 『朱子語類』(권 53): 人便是小胞 天地是大胞 人首圓象天 足方象地(夔孫 錄)
30) 『朱子語類』(권 95): 蓋人便是一個小天地耳(端蒙 錄)

인간과 천지는 이와 같은 그 외형적 모습뿐만 아니라 마음과 본성에 있어서도 상응적이다. 주희는 그것을 다음과 같이 설명한다.

> 하늘이 곧 사람이요, 사람이 곧 하늘이다. 사람이 처음 생겨날 때 하늘로부터 (그 명(命)을) 얻었다. 이미 그러한 사람을 생겨나게 했다면 하늘(의 이치) 또한 사람에게 있는 것이다. (사람이) 말하고 움직이고 보고 듣는 것은 모두 하늘(의 작용)이다.[31]

이처럼 천심은 곧 인심이며, 하늘의 덕이 곧 인간의 덕이며, 하늘의 본성이 인간의 본성이다. 대우주 · 소우주의 상응적 도식은 인간과 우주자연과의 밀접한 관련성을 보여준다. 인간행위는 자연의 법칙에서 벗어날 수 없으며 그래서 자연과 일체적 관계로 상호 작용한다. 앞의 자연관에서 보았듯이 유교적 자연은 완전자로서 인간과 인간사회의 모범이 된다. 인간과 자연의 혼연일체적 관계는 두 관점에서 볼 수 있다. 하나는 행위와 운명, 제도와 역사 등 모든 인간적인 것이 모두 자연의 법칙에 상응한다는 입장이다. 인간의 행위나 운명은 자연의 운행법칙에서 벗어날 수 없기 때문에 그것을 깨닫는 것이 이상적인 삶의 전제가 된다. 성인(聖人)은 인간의 본성에 자리하고 있는 이 자연의 법칙을 깨달아 사회에 실현하는 사람을 말한다.

자연과의 혼연일체적 관계는 인간이 자연의 운행을 변화시킬 수 있다는 사실에서 보다 극적으로 드러난다. 인간은 자연에 일방적인 종속자나 수혜자가 아니라, 인간의 선악의 행위나 원망(願望), 기도가 천지의 운행을 변화시키기도 하는 쌍방적인 관계에 있다. 『서경』 「홍범」에서 보면, 오사(五事), 즉 용모[모(貌)] · 말[언(言)] · 보는 것[시(視)] · 듣는 것[청(聽)] · 생각[사(思)] 등의 표현이 올바르지 않으면, 오행의 순서가 어지러워지고, 이것이 결국 자연의 여러 징조에 영향을 준다고 한다. '여러 징조' [서징(庶徵)]

---

31) 『朱子語類』 (권 17): 天卽人 人卽天 人之始生 得於天也 旣生此人 則天又在人矣 凡語言動作視聽 皆天也(閒 錄)

중에서 가장 뚜렷한 것은 '비 오는 것, 맑은 것, 따뜻한 것, 추운 것 그리고 바람 부는 것' 등 다섯 가지이다. 오사의 인간적인 일이 오징의 자연적 징조와 직결되어 있다는 상응적 관념은 인간과 자연을 하나의 기(氣)로 이루어진 통일체, 유기체로 파악한 것에서 비롯된다. 마치 유기체에서 한 기관의 기능에 이상이 생기면 다른 기관과 유기체 전체에 영향을 주듯이 인간의 행위도 자연계 전체의 운행에 영향을 주게 된다. 이렇게 볼 때 인간은 우주자연의 주체이자 객체이며, 소우주로서 우주자연 그 자체이자 그것의 일부이다. 여기서 인간의 존재론적 의미가 명백해진다. 인간은 우주자연 그 자체가 구현된 존재라는 점에서 인간 존엄성의 우주론적 근거가 마련되며, 또한 인간은 우주자연의 운행에 참여한다는 점에서 우주에서의 인간의 의무와 책임을 떠안게 된다.

2) 타인과 조화를 이룬 인간

유교에서는 현실 속에서 개인과 개인, 개인과 사회와의 조화로운 관계를 중시하는 도덕적 · 실천적 측면이 강조된다. 공자 이래로 맹자, 순자 등 유학의 대표적 인물들이 주창한 인간관의 공통점은 인간을 사회적 존재, 특히 문화적 존재로서 중시하는 입장이다. 이러한 입장에는 인간은 태어나면서 미리 정해진 불변적인 존재가 아니라 완성의 과정 중에 있는 존재로 인식한다. 그리고 그 과정을 통하여 인격적으로 완성된 성인(聖人)이라는 분명한 목표를 향해 나아가야 할 책임이 있는 윤리적 존재라는 것이다. 공자는 은자(隱者)인 걸익(桀溺)을 상대하여 다음과 같이 말했다.

> 우리는 금수와 함께 생활할 수 없다. 우리가 인류와 함께하지 않고 또 무엇과 함께 있겠는가?[32]

32) 『論語』(微子, 6장): 鳥獸 不可與同群 吾非斯人之徒與 而誰與

공자는 자신의 학문이 현실적 인간과 인간적 현실에 대한 인식과 실천에 있음을 밝히고 있다. 공자에게는 '세계가 어떻게 해서 이루어졌는가' 라는 형이상학적 문제는 그다지 중요한 것이 아니었다. 오히려 '현실 세계 속에서 인간이 어떻게 살아야만 인간다운 삶을 영위해 나갈 수 있는가' 하는 문제가 보다 실질적이고 중요한 문제로 간주되었다. 그래서 공자는 '앎' 에 대해 물었을 때 '인간을 아는 것' 이라 했고, 인간의 최고 덕목인 '인' 에 대하여 물었을 때는 '사람을 사랑하는 것' 이라고 대답했다.[33]

맹자는 인의(仁義)를 말하면서 인의는 어버이를 사랑할 줄 알고 자기의 형을 공경할 줄 아는 데서 출발한다고 했다. 그리고 그는 인간의 덕성은 친친(親親)과 경장(敬長)에서 출발하고, 그것으로 인해 체득된 인·의의 도로 백성을 친애하고, 백성을 친애하는 도로써 사물을 아끼고 사랑하는 단계까지 확장해 가야 한다고 본다.[34] 이처럼 맹자는 인간의 덕성을 당위적 규범으로 해석하여 인간 존재의 의미를 사회적 관계 속에서 찾고 있다.

유교에서 추구하는 인격수양의 이상적 상태를 내성외왕(內聖外王)이라고 표현한다. 내성이란 곧 자신을 수양하여 성인의 최고 이상에 도달하는 것을 목표로 삼고 있는데, 이것은 성기(成己)(자기완성)라고 일컫는다. 외왕이란 성물(成物)(타인을 이루어줌)로써 백성을 교화하여 천하에 평화를 가져오는 것을 목표로 삼고 있는데, 천하에 평화를 가져온다는 것은 천하에 도덕정치를 시행한다는 것이다. 이러한 내성외왕의 도는 『대학』의 팔조목(八條目)에 잘 표현되어 있다. 팔조목 가운데 격물(格物), 치지(致知), 성의(誠意), 정심(正心), 수신(修身)은 내성의 공부이고, 제가(齊家), 치국(治國), 평천하(平天下)는 외왕의 실천에 속한다. 이는 곧 개인적 수양을 통한 사회적 실천[수기치인(修己治人)]을 말한다. 이와 같이 충서(忠恕), 극기복례(克己復禮),

---

33) 『論語』(顔淵, 22장): 樊遲問仁 子曰 愛人 問知(智) 子曰 知人

34) 『孟子』(盡心 上, 45장): 君子之於物也 愛之而弗仁 於民也 仁之而弗親 親親而仁民 仁民而愛物

내성외왕(內聖外王), 성기성물(成己成物), 팔조목(八條目), 수기치인(修己治人) 등은 모두 유교사상이 추구하는 궁극적 지향점이 개인이 이룬 도덕적 완성을 가족, 국가, 인류 전체로 확충하는 데 있음을 말해 주고 있다. 이러한 확충은 곧 개인과 사회가 동심원적 동질성과 연속성을 갖고 있음을 의미한다.

사회적 관계체로서의 인간관은 이후 장횡거(張橫渠)에 오면 보다 형이상학적으로 묘사된다. 『서명(西銘)』에서 개인과 사회, 나아가 천지만물은 같은 동포이다.

> 건(乾)은 (하늘로서) 아버지라 부르고 곤(坤)은 (땅으로서) 어머니라 부른다. 나는 여기서 아득하게 작지만 하늘 · 땅과 한데 섞여져서 그 가운데 있다. 하늘과 땅에 가득한 것은 나의 몸이고 하늘과 땅을 이끌고 가는 것은 나의 본성이다. (사람이나 사물은 만유(萬有)의 기(氣)가 모여서 이루어진 것으로) 사람들은 모두 한 뱃속의 형제와 같고, 모든 만물은 나와 함께 있는 (친구인) 것이다. 천자(天子)는 우리 부모[천지(天地)]의 장자[종자(宗子)]요, 그의 신하는 장자(천자)의 가상(家相)과 같은 것이다. 나이 많은 어른을 모실 때에는 자기 어른을 모시는 것같이 모시고, 약하고 외로운 사람을 돌볼 때에는 자기 어린이를 사랑하듯이 사랑한다.[35]

장횡거는 기(氣)일원론적 입장에서 천지만물과 인간사회를 같은 뿌리를 가진 가지들로 보는 것이다. 이 입장에서 보면 개인과 개인은 분리된 개체로 존재할 수 없으며 나아가 인간은 천지만물과도 결코 분리될 수 없는 관계이다.

정명도(程明道)는 장횡거의 『서명』을 높게 평가하였다. 정명도는 공자 이래로 유교의 최고 덕목으로 중시되어 온 인(仁)이 바로 만물동일성(萬物

---

35) 『張子全書』(西名): 乾稱父 坤稱母 子玆藐焉 乃混然中處 故天地之塞吾其體 天地之帥吾其性 民吾同胞 物吾與也 大君者 吾父母宗子 其大臣 宗子之家相也 尊高年 所以長其長 慈孤弱 所以幼其幼

同一性)에 근거하고 있다고 보았다. 그는 인을 '혼연하게 만물과 한 몸이 되는' 것으로 해석하였다. 즉 인을 '커다란 공심(公心)' 으로 보았다.

> 『의서(醫書)』에 '손발 마비되는 병을 말하여 불인(不仁)' 이라고 하는데, 이 말은 가장 적절히 이름 붙인 것이라고 하겠다. 인이라는 것은 천지 만물을 모두 자기와 한 몸으로 삼는 것이니, (만물이 모두) 자기가 아닌 것이 없다. (만물이) 자기임을 느끼게 되면 무엇이든 이루지 못하는 것이 있겠는가? 만약 자기와 만물을 따로 떼어보면 관계가 없어지게 된다. 마치 손발이 불인(不仁)하면 기(氣)가 관통되지 않아 (사체(四體)가) 모두 자기에게 속하여 있지 않은 것과 같다.[36]

정명도는 인간이 타인, 그리고 만물과 동체를 이루고 있음을 인의 특성으로 강조한다. 타인과 만물로부터 분리된 인간은 마치 손발이 마비된 병에 걸린 것처럼 생명력을 잃게 된다. 인간은 만인동포적(萬人同胞的)인 관계 속에서 인간다움을 얻게 되고, 여기서 인간의 타고난 사회성이 드러나는 것이다. 인간의 사회성은 『대학』 「보망장(補亡章)」에서 주희의 '전체대용(全體大用)' 이라는 언술에서 더욱 명확하게 나타난다. "주자에 의하면 격물 · 궁리의 결과, '인심(人心)' 의 본체를 온전히 하고 그 작용을 크게 하는 것' [전체대용(全體大用)]이 나타난다. 온전한 인심의 본체는 인의 이치를 대표하는 쪽의 입장이고, 그 작용을 크게 함은 사랑[애(愛)]의 정(情)을 대표하여 만사에 적응하도록 넓히는 입장에 다름 아니다."[37] 주희의 전체대용(全體大用)은 결국 장자(張子)와 정자(程子)의 민오동포(民吾同胞) · 물오여야(物吾與也)라는 사상을 발전시켜 현실 사회에서의 개인적인 실천과 연관하여

---

36) 『二程遺書』(識仁篇): 醫書言手足痿痹爲不仁 此言最善名狀 仁者以天地萬物爲一體 莫非己也 認得爲己何所不至 若不有諸己 自不與己相干 如手足不仁 氣已不貫 皆不屬己 故博施濟衆乃聖之功用 仁至難言 故日己欲立而立人 己欲達而達人 能近取譬 可謂仁之方也已 欲令如是觀仁可已得仁之體

37) 김수중, "유가의 인간관", 『인간이란 무엇인가』, 민음사 1997, p. 186.

주장한 것으로 볼 수 있다.

3) 심 · 신의 조화를 이룬 인간

유교의 관점에서 몸과 마음은 불가분의 관계에 있다. 몸은 마음이 거처하는 곳이며, 마음은 몸을 부리는 주인이다. 몸이 없으면 마음이 실현될 수가 없고, 마음이 없으면 몸이 어떻게 행동해야 할 바를 모른다. 인간의 마음에는 '인심(人心)'과 '도심(道心)'이 있다. 인심은 육체적 인욕에 따라 나오는 마음이고, 도심은 하늘의 이치나 성명(性命)에 따라 나온 마음이다. 따라서 인심은 마음이 인욕과 만나는 자리라고도 할 수 있다. 인간이 형기(形氣)를 갖고 있는 한 인심이 없을 수 없다. 단지 인욕을 인간에 갖추어진 도덕성에 적중(的中)하여 충족시킬 때 도심이 회복된다고 본다. 도심의 회복은 곧 심신의 욕구가 절도에 맞는 것[중절(中節)]이라 할 수 있다. 유교적 심신관(心身觀)에서 몸과 마음은 연장선상에 놓여 있다. 몸과 마음 사이에는 감각[정(情)]이나 의지[의(意)] 그리고 지향성[지(志)] 등이 연속적으로 자리 잡고 있다. 가령 감각은 우리 신체의 기관들이 없으면 성립할 수 없다. 따라서 우리 마음의 요소 중에서 감각이 가장 신체에 가까운 부분에 위치한다.

또 우리가 느끼고 생각하고 대상을 지향할 때 항상 반성적으로 바로잡아 주는 부분이 있다. 맹자가 말한 '양지(良知)'가 그것이며, 이를 송대(宋代) 유학자들이 천지지성(天地之性) · 의리지성(義理之性) · 본연지성(本然之性)이라 한 본성이 그것이다. 몸과 마음 사이에서 마음 쪽에 가장 가까이 위치하는 것이 바로 이러한 본성이라 할 수 있다. 이렇게 심신이 불연속적으로 이원화되어 있지 않다는 것은 주자학의 심신일기론(心身一氣論), 즉 심신이 하나의 기로 이루어졌다는 이론에서 잘 드러난다. 주자학에서 마음은 몸과 마찬가지로 기로 이루어져 있고, 심신의 구별은 마음이 단지 몸에 비해 보다 허령(虛靈)한 기로 이루어져 있다는 차이일 뿐이다. 마음이 기억,

분별, 사려하는 것은 마음의 기가 허령하여 사물의 이치가 잘 드러나기 때문이고, 마음에 본성이 거처한다고 하는 것도 마음이 허령하여 그곳에서 본성이 잘 발현되기 때문이다.

그래서 유교에서는 마음을 바르게 하는 것과 몸을 닦는 것 어느 하나만을 중시하거나 경시하지 않는다. 예컨대 공자는 "사사로움을 극복하여 마음이 바르고, 행위가 예의에 맞는 것이 인(仁)을 하는 것이 된다[극기복례위인(克己復禮爲仁)]"고 하였다. '극기(克己)'는 곧 일신의 사욕을 벗어나는 것이니, 사욕에서 벗어나면 천리로서 마음에 부여된 덕[인(仁)]이 온전하게 발현된다. '복례(復禮)'에서 예(禮)는 '천리(天理)의 절문(節文)'을 일컬으니 곧 행위에 있어 천리를 회복한다는 것이다. 이렇게 볼 때 '극기복례'는 몸과 마음이 천리에 하나로 합하는 것을 말한다. 공자는 자신이 이르게 된 인격의 최고 단계를 "일흔 살에는 마음에 하고자 하는 바를 좇아도 법도(法度)에 넘지 않았다"[38]라고 표현했다. 이 경지는 몸과 마음 사이에 간격이 없이 천리에 혼연 일치된 상태를 말하고 있다고 볼 수 있다.

맹자는 '기(氣)를 기름(養氣)'을 중시했다. 그에 따르면 인간의 마음은 지(志)와 기(氣)에 달려 있다. 지(志)는 윤리적 의지인 데 반하여 기(氣)는 '육체에 자연적으로 충일한 행동적 정기(精氣)'를 말한다. 지(志)와 기(氣)는 상호 불가분의 관계에 있으며, 지(志)가 기(氣)를 움직이기도 하고 거꾸로 기(氣)가 지(志)를 움직이는 경우도 있다. 주희는 기가 의리(義理)와 결부된 것을 호연지기라 하였고, 단순히 육체적 욕망과 결부된 기를 혈기지기(血氣之氣)라 하여 구분하였다. 맹자의 양기(養氣)는 바로 호연지기를 기르는 것을 말한다. 그런데 맹자는 양기(養氣)는 '의(義)의 쌓음'[집의(集義)]을 통하여 얻어질 수 있다고 했는데, 주희도 집의(集義)를 '선(善)의 축적[적선(積善)]'과 같은 것이라고 했다. 결국 양기(養氣)는 의(義)에 합당한 행위, 선(善)

---

38)『論語』(爲政, 4장): 七十而從心所欲 不踰矩

한 행위가 쌓여 자연히 얻어지며 이로써 마음이 호연지기에 이르게 한다는 것이다. 맹자의 양기설(養氣說)은 수행에 있어 몸과 마음이 분리될 수 없음을 말하고 있다.

4. 맺는 말

이상에서 유교의 세계관을 자연관과 인간관을 통해 살펴보았다. 세계관은 단순한 인식의 문제가 아니라 실존적 · 윤리적 · 실천적 문제에 대한 입장을 내포한다. 자연관과 인간관은 단순히 자연과 인간의 본질에 대한 객관적 인식의 문제를 넘어서 인간의 실존적 삶에 어떠한 의미를 갖는가 하는 윤리적 실천에 대한 입장을 내포한다. 그래서 자연관과 인간관은 인간의 실천적 삶 안에서 상호 분리될 수 없다. 예컨대 기독교적 세계관에 의하면, 인간은 자연에 군림하고, 자연은 인간을 위해 존재한다. 인간이 자연을 대상화 · 수단화함으로써 인간은 자연을 효과적으로 이용할 수 있는 합리성을 중시하게 되고, 이것이 결국 서구의 합리적 인간관을 형성시켰다. 유교적 세계관에서 볼 때 자연은 극복의 대상이 아니라 순응해야 할 섭리이며, 인간 존재와 분리될 수 없는 대상이다. 그래서 결코 인간을 자연의 주인으로 보지 않는다. 오히려 인간은 자연의 일부로서 자연과의 합일성을 강조하고 자연과의 공존 공생하는 관계로 본다. 유교는 서구의 합리적(合理的) 인간관과는 달리 자연의 운행에 순응하는 순리적(順理的) 인간관을 갖는다.

제 2 장

연기, 마음 그리고 '합심' 사회의 사회학

| 유승무(중앙승가대 불교사회학부) |

1. 서 론

지금까지 사회학은 인간과 사회의 관계를 탐구하는 학문으로 간주되어 왔다. 꽁트(Comte) 이래 고전사회학자들은 그 관계를 '인간이 사회에 미치는 영향' (Weber), '사회가 인간에게 미치는 영향' (Durkheim), 그리고 '인간과 사회(타자)의 상호작용' (Mead), 그리고 '인간과 사회의 갈등' (Marx) 등의 관점에서 주로 연구해 왔다.[1] 그러나 이렇듯 인간과 사회를 각각 실체화하거나 그 어느 한쪽을 실체화한 후 그 대립자 사이의 관계를 설정하는 순간, 실체를 갖지 않는 마음이 매개하는 삶의 풍부한 현실은 인식관심의 대상에서 배제될 수밖에 없다. 또한 각 시각들은 상호 소통도 어렵게 되고 스스로 이론적 '막다른 골목' 에 봉착하게 된다.[2] 이를 극복하기 위해 파슨스(Parsons) 이래 현대 사회학은 인간과 사회의 관계를 '행위와 구조(혹은 미시와 거시)의 관계' 로 대체하고 그것을 구성주의적 관점에서 재구성하려는 이론들을 다양하게 생산하고 있다(알렉산더, 1993). 행위를 구성주의적 관점에서 이해하려는 시도(Joas, Collins), 그리고 구조와 행위를 상호작용관계 · 매개관계 · 이중적 관계 등 관계론적 관점에서 이해하려는 시도(Elias, Bourdieu, Giddens) 등은 그 대표적 예이다.[3] 그러나 이러한 시도조차도 사회구조와 행위의 실체화나 그 이분법적 대립 구도를 근본적으로 극복한 것은 아니다. 이철(2011)은 사회학의 발전을 견인하기 위해서는 구조와 행위의 대립을 극복하려는 시도가 불가피하다고 주장하고 루만의 사회

---

1) 대부분의 사회학 이론서가 이러한 관점들에 대해 자세하게 소개하고 있지만, 특히 심리학과의 차별성에 민감한 사회심리학 개론서들이 이러한 시각의 차이를 분명하게 논의하고 있다. 이에 대해서는 J. Kinch(1982)를 참고하기 바란다.

2) 유승무(2010)는 이러한 한계를 자세하게 논의하고 있으며, 한국사회학계에서 행위와 구조의 이분법적 대립문제를 극복하고자 한 이론적 시도로는 정태석(2002), 이철(2011) 등을 참고하기 바란다.

3) 이에 대한 자세한 논의는 무젤리스(2013)를 참고하기 바란다.

체계이론에서 그 가능성을 탐색하고 있다.

그러나 필자가 보기에, 비록 루만이 인간은 물론 사회의 실체화를 부정하고 그 대립구도를 전복하고 있다는 점(루만, 2007a; 2007b; 2012a; 2012b)에서 일견 설득력이 있음에도 불구하고 루만마저도 인간을 사회체계의 환경으로 구분하고 사회체계에 일방적 강조점을 두고 있다는 점에서 행위-구조의 대립 문제를 충분히 해결한 것처럼 보이지는 않는다. 이에 이 글에서는, 루만의 체계이론이 일반체계이론의 아버지로 불리는 버틀란피(Ludwig Bertalanffy)의 영향을 받았다는 점(크네어 · 낫세이, 2002), 버틀란피의 일반체계이론과 불교의 의존적 발생의 원리가 공통적으로 상호인과율(mutual causality)을 전제하고 있다는 점(메이시, 2004), 그리고 루만과 달리 불교는 실재(reality)가 관계를 매개하는 마음에 의해 사회적으로 구성되는 것으로 간주한다는 점[4] 등을 고려하여, 불교의 연기(緣起)의 원리, 마음, 그리고 그 산물인 합심주의문화가 어떻게 인간과 사회의 이분법적 대립구도를 넘어서서 사회적인 것을 구성하는지를 이론적 차원에서 논증해 보고 나아가 경험적 차원에서도 실증해 보려고 한다.

물론, 언뜻 보기에, 불교의 연기체적 세계관과 서구 근대적 기원의 합리주의[5]의 관계는 어울리기 힘든 것처럼 보인다. 특히 근대적 합리주의는, 연기체적 세계관과는 달리, '독립적 실체로서의 개인'[6]을 전제하고 있기 때문이다. 그러나 불교의 상호인과율이 루만의 사회체계이론과 공통점을

---

4) 이러한 점에서 불교는 오히려 (사회)현상학과 공통점도 지닌다. 바로 이 점에서 루만의 사회체계론의 핵심개념인 자기생산(Autopoiesis) 개념을 창안한 칠레의 생물학자 프란시스코 바렐라(Francisco Varela)가 현상학의 대가인 메를로 퐁티(Maurice Merleau-Ponty)와 대승불교의 중관론을 창시한 용수(龍樹)를 결합하여 몸과 마음의 관계를 분석한 것(프란시스코 바렐라 외, 2013)은 매우 적절하다.

5) 베버는 합리성을 의식적 · 체계적 자기조절(혹은 자기통제) 능력으로 정의하고 있는바, 여기에는 독립적인 사회적 실체로서 개인의 자율성이 전제되어 있다. 이에 대한 자세한 논의는 전성우(2013: 78-84)를 참고하기 바란다.

6) 이러한 개인의 사회이론적 위상과 역할에 대한 자세한 논의는 알렉산더(1993)를 참고하기 바란다.

지니고 있다는 점 이외에도, 연기적 세계관과 마음 개념 및 합심사회를 좀 더 깊이 천착해 보면 그 속에는 근대적 합리주의와의 공통분모도 내포되어 있다. 마음은 이성, 감성, 의지 등을 포함할 뿐만 아니라 삶에서 마주치는 모든 사회적 관계를 반영하고 있기 때문이다.[7] 이렇게 볼 때, 그리고 인간과 사회의 관계라는 설정 그 자체가 오류라는 지적(루만, 2012a; 2012b)[8], '사회'라는 고정된 실체 대신에 구성론적 함의를 내포하는 '사회적인 것(the social)'으로 대체해야 한다는 주장[9], 그리고 '사회적인 것'을 이해하기 위해서는 '이성'뿐만 아니라 '감성'이나 '의지'를 마음의 연구대상에 포함해야 한다는 주장(김홍중, 2013a) 등을 고려하면, 이 글의 시도는 합리적 부분과 비합리적 부분을 모두 포함하는 마음을 매개로 한 '행위자-사회' 관계를 새롭게 이해할 수 있는 가능성을 제시해 줄 수도 있을 것으로 판단된다.

이 글의 목적은, 연기적 세계관과 마음 개념 그리고 그 산물인 '합심'사회를 연구대상으로 설정하여 그 관련성들을 체계적으로 논증 및 실증함으로써, 인간과 사회의 이분법적 이론구조에서 벗어날 수 있는 '신작로(新作路)'를 만들어 보는 데 있다.

---

7) 바로 이 지점에서 김홍중의 『마음의 사회학』(2009)을 그냥 지나칠 수는 없다. 필자는 그가 "사회학이 탐구해야 하는 최종 영역을 그 사회의 '마음'으로 규정하고 있다"는 점에 대해서는 전적으로 동의하지만 자신의 마음 개념을 혜능의 풍번문답(風幡問答)에 등장하는 마음 개념과 구분하는 것뿐만 아니라 가장 심오한 '마음' 개념을 내포하고 있는 불교사상 및 유교사상은 물론 그 풍부한 마음문화에 대해서도(심지어 한국사회의 마음을 논의하는 곳에서조차도) 사회학적 논의를 시도하지 않는 데 대해서는 선뜻 동의하기 어렵다. 해서, 제5장에서 필자는 김홍중의 마음 개념과 불교의 마음 개념이 어떻게 다른지를 자세하게 논의할 것이다.

8) 주지하듯이 사회를 소통과정으로 파악하는 니클라스 루만은 사회를 고정된 실체로 간주하는 기존 사회학의 전제가 오류임을 체계적으로 논증하고 있다. 이에 대해서는 이철(2013: 36-68)을 참고하기 바란다.

9) 이에 대한 자세한 논의는 김홍중(2013b: 2-4)을 참고하기 바란다.

2. 존재의 의존적 발생과 그 관계의 상즉상입[10)]

저것이 있을 때 이것이 있고, 저것이 일어남으로써 이것이 일어난다.
저것이 없을 때 이것이 없게 되고, 저것이 없어짐으로써 이것이 없어진다.

이 인용문은 통상 연기법(緣起法)으로 일컬어지는 의존적 발생의 원리를 가장 간명하게 설명하는 구절이다. 불교사에 따르면, 싣달타는 이 원리를 깨닫고[무명을 벗어나고] 사성제(四聖諦)와 팔정도(八正道)를 사유하여 비로소 붓다가 되었다고 한다. 그렇기 때문에 불교는, 그것이 초기불교이든 대승불교이든, 모든 사물이나 현상을 '의존적 발생의 원리'로 이해한다. 이 원리는 공간적 차원에서는 관계론적 시각을 견지하고[비실체=무아(無我)] 시간적 차원에서는 과정론적 관점을 채택함[무상(無常)]으로써 사회, 인간, 심지어 인간의 마음은 물론 그들 상호 간의 관계마저도 철저히 '구성과정주의[11)]'의 관점에서 이해한다. 실제로 불교는 인간을 포함한 모든 사물을 오온(五蘊)의 합에 지나지 않는 것으로 간주하기 때문에 고정불변하는 실체란 존재하지 않으며(무아) 오로지 생성, 변화, 과정만 존재할 뿐이다(무상).

이러한 불교사상 속에는 존재들 사이의 관계성, 그로 인한 쌍방의 상호인과성의 실상, 그리고 각각의 무상한 변화를 총체적으로 파악할 수 있는 개념적 장치가 이미 잘 마련되어 있다. 예컨대 불교[특히 화엄사상]의 상즉상입(相卽相入) 개념은 사물의 관계성을 의존적 발생의 원리에 입각하여 총체적으로 파악하는 데 유용한 개념적 도구이다. 해서, 여기에서는 우선 상즉과 상입의 의미를 각각 살펴보고 상즉과 상입의 결합 즉 상즉상입의 총

10) 여기에서의 상즉상입 개념에 대한 논의는 유승무(2010)의 극히 일부이다. 보다 풍부한 논의를 위해서는 유승무(2010)를 참고하기 바란다.

11) 이 글에서는 무아와 무상의 교리를 갖는 불교의 의존적 발생의 원리를, 인간과 사회의 실체화에 기초한 사회학적 구성주의와 구분하기 위해, 특별히 '구성과정주의'로 명명하고자 한다.

체성을 밝혀본 다음 그 사회학적 재해석을 시도해 봄으로써, 개념의 실체화를 극복하고 나아가 기존 사회학의 이분법적 대립구조를 극복할 수 있는 이론적 근거를 구축하고자 한다.

먼저, 상즉은 본질(궁극적인 것, 절대적인 것)과 현상의 동일성[이사상즉(理事相卽)] 혹은 상호동일성(mutual identity)을 의미한다. 주지하듯이, 불교는 모든 존재를 연기적 세계관으로 파악한다. 이렇듯 모든 존재를 원인과 조건에 의하여 생성되어 가는 존재로 파악할 경우, 모든 현상적인 것은 궁극적으로는 자성(自性)이 없다. 자성이 없다는 것은 공(空)하다는 것이다. 색즉시공(色卽是空)이다. 한편, 공이 궁극적인 것이라면 공 즉 무자성(無自性)이야말로 모든 것을 연기적으로 성립시키는 근거이다.[12] 때문에, 흔히 불교에서는 "공의 이치가 있음으로써 모든 것이 이루어진다"고 말한다(김종욱, 2001). 이른바 공즉시색(空卽是色)이다. 결국 '색즉시공 공즉시색'이라면 공과 색 즉 현상적인 것과 궁극적인 것[본질적인 것]은 상호동일성을 지닌다.

한편, 상입은 모든 존재의 상호투영성(mutual penetration) 혹은 상호원인성(mutual inter-causality)을 의미한다. 이 개념은 통상, 하나의 사물도 서로 다른 계(界)에서는 서로 다른 실제들로 동시에 일어날 수 있음을 의미하는 동시돈기(同時頓起, simultaneous-mutual-arising), 그리고 그렇게 동시에 일어난 실제들이 서로서로 조금도 방해하거나 헤살놓는 것 없이 서로 꿰뚫고 들어감을 의미하는 동시호입(同時互入, simultaneous-mutual-entering), 나아가 이러한 실제들이 서로서로를 포섭함을 의미하는 동시호섭(同時互攝, simultaneous-mutual-containment) 등과 같은 하위 개념으로 구체적으로 설명되고 있다.[13] 프란시스 쿡은 이를 다음과 같이 설명하고 있다. "상호투

12) 바로 그렇기 때문에 이러한 공의 철학적 의미는 서구철학의 이원론적 세계관을 극복할 수 있다는 데 있으며, 그러한 점에서 근대성 극복의 대안적 철학으로 떠오르고 있다. 이에 대한 자세한 논의는 최종석(1999)을 참고하기 바란다.

13) 까르마 츠앙/이찬수 옮김(1998)은 이러한 개념에 대한 구체적인 예를 들어 자세하게 설명

영성은 원인이 그 자체 안에 조건들을 포함하는 동시에 다른 원인의 결과 그 자체로서 그것의 특성이 다른 것에 흡수되는 그러한 상황에서 나온다. 추상적으로 부분은 전체를 포함하며 전체는 부분을 포함한다. 마지막으로 그 하나의 부분에 포함되는 전체는 이미 그 부분을 포함하는 전체이다. 그래서 법과 법의 상호투영성은 무한히 반복된다."(프란시스 쿡/문찬주 옮김, 1995).

이상에서 살펴본 상즉과 상입이 결합하여 상즉상입이 되면, 화엄철학의 총체성은 여실히 드러난다. 화엄 3조 법장(法藏)은 그의 저서 『화엄일승교의분제장』의 마지막 부분에서 건물과 건물의 부분들과의 유비를 통해서 상즉과 상입을 종합시킨다. 여섯 가지 특성들의 완전한 상호투영성[육상원융의(六相圓融義)]에 관한 설명이 그것이다.

육상원융의의 요체를 간략하게 살펴보면 다음과 같다. 첫째, 보편성[총상(總相)]이란 하나가 많은 성질을 포함한다는 것으로서, 건물의 유비에서는 건물이 총상에 해당한다. 둘째, 특수성[별상(別相)]]이란 많은 성질들이 동일하지 않다는 것으로서, 서까래와 같은 모든 조건들을 가리킨다. 만약 그것들이 부분이 아니라면 그것들은 전체를 형성할 수 없다. 동시에 그러한 부분들은 전체를 통해서 부분이 된다. 셋째, 동일성[동상(同相)]이란 우주를 구성하는 많은 부분들은 하나의 보편자를 구성한다는 점에서 동일하기 때문에 각기 다르지 않다는 것으로서, 서까래와 같은 다양한 조건들이 모여서 건물을 만드는 것이다. 그것들은 조건들로서 차이가 없기 때문에 모두 건물의 조건들이라 불린다. 넷째, 차이성[이상(異相)]이란 각 요소가 어떤 다른 요소의 표준에서 볼 때 다르다는 것을 의미하는 것으로서, 서까래와 같은 다양한 조건들이 그것들 자신의 다양한 종차 때문에 서로 다르다는 것이다. 다섯째, 통합성[성상(成相)]이란 상호의존적 생성의 총체성이 이러한 요소들의 조합의 결과로 구성됨을 의미하는 것으로서, 건물이 다양

하고 있다.

한 조건들의 결과로 형성되기 때문에 서까래와 같은 다른 부분들은 조건들이다. 여섯째, 해체성[괴상(壞相)]은 각 요소가 그 자신의 특성을 가진 개별자로서 존재한 그대로 남아 있으면서 그 자신의 본성에서 혼란되지 않는 것을 의미한다. 때문에 서까래와 같은 각자의 다양한 조건들은 그 자신의 분리된 특성을 가지고 문자 그대로 건물을 형성하지 못한다.

이상의 육상원융의(六相圓融義)는 체, 상, 용의 차원으로 다시 축약할 수 있다.[14]

보편성(총상) − 특수성(별상) = 본질(體)
동일성(동상) − 차이성(이상) = 현상(相)
통합성(성상) − 해체성(괴상) = 작용(用)

이렇듯 화엄사상은 어떤 대상을 현상[상(相)], 본질[체(體)], 그리고 작용[용(用)]의 측면에서 각각 설명한다. 그런데 앞에서 언급했듯이 본질과 현상만이 상즉하는 것이 아니다. 본질과 작용도 상즉한다. 게다가 (용은 체의 용으로 보아) 체를 중심으로 하면 상즉만 있지만, (체는 용의 체로 보아) 용을 중심으로 하면 상입만이 있게 된다(조윤호, 2001). 예를 들어 보자. 우선 상즉의 측면에서 보면, 자연수 1이 없으면 2,3 등 모든 자연수도 있을 수 없으며, 2,3 등이 상정되지 않고는 1이라는 수가 성립할 수 없다. 또한 2,3 등의 수가 있으면 거기에는 반드시 1이라는 수가 전제되어 있으며, 1이 있으면 반드시 2,3 등의 수도 이미 상정되어 있다. 결국 일(一) 즉 다(多)이고 다(多) 즉 일(一)이다. 그러나 사물이나 사건의 작용성과 관련된 상입의 측면에서 보면, 한 조건(一)이 힘을 가지면 다른 것들(多)은 힘을 잃고 그것에 포용되어 들어가(入) 그 조건에 따라 작용성이 결정된다. 거꾸로 다른 조건들이 힘을 가지면 일(一)은 힘을 잃고 다(多)에 녹아들어 간다.[15]

14) 지금까지의 내용은 법장의 『화엄일승교의분제장』을 있는 그대로 정리하여 약간의 설명을 덧붙인 프란시스 쿡/문찬주 옮김(1995)의 제6장을 다시 압축적으로 요약한 것이다. 자세한 내용은 법장의 원문이나 프란시스 쿡/문찬주 옮김(1995)을 참고하기 바란다.

사물이나 사건들 사이의 상즉상입의 상태를 가장 극명하게 보여주는 것이 바로 사사무애법계(事事無碍法界)이다. 사사무애법계는 사법계와 이법계와 이사법계 다음에 오는 법계연기의 궁극적 단계이다. 여기에서 사법계(事法界)란 사건과 사물이 서로 다른 독립된 대상으로 드러나는 차이성의 세계이고, 이법계(理法界)란 사건과 사물 이면의 추상적인 보편원리[理]가 발견되는 동일성의 세계이며, 이사무애법계(理事無碍法界)란 '원리에 의해 사건이 이루어지고[의리성사(依理成事)]', '사건을 통해 원리가 드러나는[사능현리(事能顯理)]' 차이성과 동일성의 공존 세계를 말한다. 이에 비해 사사무애법계(事事無碍法界)란 사건과 사건이 완전 자재하고 융섭하는 총체성의 세계이다. 여기에서 차이가 차별로 되지 않고 각자의 고유성이 발휘되면서도 전체와의 조화를 이룬다. 마치 인드라의 구슬 그물에서 각각의 구슬들 속에 모든 구슬들이 반사되어 나타나고, 거울로 둘러싸인 방에서 모든 구슬들이 각각마다 불상 특유의 모습을 빠뜨리지 않고 모두 반사하고 있는 것과 같다. … 이곳에서는 하나의 사물은 고립된 부분이 아니라 전 우주와 관계망 속에서 그 우주 전체를 반영한다[一中一切 多中一](김종욱, 2001).

그렇다면 존재의 의존적 발생과 그 상즉상입의 관계를 실제로 인간사회의 인간관계에 적용해 보자. 아래의 인용문은, 사회관계의 당사자를 상호의존적 발생의 원리에 따라 설정하고 그 관계를 마음을 매개로 한 상즉상입의 개념으로 설명하고 있는 대표적 사례로서, 화엄 4조 징관(澄觀)의 비유담이다.

"한 승려가 거울이 달려 있는 방에서 제자에게 설법하고 있었다. 거울과 승려와 제자들은 각각 진심과 부처와 인간을 상징한다. 거울은 서로 마주보고 있는 두 부류의 모습을 반사한다. 하나는 말하는 자이고, 다른 하나는 듣는 자이다. 이 현상에 참가하고 있는 사람들의 상호관계를 서술하기

---

15) 상즉상입에 대한 이러한 구분과 그 구체적 사례는 조윤호(2001)에 따른 것이다.

> 위해서, 우리는 제자의 거울 속에 있는 승려가 승려의 거울 속에 있는 제자에게 설법하고 있다고도 말할 수 있으며, 승려의 거울 속에 있는 제자가 제자의 거울 속에 있는 승려에 의해 설해진 법을 듣고 있다고도 말할 수 있다. 부처가 사람에게 설법할 때 그것은 두 가지 방식의 관계— 하나는 말하고 다른 하나는 듣는 —가 아니라, 네 가지 방식의 관계— 사람의 마음속에 있는 부처가 부처의 마음속에 있는 사람에게 설법하고, 부처의 마음속에 있는 사람이 사람의 마음속에 있는 그 부처의 설교를 듣는 —이다"(까르마 츠앙/이찬수 옮김, 1998, 재인용).

매우 공교롭게도 이 비유담에는 이른바 마음이론(theory of mind)을 창안한 것으로 알려진 사회학자 허버트 미드(J. H. Mead)의 "I" identity와 "Me" identity의 관계나 쿨리(C. H. Cooley)의 경상자아(looking-glass-self) 개념이 모두 포함되어 있다. 그러나 이 비유담은 부처와 사람의 마음이 서로 상즉하고 사람의 마음속의 부처와 부처의 마음속의 사람이 서로서로를 방해하지 않고 상입하는 상황을 설명함으로써, 부처와 제자의 관계가 두 가지 방식의 관계가 아니라 네 가지 방식의 관계로 이루어지고 있음을 시사하고 있을 뿐만 아니라 그 네 가지 사회적 관계를 매개하는 마음 개념이 매우 결정적인 사회적 의미를 갖고 있음을 암시하고 있다. 특히 행위라는 어의를 갖는 업 개념이 불교의 핵심적인 실천적 교리라는 점, 그리고 그 업은 행위자의 마음 상태와 불가분의 관계를 갖는다는 점을 고려하면, 사회적 삶에서 가장 중요한 것은 결국 행위자의 마음으로 귀착될 수밖에 없다.

실제로 불교인들이 자신의 삶의 고통을 해결하기 위해서는 의존적 발생의 원리에 따라 사성제를 사유한 것만큼이나 마음(닦음/비움)공부로 귀결되는 팔정도를 실천하는 것이 그 신행생활의 요체가 된다. 이렇게 볼 때, 불교의 마음 개념과 그로부터 파생된 마음문화는 사회적인 것을 구성하고 변화시키는 결정적 요인이며, 그러한 점에서 사회학적 탐구의 대상이자 독자적인 분석단위이다.

3. 의존적 발생의 마음과 그 마음의 어울림 (합심)

불교는, 인식의 주체를 인간의 이성에 두는 서구철학과는 달리, 대상을 인식하는 주체를 마음에 두고 있다. "대상을 사량(思量)하므로 마음이라 한다"는 초기불교의 문헌(미산, 2009)에서는 물론 대승불교의 문헌들에서도 삶에서 마주치는 일체의 대상을 마음이 만들어 낸 결과로 보는 흔적은 도처에 널려 있다. 실제로, 앞 절에서 우리는 화엄사상이 마음과 사회 각각의 실체화를 부정할 뿐만 아니라 그들 사이의 관계를 상즉상입의 관계로 이해함을 살펴보았거니와, 불교의 유식사상은 유근신(有根身=몸, 자아 혹은 개인)과 그 몸을 둘러싼 기세간(器世間=대상, 세계 혹은 사회), 그리고 그들의 관계조차도 마음 특히 심층의 본심인 아뢰야식의 전변의 결과로 해석한다(한자경, 2009). 이에 여기에서는 우선 동아시아사회에 깊숙한 영향을 미친 유식사상[16]을 중심으로 불교의 마음 개념을 자세하게 살펴보고자 한다.

불교의 반야심경에는 대상을 받아들이는 5개의 감각기관(눈, 귀, 코, 혀, 몸)과 그 감각대상을 판단하는(지각하는, 지성적으로 사고하는, 감성적으로 사고하는, 의지력을 가지는, 상상하는) 의식작용[의(意)] 등 여섯 가지 식(識)이 제시되어 있다.[17] 이는 우리가 대상과 만나면서 형성되는 마음을 5개의 감각기관(이를 유식학에서는 전오식(前五識)이라 부른다)과 의식작용(이를 육식(六識)이라 부른다) 사이의 상호작용으로 이해함을 의미한다. 쉽게 말하면 우리

---

16) 유식학은 '오직 마음일 뿐' 이라는 뜻의 유식(唯識)의 학(學)으로서, 이름에 걸맞게도 마음의 구조와 체계를 매우 정교하게 밝혀 놓고 있다. 유식학은 통상 무착(無着)과 세친(世親) 형제에 의해 완성된 것으로 알려져 왔는데, 특히 세친은 마음의 구조를 표층에서 심층에 이르는 8가지 단계(八識說)와 심층에서 표층으로 향하는 3단계(三能變)의 체계로 구조화함으로써 유식학을 완성하였다. 이 글의 내용도 세친의 유식학의 핵심을 압축적으로 요약하고 있는 요코야마 코이치(1996: 73-110)를 요약한 것임을 밝혀 둔다.

17) 불교논리학에서는 전오식(前五識)을 통한 인식을 현량(現量)이라 부르고 6식(六識)을 통한 인식을 비량(比量)으로 부르면서 뚜렷하게 구분하고 있다.

의 마음은, 우리가 대상과 만나면서 그 대상을 보고(듣고, 냄새 맡고, 맛보고, 몸으로 느끼고) 그 본(듣고, …) 것에 대해 생각(지각, 감정, 의지, 상상)함으로써, 작동하기 시작한다는 것이다.

마음의 작동방식을 이 정도의 수준으로 이해하는 것은 약간의 성찰만으로도 가능한 것이었으며 세친(世親) 이전에도 이미 이 정도의 인식 수준에는 도달해 있었다. 그러나 인간의 마음은 그러한 방식의 마음작용으로 그치는 것이 아니라 결과적으로는 항상 자기 자신과 관련하여 이기적으로 계산하고 판단하는 데로 귀착되는 경향을 지닌다. 즉 마음은 궁극적으로는 이기적이고 자기 중심적으로 작동한다는 것이다. 그렇다면 이러한 이기적 사고와 판단을 가능하게 하는 마음은 어디에서 연유하는가? 세친의 탁월한 물음이 시작된 것이다. 그 답은, 인간의 마음속에는 '이것저것 생각한다' 는 뜻의 인도어 '마나스' 에서 유래된 말나(末那)식(유식학에서는 사양식(思量識)이라 부르기도 한다)이 심층에 별도로 잠재해 있다는 것이다. 다시 말하면 인간의 마음속 심층에는 자신의 경험에서 축적된 훈습에 의해 집아성(執我性)이나 이기성(利己性)이 형성되어 잠재해 있으며 그것이 전오식과 육식의 상호작용에 능동적으로 참여한다는 것이다. 이는 프로이드의 무의식의 발견만큼이나 세계를 보는 관점을 혁신시키기에 충분한 발견이다.

세친의 천재성은 여기에 머물지 않는다. '만약 실체적 자아가 없다면, 억(憶), 식(識), 송(誦), 습(習), 은(恩), 원(怨)과 같은 일을 어떻게 이해해야 하는가?' 라고 세친은 묻는다. 또한 '만약 실체가 없다면 과거의 행위의 영향이 현재에 있다든지 현재의 행위가 미래에 영향을 미친다는 업은 어떻게 해석해야 하는가?' 라고 묻기도 한다. 세친은 마음의 작용을 불교의 가장 본질적인 가르침, 즉 연기법 및 업설과 연관시켜 이해해야 함을 잘 알고 있었던 것이다. 그 답은, '밑층에 깔려 있다' 혹은 '감추다' 라는 인도어 '아알라야' 에서 유래된 아뢰야(阿賴耶)식이 마음의 가장 깊은 심층에 존재한다는 것이다. 즉 인간의 경험은 축적적 성격을 지니고 있어서 인간의 마음

가장 깊은 곳에 계속 누적되고 있으며 그것이 7식(識)까지의 상호작용에 개입한다는 것이다. 바로 이러한 마음의 층위를 유식학에서는 8식(八識), 장식(藏識), 근본식(根本識) 등으로 부른다. 이 층위의 발견이 바로 자신의 형이자 스승인 무착의 한계를 돌파한 세친의 위대한 업적이며, 이는 융이 집단무의식을 발견함으로써 프로이드의 개인적 차원의 무의식론을 극복한 것만큼이나 중요한 발견이다.

그러나 이상의 여덟 가지의 식(識)과 그 기능적 연관성은 주로 마음의 수동적 작용이라는 한 측면에 대한 설명일 뿐이다. 마음이 작동되는 또 하나의 측면이 바로 능동적 측면이다. 마음의 능동적 작용의 측면을 설명하는 이론이 바로 '삼능변(三能變)'이다. 구체적으로 말하면 아뢰야식이 '제1능변'이고, 말나식이 '제2능변'이고, 전5식과 6식의 상호작용이 '제3능변'이다.[18] 요컨대 불교의 유식학에 따르면 인간의 마음은 대상과 만나서 그것을 받아들이는 8단계의 수동적 작용과 그 대상을 판단하는 3단계의 능동적 작용 사이의 상호작용의 산물이다.

이러한 유식사상에 따르면, "각 중생의 심층 마음에는 무시 이래 삶을 통해 축적된 무한한 업력(業力) 내지 종자(種子)가 우주 전체 역사의 기억으로, 그리고 다시 우주 전체를 산출해 내는 정보와 에너지로 작동하고 있다. 중생은 누구나 표층의식에서는 각각 서로 분리된 채 전체의 일부분으로 살아가지만, 심층에서는 서로가 서로를 포함하는 한마음으로, 모두가 하나로 공명하는 에너지 파동으로, 한마디로 동체(同體)로 살아간다. 각자의 심층 마음에서 우주는 무한히 반복되므로 '일즉다 다즉일'이 성립한다"(한자경, 2013: 16). 그렇기 때문에 불교의 궁극적 목표는 "자타분별과 주객분별 없이 일체를 하나로 포용하는 부처님의 마음을 증득하여 자신의 본래 면복을 자각하는 것, 그리고 그 한마음으로 자타불이의 자비를 실천하는 것이다"

18) 이렇게 볼 때, 세친은 제2능변뿐만 아니라 제1능변을 발견함으로써 유식학을 완성했고 그 실천적-종교적 의미도 부여하였음을 알 수 있다.

(한자경, 2013).

이러한 실천을 가장 급진적인 수준으로 밀고 간 사상이 바로 선사상이다. 실제로 '마음'이라는 주제는 선의 알파요 오메가이다(윤원철, 2009). 예컨대 선종의 초조인 보리달마와 그의 제자 혜가(慧可) 사이에 오고갔다는 안심문답(安心問答)을 보자.

> " 저는 마음이 편치 않습니다. 부디 편안하게 해 주십시오."
> " 마음을 가지고 오라. 편안하게 해 주리라."
> " 마음을 찾아도 얻을 수가 없습니다."
> " 내가 네 마음을 이미 편안케 했다."[19]

이 문답에서 알 수 있듯이, "편안하거나 편치 않거나 하는 그 마음이라는 것이 실상은 실체가 있는 것이 아니다. 공(公)이요 무자성(無自性)이다.… 마음을 깨치면 부처요 못 깨치면 중생이라 할 정도로 중요한 문제인 그 마음에 대해서 실체가 없다고 하는 것이다. 그렇다면 마음을 깨치고 말고 하는 것도 실상은 그런 일 없다고 하는 셈이다. 그렇기 때문에 마음이 편안하다 혹은 편치 않다는 것도 이미 근거 없는 분별이다. 그렇기 때문에 얻을 수 없는 것은 편치 않는 마음뿐만 아니라 깨달음에도 적용된다"(윤원철, 2009:131). 이렇듯 살불살조(殺佛殺祖), 즉 부처를 만나면 부처를 죽이고 조사를 만나면 조사를 죽이라고 가르치는 선불교는, 오직 마음 그 자체의 자성청정심(自性淸淨心)만을 인정한다. 보리에 칩착하면 보리도 번뇌이지만 번뇌를 성찰하면 번뇌가 곧 보리가 되기도 한다(월암, 2013). 이는 마음을 반성적 관찰(省察)의 대상으로 설정하는 것이 선불교의 본분사임을 의미한다.

이렇게 볼 때 선불교가 암시하는 번뇌와 그 성찰성의 관계는 유식학에

---

19) "弟子心未安, 乞師安心. 磨云, 將心來. 與汝安. 祖云, 覓心了不可得. 磨云, 爲汝安心竟." (『大正藏』 권 48, 298上).

나타난 마음의 수동성과 능동성의 관계와 동일한 이중성을 갖는다. 이러한 마음의 이중성을 사회학적 차원에서 재해석해 보면, 이는 사회가 마음에 영향을 미치기도 하지만 마음이 사회의 구성 및 변화에 능동적으로 작용함을 의미한다. 그렇기 때문에 마음속에는 자신의 몸, 자신의 본심, 타자, 그리고 역사는 물론 자연이나 우주와의 관계도 온축되어 있기도 하지만, 그 마음은 다시 연기적 관계를 매개하는 정보와 그 관계 사이에서 공명하는(혹은 어울리는) 에너지를 조율하는 관계적 과정이기도 하다. 따라서 행위자 사이의 마음의 공명이나 합심의 정도는 그들의 사회관계에 결정적인 영향을 미치며, 그러한 점에서 행위자들 사이의 합심은 사회학적 탐구의 대상이 된다.

4. 합심사회의 사회학

불교는 물론 유교도 마음 개념을 사회적 삶의 궁극적인 요인으로 간주하였고 그 결과 풍부한 문화를 발전시켜 왔다. 불교는 인간의 완성 및 사회완성의 궁극적 근거를, 운명, 요행 혹은 신(神) 등과 같은 인간 외부의 그 무엇에서 찾기보다는, 인간 개개인의 마음에서 찾고 있다. 특히 앞서 언급한 선불교에서는 마음 밖에서 깨달음을 찾는 것을 허튼짓으로 치부하고 있다(윤원철, 2009). 유교의 경우도 마찬가지이다. 중용에 따르면, 인간의 성품(性品)은 하늘(天)이 품부해 준 것인데[20] 여기에서 하늘은 자기 자신 속에 내재해 있는 최초의 근거지이자 구극처(究極處), 즉 마음이다. 우리의 일상생활 속에서 '순수한 마음'을 진심(眞心), 본심(本心), 천심(天心) 등으로 일컫는 것도 이러한 마음문화와 무관하지 않다.

---

20) 中庸章句의 첫 문장 "天命之謂性"에 대해 주자는 '天以陰陽五行으로 化生萬物에 氣以成形而理亦賦焉하니 猶命令也라' 고 주석을 붙이고 있다(成百曉 譯註, 2003).

그런데 마음은 무아성과 찰라생/찰라멸의 무상성을 갖고 있기 때문에 오염된(혹은 외적 조건에 휘둘리는) 자신의 마음을 순수한 '본래 마음'과 합치시키기 위한 노력은 중요한 규범적 실천요건이었다. 유교의 경우 자신의 마음을 자신에게 품부된 본성(천심)과 합치하는 노력, 그리고 불교의 경우 자신의 마음을 불성과 합치하려는 노력은 불교 및 유교 문화권 속에서 살아가는 사람들에게 가장 중요한 실천적 과제였다. 이러한 노력이 바로 본성(천심) 혹은 불성(부처의 마음)과의 합심(合心)의 과정인데, 마치 거울을 닦듯이 자신의 본심에 낀 때를 닦거나 마음에 가득찬 번뇌를 비우는 노력이 바로 그것이다. 탐욕, 증오, 이기주의 등을 제거해야 한다. 유교의 경우, '알인욕(遏人欲) 존천리(存天理)', 즉 자신의 사리사욕을 겉으로 드러나지 않도록 억제하고 천리에 따라 행동하도록 강제해야 하고,[21] 극기복례(克己復禮) 해야 한다. 그리고 순수한 마음과 합심에 도달하기 위해서는 구성원 각자의 수행(혹은 수신)을 실천해야 한다. 불교에서는 사성제의 도제(道諦)를 실천함으로써 불성에 다가설 수 있는데, 그것이 바로 팔정도(八正道)로 통칭되는 마음 닦음(혹은 마음 비움) 수행이다.[22]

이러한 내적 합심의 결과는 외적 관계 속에서 발현된다. 인간도 관계의 산물이기 때문이다. 공자는 '너 자신을 이기고 예(禮)로 돌아가는 것이 인(仁)이다' [극기복례위인(克己復禮爲仁)]라고 하였다. 여기에서 극기란 사리사욕으로 얼룩진 자기를 극복하여 천심 혹은 본심으로 돌아가는 것을 의미하며, 그러한 점에서 수양(修養) 혹은 수신(修身)과 동일한 의미(합심의 수단)이다. 복례란 형식으로의 복귀를 의미(강요)하는 것이 아니라 자신과 타자의

21) 이는 자사와 맹자 계열의 주장으로서 도덕 가치인 천명지성(天命之性)을 높이고 자연 생명에 고유한 기질지성(氣質之性)을 억압함을 의미한다. 따라서 현대 과학과 인권이 추구하는 외왕(外王)의 결과를 출현하기 어렵게 만들었다는 비판(추 자오후아, 2011: 35)이 제기되기도 한다.

22) 초츠는 붓다가 수행을 통해 깨달음에 이르는 과정을 객관적인 자료에 기초하여 자세하게 기술하고 있다(초츠, 1997: 53-69).

관계 혹은 자신과 타자가 처한 상황을 요량하여 잘 대처(처신)하는 것을 의미하며 그러한 점에서 합심의 윤리적 절차와 과정을 뜻한다. 그리고 이것이 잘 실현된 상태를 인(仁)이라 하는바, 이는 타자와의 합심을 의미한다. 불교도 마찬가지이다. 불교의 존재론에 따르면 인간 자신조차도 연기의 법칙에 종속되기 때문에, 이러한 이치에 따라서 외적 삶을 살아가기 위해서는 외적 조건의 개선(자비의 실천)이 요구되며 그것을 위해서는 불성과의 합심도 전제되어야 하지만 자신의 마음을 타자와 공유하는 것, 즉 공감(합심)도 필요하다.

이렇게 볼 때, 사회 전체의 차원에서 볼 때, 사회질서 및 변동의 관건은 '이러한 합심의 상태를 사회구성원들이 얼마나 공유하는가?' 이다. 불교에 따르면 나의 마음과 다른 사람의 마음 사이의 합심의 공통 기반 역시도 불성(혹은 부처의 마음)이다. 불교에서 합심의 대상이 타인 및 사물로 확대되는 까닭이다. 그리고 모든 존재가 상호의존적으로 발생하여 상즉상입하고 있다는 불교의 연기법에 따르면, 합심화의 정도는 인간집단 및 사회의 통합뿐만 아니라 사회의 물질적 발전의 척도로 간주되기에 이른다.[23] 그 결과 합심화의 정도는 인간의 완성을 넘어서서 문명사회의 조건이자 척도가 되었다. 유교의 수신제가치국평천하(修身齊家治國平天下)도 동일한 이치이다(유승무, 2013: 99-100).

이에 유승무 · 박수호 · 신종화(2013)는 마음을 독자적인 사회학적 분석 단위로 간주하고 합심사회를 실증한 바 있다. 보다 구체적으로 말하면, 이 연구는 수신제가치국평천하 및 오륜과 그 역(易)을 고려하여, 본심과의 합심, 타자(부-자, 군-신, 부-부, 장-유, 붕-우)와의 합심, 집단과의 합심, 개별 국가와의 합심, 세상(우주)과의 합심, 일탈 및 상황반전을 위한 합심 등 여

23) 불교에서는 모든 구성원들이 진심으로 화합한 공동체인 상가(sangha: 和合衆)를 이상사회(理想社會)로 간주하고 있을 뿐만 아니라 부처와 부처의 가르침과 함께 삼보의 위상을 점하고 있다.

섯 가지 하위유형으로 합심 개념을 세분화하고, 『조선왕조실록』에 등장하는 합심 개념의 용례를 통하여 이를 실증한 다음, 그 소통행위론적 함의를 제시하였다. 그 결과, 조선시대의 사람들은 자신의 마음을 자기 자신의 본성, 타인, 집단, 국가, 그리고 우주라는 거대한 대상과도 합일하면서 사회적 삶을 영위하고 있음이 분명히 드러났다. 이는 합심이 사회 질서와 그 구성에 있어서 매우 결정적인 함의를 제공하는 개념임을 암시한다.

그러나 "합심이 곧 마음의 동일성만을 의미하는 것은 아니다. 오히려 그 반대다. 마음조차도 관계의 산물이고, 그러한 점에서 무상한 그 무엇이라면 합심은 항상 변심 가능성을 전제한다. 변절에 대한 경계나 변절자에 대한 처벌과 배제를 강화하더라도 시간의 흐름에 따라 상황이 바뀌면 합심은 언제든지 깨질 수 있다. … 따라서 두 마음을 갖는 사람은 항상 존재하고, 변절자는 항상 발생한다. 이러한 변절자들이 다수가 되어 자기들끼리 마음을 합하는 순간, 일탈 및 상황반전을 위한 합심이 일어난다. 실제로 『조선왕조실록』에는 당쟁이 격렬할 때나 임진왜란과 같은 전쟁 상황에서 이러한 내용의 합심을 호소하는 사례가 빈번하게 등장한다(유승무 · 박수호 · 신종화, 2013)."

요컨대, 조선사회는 합심사회였을 뿐만 아니라 마음의 소통(혹은 합심)이 구성원들 사이의 '동조적 소통'을 가능케 하고 나아가 사회구성 및 변화에도 결정적인 단위요소였다는 것이다. 즉 마음은, 사회를 포함한 대상과 행위자의 관계에 따라 '찰라생/찰라멸' 한다는 점에서 사회의 영향으로부터 자유롭지 않지만 동시에 행위자 사이의 정보와 에너지를 조율함으로써 사회의 구성 및 변화를 만들어가는 능동적 요인이기 때문이다. 그럼에도 불구하고 유승무 · 박수호 · 신종화(2013)는 일제시대 이후 합심문화에 대한 분석을 향후 과제로 남겨두었다.

그렇다면 이러한 마음문화 혹은 합심문화가 오늘날 한국사회에서는 어떻게 나타나고 있는가? 한국언론재단의 KINDS 프로그램을 활용하여 오늘날 한국사회의 주요 언론에 나타난 합심의 용례를 검색해 보면, 1990년대 이후 합심의 용례는 총 23,952건이 검색된다. 이는 전통사회의 합심문화가 오늘날에도 여전히 이어지고 있음을 의미한다. 이에 여기에서는 '사설'(644건)에 나타난 사례들 중에서 '소속공동체와의 합심사례'를 중심으로 이를 구체적으로 실증해 보고자 한다.

두말할 나위도 없이 가장 빈도가 높은 사례는 '노사합심'처럼 특정한 사회단위 내부의 갈등적 구성원들 사이의 합심을 강조하는 사례이다. 예컨대 한겨레신문의 사설을 보자. "… 합의안을 두고 뒷말이 나오기 시작하면 상호신뢰가 무너져 노사가 한 몸이 되기 힘들다. 노사가 합심해 전력을 다해도 회생이 힘든 마당에 또다시 노사가 갈등을 빚는 모습을 보이면 그때는 정말 희망이 없다"(한겨레, 2009.08.07.). 이처럼 합심의 용례는 노사와 같은 특정한 단위(기업, 학교, 지역, 국가 등) 내부의 갈등을 봉합하고자 할 때 빈번히 나타나고 있다. 그 유사한 사례를 제시하면 다음과 같다. "…지방선거가 끝나자마자 4대강 살리기 사업이 정치권 논쟁의 전면에 등장했다. 야권 광역단체장 당선자들은 합심하여 4대강 사업을 중단시키겠다고 선언했다. 공약으로 내세운 일이지만 무엇보다 선거에서 지역 민심을 체감한 데 따른 움직임이다"(한국일보, 2010.06.07.). "… '사교육 경감, 공교육 정상화'는 더 이상 미룰 수 없는 시대적 명제다. 교육당국은 물론 일선 학교와 교사, 학부모, 학생 모두가 합심 협력해야 한다"(국민일보, 2010.01.28.). "… 물가를 안정시키기 위해서는 정부와 기업, 국민 등 모든 경제주체가 합심해야 한다"(경향신문, 2012.08.20.).

그런데 국가 단위의 합심을 강조할 경우 특정한 상징, 즉 '월드컵', '김대중', '안중근' 등을 활용하여 국가에 대한 헌신이나 사회통합을 강제함으로써 개인에 대한 국가 혹은 사회의 구속성을 조장하기도 한다. 그 대표적인 사례를 제시하면 아래와 같다. "맞서고 쪼개진 사회가 다시 하나 되도록 지혜와 힘을 모아야 한다. 확고한 리더십 아래 합심 · 협력하고 서로

양보하면 극복 못할 난관은 없다. 그것이 축구가 일깨워준 교훈이다"(한국일보, 2010.06.28.). "… 고인은 '모든 평가를 역사에 맡기겠다'고 다짐한 바 있다. 그 다짐이 뒤늦게나마 공정하게 실현되도록 사회 각계가 합심, 노력해야 한다. DJ의 유산을 가감 없이 되짚어보며 이 땅에 남겨진 숙제를 풀어야 한다"(세계일보, 2009.08.19.). "…우리는 이러한 부끄러운 현실을 돌아보면서 청소년에게 올바른 가치관 · 역사의식을 길러주고 모든 국민이 합심해 선진국 진입을 이뤄내는 것이 순국 100년을 맞는 안중근 의사의 기개와 애국심에 조금이라도 보답하는 일이라고 믿는다"(문화일보, 2010.03.25.).

그러나 사람들은 합심을 수용하기도 하지만 '진정성 없는 합심'을 거부하기도 한다. '진정성 느껴지지 않는 대통령 신년연설'이란 제하의 경향신문(2011.01.04.) 사설은 그 대표적인 사례이다. "… 기득권세력의 절제 없는 욕망을 허용해 온 정부의 한계 때문일 것이다. 그런데도 사돈 남 말 하듯 국민에게 합심과 단합을 당부했다. 그러고는 '서로 인정해야 합니다. 서로를 존중해야 합니다. 각자가 절제할 수 있어야 합니다'라고…." 또한 합심은 사회갈등을 조작하는 결과를 낳기도 한다. '갈등과 분란만 키운 이 대통령의 '합심기도'란 제하의 한겨레 사설은 그 대표적 예이다. "…종교국가에서 국가 최고지도자의 종교 행위는 좀 더 신중하고 사려 깊지 않으면 안 된다. 유감스럽게도 이 대통령의 이날 합심기도는 국민을 합심시키기는커녕 분열과 갈등을 더 증폭시키는 악재가 되고 말았다. 불교계가 일제히 발끈하고 나선 것이 이를 방증한다"(한겨레, 2011.03.05.). 이는 합심이 반드시 사회통합에 기능을 하는 것도 아님을 암시하는 흥미로운 사례이다. 심지어 합심이 야합의 수단으로 활용되기도 한다. '정치자금법 개정안 졸속처리 안 된다'란 제하의 한겨레(2010.12.07.) 사설은 그 대표적인 사례이다. "…불가피한 사유'가 존재하지 않는 한 법안이 제출된 뒤 15일이 지나야 상정할 수 있다는 규정마저 무시했다. 여야가 합심해 정치자금법 개정을 밀어붙이는 것은 청목회 수사를 무력화해야 한다는 데 이해가 일치하기 때문이다. 개정안이 통과되면…." 이렇게 볼 때, 마음문화 및 합심문화가 오늘날 한국사회에도 편재해 있음을 알 수 있다.[24]

5. 결 론

이상으로 우리는 의존적 발생(연기)의 원리, 마음 개념, 그리고 그 산물인 합심사회의 관계를 체계적으로 논증하고 오늘날 우리 사회가 합심사회임을 실증해 보았다. 이를 통하여 우리는 한편으로는 객관적 사물의 결합원리인 의존적 발생의 원리와 그 관계에 작용하는 정보와 에너지를 조율하는 마음, 그리고 그렇게 조율된 마음(혹은 어울린 마음=합심)이 합심사회를 구성함을 논증하였고, 다른 한편으로는 합심 개념의 용례가 다양한 사회단위 내부의 사회관계를 조율하는 데 활용되고 있음을 실증하였다. 그러나 의존적 발생의 원리는 마음과 마음의 어울림(합심)에도 적용됨은 물론 합심(미시)과 사회(거시) 사이에도 적용될 뿐만 아니라, 역으로 그 관계로 말미암아 마음은 '찰라생/찰라멸'의 숙명에 놓인다. 따라서 그러한 조율이 반드시 성공하는 것도 아님을 알 수도 있었으며 심지어 합심이 악용되는 용례도 확인하였다. 이상의 발견에 비추어 볼 때, 마음(미시)과 사회(거시)를 의존적 발생의 원리에 따라 상즉상입의 관계로 이해할 수 있는 이론적 정식은, 인간과 사회의 대립 혹은 구조와 행위의 대립을 지양할 수 있는 가능성을 지닌다.

---

24) 필자는 인터넷 '야후 재팬' 사이트를 통하여 오늘날 일본사회에서도 '합심'의 용례가 매우 많음을 확인할 수 있었으며, 심지어 대만의 자제정사(慈濟精舍)의 경우 신도조직 중 가장 큰 조직의 명칭이 '합심'인 것을 확인하였다. 비록 체계적인 조사 분석을 수행하지는 못했지만, 이러한 단편적인 사실만으로도 동아시아사회는 대체로 마음문화가 발달한 합심사회였음을 어느 정도 유추해 볼 수는 있을 것으로 생각된다.

그러나 의존적 발생의 원리라는 객관적 법칙과 인간의 이성, 감성, 의지 등의 총체인 마음 사이의 상즉상입의 관계라는 이론적 틀(불교사상적 틀)을 사회이론으로 전환하기 위해서는 그 이론 틀과 기존 사회학의 사회이론 사이의 호환가능성, 차별성, 상호보완성 등에 대한 설득력 있는 논의가 수반되어야 한다. 그럼에도 불구하고 본 연구는 이와 관련된 치밀한 이론적 작업을 수행하지 못했다. 또한 본 연구에서는 합심사회에 대한 폭넓은 실증적 연구를 수행하지 못했다. 특히 실증연구의 사례를 한국사회(조선사회 포함)로 한정함으로써 합심현상이 마치 우리나라에서만 나타나는 특수한 현상으로 오해할 여지를 남겼다. 그러나 서론에서 이미 암시하였듯이 이 글은 바로 이 점을 매우 경계하고자 한다. 특히 불교의 의존적 발생의 원리나 마음 개념이 보편성을 지니고 있다는 점을 고려할 때, 오히려 합심현상이야말로 인간사회 일반에서 확인할 수 있는 보편적 현상일 가능성도 남아 있기 때문이다. 그러한 점에서 이 글은 풍부한 실증연구를 통해 보편성을 확보해야 하는 지난한 과제를 내포하고 있다. 마지막으로 '마음'과 '합심' 개념의 이론적 의의를 보다 분명히 정립하기 위해서는 마음 혹은 합심에 의해 조율되는 정보의 소통 및 에너지의 흐름이 사회의 구성 및 변화에 구체적으로 어떠한 영향을 미치는지에 대한 보다 정치한 이론적 논의를 시도해야 한다. 특히 합심사회를 이해하기 위한 이론적 정식을 시론적 차원에서나마 제시하였기 때문에, 상즉상입하는 마음 및 합심이 어떻게 인간의 다른 행위는 물론 사회구조와 연관되고 있는지가 이론적 차원에서 충분히 밝혀져야 할 것이다. 이 또한 본 연구의 장기 과제일 수밖에 없다.

제 3 장

통일체적 세계관과 새로운 사회학의 지평

| 홍승표(계명대 사회학과) |

1. 왜 지금 사회학은 통일체적 세계관을 구성해야 하는가?

현재 인류 역사상 최대의 문명 대전환이 일어나고 있다. 아래 〈표 1〉은 필자가 갖고 있는 문명 발전 단계에 대한 인식을 표로 그려본 것이고, 우리가 살고 있는 시점은 '문명 대전환기'에 해당한다.

〈표 1〉 문명 단계와 인류의 존재 차원

<table>
<tr><th rowspan="2">문명 이전</th><th colspan="2">에고의 문명기</th><th rowspan="2">셀프의 문명기
(탈현대문명)</th></tr>
<tr><th>집단 에고의
문명기
(전현대 문명)</th><th>개별 에고의
문명기
(현대문명)</th></tr>
<tr><td></td><td></td><td></td><td>셀프의
존재 차원</td></tr>
<tr><td></td><td></td><td>개별 에고의
존재 차원</td><td>개별 에고의
존재 차원</td></tr>
<tr><td></td><td>집단 에고의
존재 차원</td><td>집단 에고의
존재 차원</td><td>집단 에고의
존재 차원</td></tr>
<tr><td>생물학적인
존재 차원</td><td>생물학적인
존재 차원</td><td>생물학적인
존재 차원</td><td>생물학적인
존재 차원</td></tr>
</table>

문명 발생기 / 문명 소전환기 / 문명 대전환기

사회학의 과제는 자신의 시대의 사회문제를 인식하고, 그 원인을 구명하며, 사회문제가 해소된 이상사회를 구상하고, 이상사회에 도달하기 위한 방안을 찾는 것이다. 더군다나 문명 대전환기를 맞아서 사회학에 부여된 역사적인 소임은 막중한 것이다. 하지만, 현실의 사회학을 돌아보면 사회학은 이런 역사적인 요청에 속수무책인 채로 지극히 소외되어 있다.

환경 문제를 비롯해서 국가, 자본주의 체제, 교육, 가족 등 현대 사회의 근간을 이루고 있는 조직들이 모두 위기에 처해 있고, 모든 행위 주체들 간의 사회관계도 나날이 약화되고 악화되고 있다. 그래서 '과연 백년 후에도 문명이 존재할 것인가?' 라는 의문에 아무도 확신을 갖고 대답할 수 없을 만큼 현대 문명 위기가 고조되고 있지만, 유독 사회학에서만은 현대 문명 위기에 대한 논의가 없다. 이런 사회학의 현 상황을 가리켜 우리는 '사회학의 위기' 라고 부른다.

사회학은 왜 이런 깊은 위기에 빠지게 되었을까? 그것은 사회학이 현대 사회와 동일한 세계관적 기초를 갖고 있기 때문이다. 현대 사회는 현대 세계관의 바탕 위에 건설된 사회이다. 또한 현대 사회학 역시 서구 현대 사회에서 확립되었기에 현대 세계관을 그 인식론적 토대로 삼고 있다. 그러다 보니 현대 세계관의 바탕 위에서 발전을 추구하고 달성한 결과인 현대 사회에 대해 현대 사회학은 어떤 근본적인 비판도 불가능하게 되었다. 현대 사회학이 인식할 수 있는 유일한 현대 사회문제는 '현대가 아직 완성되지 않았다' 는 점이다.

사정이 이렇다 보니, 현대 세계관의 바탕 위에 서 있는 현대 사회학으로 현대 이후의 문명을 구상하고, 탈현대 사회에 도달할 수 있는 방안을 찾는 일은 더군다나 불가능한 일이다. 그래서 문명 대전환기를 맞아, 현대 사회의 근본적인 문제를 직시하고, 새로운 문명을 구상하며, 이에 도달하는 방안을 찾아야 할 사회학은 이 모든 사회학적 과제에 손을 놓고 지극히 무력하며 무능한 모습을 노정하고 있는 것이다.

그렇다면 사회학의 학문적인 회복을 위해서는 어떻게 해야 할 것인가? 그 답은 명백하다. 문명 대전환기의 사회학이 시대적인 요청에 부응하기 위해서는 사회학의 새로운 세계관적 기초를 구축해야만 한다. 이런 요청에 따라 동양사상의 바탕 위에 구성된 탈현대 세계관이 바로 여기에서 소개하고자 하는 통일체적 세계관이다.

2. 동양사상과 통일체적 세계관

통일체적 세계관이란 동양사상에 풍부하게 내장되어 있는 탈현대 세계관의 요소를 추출하여 필자와 함께 공부하고 있는 '동양사상과 탈현대연구회' 에서 구성하고 있는 탈현대 세계관이다. 현대 세계관이 '시공간적으로 모든 존재들 간의 근원적인 분리' 를 인식의 대전제로 삼고 있음에 반해서, 탈현대 세계관인 통일체적 세계관은 '시공간적으로 모든 존재들 간의 근원적인 통일성' 을 인식의 대전제로 삼는다. 통일체적 세계관의 전체적인 특징은 아래 [그림 1]과 같다.

[그림 1] 통일체적 세계관

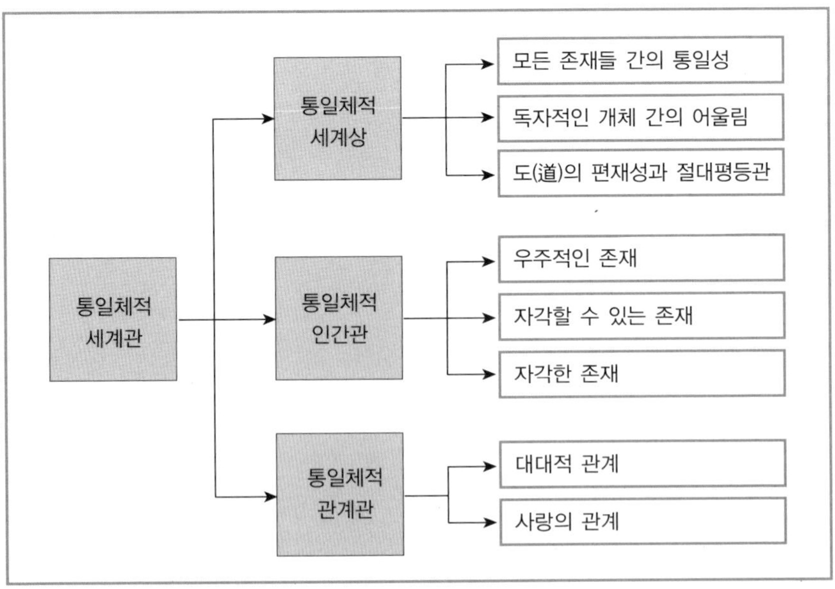

다른 모든 세계관과 마찬가지로, 통일체적 세계관은 동서양의 어느 사회나 시대를 막론하고 부분적으로 존재해 왔다. 그러나 통일체적 세계관이 정교한 체계를 갖추며 발달한 것은 유가(儒家)·도가(道家)·불가(佛家) 사상을 중심으로 하는 동양사상에서였다. 그중에서도 가장 체계적으로 통일체적 세계관을 발전시킨 경우는 중국 당대(唐代)에 융성했던 화엄(華嚴) 사상이다.

그러나 통일체적 세계관을 구성하는 데 있어서 난점이 있다. 그것은 역사 속의 통일체적 세계관은 빈번히 집단 중심적인 또는 신 중심적인 세계관, 즉 전현대 세계관과 뒤섞여 있다는 점이다. 그러므로 순수한 통일체적 세계관을 구성하기 위해서는, 역사 속의 통일체적 세계관에 대한 제련이 필요하다. '동양사상과 탈현대연구회'에서 수행한 작업은 동서양의 통일체적 세계관을 수합하고 정리해서 순수한 통일체적 세계관을 구성하는 것이었다.

통일체적 세계관의 구체적인 내용은 어떤 것인가? 여기서는 [그림 1]에서와 같이 통일체적 세계관을 세 부분으로 나누어서 살펴보도록 하겠다. 통일체적 세계상, 통일체적 인간관, 통일체적 관계관이 그것이다.

1) 통일체적 세계상

통일체적 세계관의 관점에서 바라본 세계의 모습은 어떤 것일까? 통일체적 세계관의 관점에서 바라본 세계의 모습은 경이롭고 장엄한 것이다. 그것은 모든 존재가 자신의 영롱한 빛을 발하는 세계이다.

화엄 사상에서는 통일체적 세계의 모습을 반복적으로 묘사하고 있는데, 그것은 중중무진(重重無盡)의 세계이다. 한마디로 말하자면, 이것은 하나가 다른 모든 것을 품고 빛을 발하는 세계이다. 아래 인용해 놓은 W. 블레이크(William Blake)의 시 「순수의 전조」(Auguries of Innocence)의 첫 구절에는, 이런 통일체적 세계의 모습이 잘 형상화되어 있다.

> 한 알의 모래 속에 세계를 보며
> To see a World in a grain of sand,
> 한 송이 들꽃에서 천국을 본다.
> And a Heaven in a wild flower,
> 그대 손바닥 안에 무한(無限)을 쥐고
> Hold Infinity in the palm of your hand,
> 한 순간 속에 영원을 보라.
> And Eternity in an hour.[1]

이 시의 앞에 있는 세 구절은 공간적인 측면에서 통일체적 세계상을 서술하고 있다. '한 알의 모래', '한 송이 들꽃', '그대 손바닥'은 아주 작은 부분이다. 반면에, '세계', '천국', '무한'은 아주 큰 전체이다. 통일체적 세계관의 관점에서 보면, '아주 작은 부분' 속에 '아주 큰 전체'가 들어 있다. 뒤의 한 구절은 시간적인 측면에서 통일체적 세계상을 서술하고 있다. '한 순간'은 아주 짧은 시간이다. '영원'은 아주 긴 시간이다. 통일체적 세계관의 관점에서 보면, '아주 짧은 시간' 속에 '아주 긴 시간'이 들어 있다.

즉, 통일체적 세계관의 관점에서 본 세계란 온 우주가 시간적 · 공간적으로 상즉(相卽) · 상입(相入)하는 화엄의 세계이다. 우리는 한 떨기 작은 들꽃 속에서 온 우주를 바라보고, 온 우주의 향기를 맡으며, 온 우주의 율동을 느낄 수 있다. R. W. 에머슨(Ralph Waldo Emerson)이 "우주는 한 원자 속에도, 시간의 한순간 속에도 표시될 수 있다"[2]고 말했을 때, 이는 블레이크와 똑같이 통일체적 세계상을 서술하고 있는 것이다.

통일체적 세계상의 특징을 요약한다면 다음과 같이 정리할 수 있다.

• **모든 존재들 간의 통일성**: 이 세상 모든 존재들은 공간적 · 시간적으로

1) W. Blake, 김종철 옮김, 『天國과 地獄의 結婚』(민음사, 1974), p. 83.
2) R. W. Emerson, 이창배 옮김, 『에머슨 隨想錄』(서문당, 1973), p. 221.

연결되어 있다. 아주 미세한 입자에도 우주적인 공간이 내재해 있으며, 아주 짧은 순간에도 영원한 시간이 내재해 있다. 그러므로 나는 너 속으로 너는 나 속으로, 현재는 과거 속으로 과거는 미래 속으로 자유롭게 드나들 수 있다.

- **독자적인 개체들 간의 어울림**: 우주가 작은 입자 속으로 들어간다고 해도 작은 입자는 자신의 독자성을 상실하지 않으며, 영원이 짧은 시간 속으로 들어간다고 해도 짧은 시간은 자신의 독자성을 잃지 않는다.
- **도(道)의 편재성과 모든 존재들 간의 절대 평등관**: 아무리 미물이라고 하더라도 모든 존재는 도(道)를 내재하고 있고, 그러하기에 모든 존재들은 절대적으로 평등하다.

2) 통일체적 인간관

통일체적 세계관의 관점에서 보았을 때, 인간이란 어떤 존재일까? 인간은 이 세상 다른 존재와 마찬가지로 전 우주를 자신 안에 품고 있는 아름답고 위대한 존재이다. 그러나 무엇보다 놀라운 점은 인간은 통일체로서의 세계를 자각할 수 있는 능력을 갖고 있다는 점이다. 통일체적 세계관의 관점에서 볼 때, 이 세계는 통일체로서의 세계이다. 하지만 통일체로서의 세계를 자각할 수 있는 지구상의 유일한 생명체는 인간이다. 바로 이것이 통일체적 인간관에서 인간다움의 핵심적인 의미이다.

통일체적 인간의 모습은 단계에 따라 세 가지로 분류될 수 있다. 첫째, 전 우주를 자신 안에 품고 있는 존재로서의 인간, 둘째, 이런 우주적인 존재로서의 자신과 세계를 자각할 수 있는 존재로서의 인간, 셋째, 우주적인 존재로서의 자신과 세계를 자각한 인간 등이 그것이다. 이 세 가지 측면에서, 통일체적 세계관에서 바라보는 인간의 모습을 서술하도록 하겠다.

통일체적 인간관의 관점에서 보면, 인간은 다른 모든 존재와 마찬가지로 자신 안에 무한한 공간과 영원한 시간을 품고 있는 우주적인 존재이다. 인간의 내면에는 작은 자아를 넘어서 우주적인 자기가 살고 있는데, 이것이야말로 진정한 인간의 모습이다. 우주적인 자기는 모든 인간에 내재해 있다.

통일체적 인간관의 관점에서 볼 때, '분리된 자아' 라는 것은 관념의 소산일 뿐 실체로는 존재하지 않는다. 현대 인간관의 기반 위에서, '나' 의 정체성을 구성했던 모든 것들, 예컨대 나의 소유, 성격, 외모, 감정, 기억, 인기, 권력, 지위, 생각, 신념, 성장 환경, 직업, 국적, 인종, 종교 등을 포함한 모든 것들은 더 이상 '나' 의 정체성으로 받아들여지지 않는다. 통일체적 인간관의 관점에서 보았을 때, 이 모든 것들은 '나' 가 아니라 '나의 태양을 가로막고 있는 구름' 에 불과한 것이다.

불가에서는 이런 분리된 자아로서의 내가 텅 비어 있다[空]고 한다. 그래서 무아(無我)를 말한다. 그리고 바로 이런 망상이 거두어진 그 빈자리를 통해 진아(眞我)의 태양이 빛남을 말한다. 통일체적 인간관의 관점에서 바라본 인간은 이 세상 다른 모든 존재들과 마찬가지로 더 없이 존귀하며 경이로운 존재이다. 내 안에는 까마득한 과거로부터 먼 미래에 이르기까지 우주적인 시간이 내재해 있다. 내 안에는 아주 작고 미세한 것에서부터 아주 크고 거대한 것에 이르기까지 우주적인 공간이 내재해 있다. 너 속에도 그리고 이 세상 어떤 존재에도 이런 우주적인 시간과 공간이 내재해 있다. 그러므로 인간은 다른 모든 존재와 마찬가지로 지극히 위대한 존재인 것이다.

전 우주를 자신 안에 내재하고 있는 존재는 인간만이 아니다. 통일체적 세계관의 관점에서 보면, 이 세상 모든 존재가 자신 안에 전 우주를 품고 있다. 인간 이외의 다른 존재와 인간을 구분 짓는 것은 '우주적인 존재로서의 나를 내재하고 있는가?' 의 여부가 아니고, '우주적인 존재로서의 나를 자각할 수 있는가?'의 여부이다. 오직 인간만이 우주적인 존재로서의 나를 자각할 수 있다. 한자경은 인간이 갖고 있는 이런 놀라운 능력을 이렇게 표현했다.

통일체적 세계관의 관점에서 볼 때, 이 세상 모든 존재는 무한한 공간과 영원한 시간을 자신 안에 품고 있다. 하지만 인간이 그 가운데서 특별한 존재인 이유는 우주적인 존재로서의 자신과 세계를 자각할 수 있는 능력을 갖고 있기 때문이다. 하지만 이 말이 인간이 태어나면서부터 곧바로 통일체적 세계를 자각하고 있다거나 저절로 통일체적 세계를 자각하게 된다는 것을 의미하는 것은 아니다. 통일체적 세계는 인간이 이를 자각하건 자각하지 않건 언제나 존재하고 있다. 그리고 인간은 통일체적 세계를 자각할 수 있는 잠재적인 능력을 갖고 있다. 하지만, 실제로 통일체적 세계를 깨닫기 위해서는 많은 노력을 기울여야 한다.

우주적인 존재로서의 자신과 세계를 자각하기 위해 기울이는 노력을 도가에서는 수도(修道)라고 했고, 불가에서는 수행(修行)이라고 했으며, 유가에서는 수신(修身)이라고 했다. 학파에 따라 주로 사용하는 용어의 차이는 있지만, 그 근본은 같다.

인간은 모든 존재 중에서 유일하게 수행할 수 있는 존재이다. 수행은 에고의 구름을 뚫고 셀프의 태양에 도달하기 위해 기울이는 노력이며, 수행을 통해 인간은 시공을 초월해서 자신과 모든 존재가 궁극적으로 하나임을 깨닫고, 사랑의 존재로서의 거듭남을 경험한다. 사랑의 존재로 거듭나서 사랑의 즐거움을 누리는 삶을 낙도(樂道)라고 한다. 통일체적 인간관의 관점에서 보았을 때, 인간다운 삶이란 바로 수행과 낙도로서의 삶을 뜻한다.

통일체적 인간관의 관점에서 볼 때, 우주적인 존재로서의 자신과 세계를 자각한 사람이야말로 가장 인간적인 존재이다. 석가모니, 노자, 예수 등은 대표적인 예이다. 현대인 중에서도 틱낫한, 간디, 슈바이처, 김수환 등은 우주적인 존재로서의 자신과 세계에 대한 자각이 높은 경지에 도달한 사람들이다. 우주적인 존재로서의 자신과 세계에 대한 자각이 이루어지면, 사람들은 자신과 이 세상 모든 존재가 '하나 됨'을 즐기는 삶을 살아갈 수 있다.

3) 통일체적 관계관

통일체적 세계관과 현대 세계관을 구분 짓는 중요한 기준의 하나는 '모든 존재들 간의 관계'에 대한 가정의 차이점이다. 현대 세계관은 '시간과 공간 속에 존재하는 모든 것들 간의 근원적인 분리'를 전제한다. 모든 존재들 간의 분리를 전제하면, 적대적(敵對的) 관계관(關係觀)이 생겨난다. 이에 반해서, 통일체적 세계관은 '시간과 공간을 넘어 모든 존재들 간의 근원적인 통일성'을 전제한다. 모든 존재들 간의 근원적인 통일성을 전제하면, 대대적(待對的) 관계관(關係觀)이 생겨난다.

통일체적 관계관이란 바로 대대적 관계관을 뜻한다. 대대적 관계관의 특징을 정리하면, 다음과 같다. 첫째, 대대적 관계관의 관점에서 볼 때, 나의 존재는 상대편의 존재를 전제로 해서만 성립할 수 있다. 둘째, 대대적 관계관의 관점에서 볼 때, 마주하고 있는 대립물들은 서로를 이루어준다. 셋째, 대대적 관계관에서 볼 때, 대립물들 간의 다름이 조화와 통일을 위한 전제 조건이 된다. 넷째, 대대적 관점에서 볼 때, 대립물들 간의 창조적인 관계 방식은 교감이다.

3. 통일체적 세계관과 새로운 사회학

통일체적 세계관은 인간과 세계를 바라보는 새롭고 창조적인 관점을 제공할 수 있다. 통일체적 세계관의 바탕 위에서 어떤 새로운 사회학을 전개할 수 있을까? 그것은 첫째, 현대 사회가 직면하고 있는 위기의 본질을 발전적으로 인식하는 것이고, 둘째, 탈현대의 새로운 삶과 문명을 설계할 수 있다는 것이며, 셋째, 탈현대 문명으로 나아가는 방안에 대한 연구를 수행할 수 있다. 이 각각에 대해, 필자가 수행해 온 작업을 바탕으로 새로운 사회학을 스케치해 보도록 하겠다.

1) 현대 사회에 대한 발전적인 비판

- **현대 노동관 비판**: 인간관에 따라 '인간적인 노동'의 의미는 달라진다. 그러므로 현대적인 의미에서 인간적인 노동은 현대라는 인류 역사의 특정 시점에 한정해서만 인간적인 노동의 의미로 통용될 수 있다. 그러나 시대 맥락을 탈락시킨 채, 현대인은 '현대적인 의미에서의 인간적인 노동'을 인류 역사의 어떤 시점에서나 통용될 수 있는 '보편적인 의미에서의 인간적인 노동'으로 간주하는 경우가 많다. 이런 착각이 현재와 같은 문명 대전환기에 일어나면, 이것은 심각한 문제를 야기시킨다. 실제로 현대 노동관은 새롭게 출현하는 여가 중심적인 삶의 구조와 충돌하면서 불필요한 많은 고통과 불행을 양산하고 있다.
- **현대 다문화사회 비판**: 오늘날 지구촌에는 다양한 인종, 민족, 종교 등이 동일 공간에 혼재하는 다문화사회가 확산되고 있다. 사회의 하드웨어가 이렇듯 급속히 변화하고 있는 데 반해, 소프트웨어의 측면에서 보면 지금은 낡은 것이 되어 버린 현대 세계관이 여전히 현대인의 의식을 지배하고 있다. 이에 따라서, 다문화 사회라는 새로운 사회 구조와 현대 세계관이라는 낡은 세계관 간의 격심한 충돌이 일어나고 있다. 이리하여 현재 다문화 사회에는 서로에 대한 편견, 문화 간의

경쟁과 갈등, 시기와 차별이 팽배해 있다. 현대 사회의 다양한 집단과 문화는 서로를 존중하고 깊이 이해하려 하지 않으며, 사랑하지는 더욱 않는다. 그들은 다만 상대편을 이용 · 착취 · 지배하려 할 뿐이다.

- **현대 학문관 비판**: 과학으로 대표되는 현대 학문에 대한 비판은 현대 학문에 대한 절대적인 비판이 아니라 현 시점에서의 비판이다. 과학이 할 수 있는 일은 현대 문명 건설에 기여하는 것이었다. 즉 욕망 충족적인 사회와 합리적인 사회를 건설하는 데, 과학은 기여할 수 있었다. 그러나 탈현대 문명의 과제인 사랑의 사회를 건설하는 데, 과학은 주도적인 역할을 수행할 수 없다. 오늘날에 이르러서, 과학은 현대 문명 위기를 심화시키는 원인으로 작용할 뿐만 아니라, 새로운 문명을 열어가는 데 적극적으로 기여할 수 없다는 점에서, 이제 과학은 역사 속에서 소임을 다했다고 할 것이다.
- **현대 여가의 소외에 대한 비판**: 수천 년에 걸친 인류의 고역의 결과로 오늘날 대중이 여가를 향유할 수 있게 되었다. 그러나 현대인은 이렇게 어렵게 획득한 여가를 남용 · 오용하고 있으며, 많은 이들은 여가를 부담스럽게 여기고 이를 회피하고자 한다. 한마디로 현대인의 여가 생활은 소외되어 있다. 현대인의 여가 활동은 표면적으로는 다양한 형태를 취하고 있지만 근본적인 측면에서 보면 동일한 것이다. 현대인의 모든 여가 활동에는 에고를 더 높이고 크게 만들고자 하는 동기가 그 밑바탕에 깔려 있다. 통일체적 인간관의 관점에서 볼 때, 모든 현대 여가 활동은 소외된 것이다. 현대인의 여가 생활을 전체적으로 평가한다면, 그것은 '소중한 시간의 낭비로서의 여가 생활'이라고 할 수 있다.
- **현대 노인관과 죽음관 비판**: 현대인은 자신이 시공간 속에 분리된 유한한 존재라고 간주한다. 그래서 현대인에게 죽음은 모든 것의 종말을 뜻하며, 늙음은 죽음에 다가가는 고통스럽고 불행한 과정이다. 그

러므로 현대인은 늙음과 죽음을 창조적으로 해석할 수 없고, 아름답게 늙고 장엄하게 죽을 수 없다. 모든 인간이 죽음을 피할 수 없고, 현대인은 긴 노년기를 살아가야 한다는 점을 감안하면, 현대 노인관과 죽음관은 현대인에게 재앙이라 할 수 있다.

2) 탈현대 사회에 대한 구상

탈현대 사회에 대한 구상은 홍승표의 『동양사상과 새로운 유토피아』(2010)에 구체적으로 서술되어 있는데, 여기서는 지면 관계로 요목만 열거하도록 하겠다.

- 탈현대인은 통일체적 세계관을 갖고 살아가며, 탈현대 사회의 세계관적 기초는 통일체적 세계관이다.
- 탈현대 사회는 과학기술이 발전한 사회이지만 과학기술은 더 이상 자기 목적이 되지 않는다. 탈현대 과학기술의 특징은 환경 친화적이며 탈중심적이라는 점이다.
- 탈현대 사회의 사회구성 원리는 개체와 전체의 통일성, 인간 중심주의로부터의 탈피, 중심으로서의 도시와 주변으로서의 농촌이라는 사회구조로부터의 탈피, 지구촌의 중심과 주변이라는 구조로부터의 탈피, 개방성 등이다.
- 탈현대 사회에서는 세계 공용어와 세계 공용문자가 사용되며, 세계 정부가 구성되어 있다. 탈현대 사회는 또한 조화로운 다문화 사회이다.
- 탈현대 사회는 사랑의 사회, 평화로운 사회, 평등한 사회, 자유로운 사회, 믿음의 사회이다.
- 탈현대인의 사회적 성격은 사랑, 겸손, 자유, 감사, 관용, 용기, 여유, 부드러움 등으로 특징지어진다.
- 탈현대 사회의 교육에서는 사랑의 능력을 배양하는 교육이 중심을

이루며 지혜로운 노인 교사에 의해 교육이 이루어진다.

- 탈현대 사회의 정치에서는 국가는 해체되고, 지혜로운 노인에 의한 사랑의 정치가 이루어진다.
- 탈현대 사회의 경제에서는 자본주의 체제가 붕괴되고 적정 생산과 적정 소비가 이루어지며, 필요에 따른 분배가 시행된다.

3) 이상사회에 이르는 방안

홍승표의 『노인혁명』(2007)에는 통일체적 세계관의 바탕 위에서 이상사회에 이르는 방안에 대한 구체적인 설명이 담겨 있다. 여기에서는 요목만을 설명하도록 하겠다.

- **의식화 작업**: 탈현대 사회에 이르기 위한 의식화 작업이란 통일체적 세계관을 교육하고 체화시키는 것이다.
- **존재 혁명**: '참된 자기'를 각성하고 실현하기 위한 노력을 기울이는 것이다.
- **수행 공동체의 형성**: '참된 자기의 자각과 실현'을 목표로 하는 수행 공동체의 형성이 필요하다.
- **사랑과 감화**: 수행을 통해 존재 혁명을 이룬 사람들은 사랑의 삶을 살아가는데, 이들이 베푸는 사랑, 용서, 관용, 믿음 등이 아직 존재 혁명을 이루지 못한 사람들에게 창조적인 영향을 미치면서 사회가 변화를 이룬다.

제 4 장

동북아 모태문화 '3수 분화의 세계관(1-3-9-81)'

| 우실하(한국항공대 교양학부) |

1. 글을 시작하며

흔히 한·중·일을 중심으로 한 동북아시아를 '유교문명권' 혹은 '유교문화권' 이라는 개념으로 묶는 경우가 많다. 유교적 세계관의 지배를 받는 공동체라는 의미로 사용되는 것 같다.

한·중·일이 과연 유교문명권, 유교문화권이었을까? 국가의 외적 형식에서 유교를 채택했다고 해서 그 공동체에 사는 사람들의 삶이 '유교적' 이었을까?

과거 유교가 중국에서 만들어져서 한국과 일본 등에 전해지면서, 그 이후 그들의 삶이 유교적으로 바뀌었는가? 현재 한·중·일의 국민들이 유교적 삶을 사는가? 필자는 동아시아인들의 '구체적 삶' 에서 유교의 영향은, 과거에도 현재도 그렇게 크지 않다고 본다.

한국의 경우 오랜 시간차를 두고 유교–불교–기독교가 들어왔지만, 일반 한국인들의 삶을 지배해 온 것은 따로 있었던 것은 아닌가?

요석공주와 동침해서 설총을 낳았다는 원효는 그냥 불교의 스님일까? '죽이되 잘 선택해서 죽이라' 는 살생유택(殺生有擇)을 화랑5계의 하나로 이야기하는 원광법사는 과연 그냥 불교의 스님일까? 임진왜란 때 승병을 만들어 일본군을 무찌른 유정, 휴정은 그냥 불교의 스님일까? 조선시대 4서3경을 달달 외워서 과거시험을 본 학자들의 삶은 오로지 유교가 지배하였을까? 그들의 삶의 밑바닥을 지배하는 것은 따로 있었던 것은 아닐까? 필자는 동북아시아 문화와 사상의 기저에는 북방 샤머니즘을 바탕으로 하는 독특한 사유체계가 있다고 본다. 이것을 필자는 '3수 분화의 세계관(1-3-9-81)' 이라고 부른다. 이 글에서는 이러한 '3수 분화의 세계관' 을 개괄적으로 소개하기로 한다.

2. 동북아시아의 '문화적 문법'

무지개는 도대체 몇 색일까? 서구인이나 한국인이나 대부분의 현대인들은 7색이라고 대답한다. 그렇다면 500년 전 아니 1000~2000년 전의 동북아시아 사람들도 무지개를 7색으로 인식했을까?

사실 무지개는 인간이 눈으로 볼 수 있는 모든 색을 포함하고 있다. 우리 눈에 보이는 실제 무지개에서 7색을 하나씩 구별하는 것은 거의 불가능하다. 붉은색, 노란색, 푸른색이 희미하게 뒤섞여 보일 뿐이다. 그런데 우리는 왜 무지개를 7색이라고 배우고 있는 것일까?

전자기파(電磁氣波) 중에서 사람의 눈에 보이는 범위의 파장(380~780nm)을 가지고 있는 것을 가시광선(可視光線, Visible rays)이라고 한다.[1] 780~380나노미터(nm) 사이의 파장에는 실제로 인간이 눈으로 볼 수 있는 모든 색이 다 들어 있다. 모든 색을 포함하는 가시광선의 색을 몇 가지 색으로 나눌 것인가는 결국 인간의 사유체계의 산물일 뿐이다.

또한 무지개의 색이 모든 나라 모든 시기에 7색이었던 것도 아니었다. 예를 들어서, (1) 아프리카의 일부 부족이나 그리스 철학가 크세노폰(Xenopōn, BC 430?~BC 355?)은 3색으로 생각하였고, (2) 아리스토텔레스(Aristoteles, BC 384~BC 322)는 4색으로 생각했으며, (3) 세네카(Lucius Annaeus Seneca, BC 4?~AD 65)는 5색으로 여겼고, (4) 뉴턴(Isaac Newton, 1642/1643~1727)이 스펙트럼을 통과한 빛의 무수한 색들을 단지 7색으로 분류하면서부터 무지개가 7색이라는 생각이 서구에서 광범위하게 퍼졌다고 한다.

---

1) 나노미터(nm)는 10억분의 1m를 가리키는 길이의 단위로, 고대 그리스어의 난쟁이를 뜻하는 나노스(nanos)라는 단어에서 유래한 것이다.

그렇다면 동북아시아에서 무지개는 도대체 몇 색으로 인식되었고, 그 사유체계는 무엇이었을까? 무지개 색을 인지하던 사유체계가 우리 사회에서 어떻게 변화되어 왔는지 역추적을 해 보자.

첫째, 서구에서 뉴턴(Isaac Newton, 1642/1643~1727)으로부터 일반화되기 시작한 7색깔 무지개라는 관념은 불과 100여 년 전 개항기에 서양식의 무지개 개념이 들어온 이후이다. 7을 신성한 성수(聖數)로 여기는 사유체계의 출발은 인류 최초의 기록을 남긴 수메르(Sumer) 문명에서부터 시작되어 서구로 전파된 것이다.[2)]

이러한 서구인들의 7색 무지개 관념은 개항기를 통해서 동북아시아 지역에 본격적으로 전파되었고, 현재 우리나라를 포함한 대부분의 동북아시아에서도 무지개를 7색으로 여기고 있는 것이다.

둘째, 음양론과 오행론이 결합되어 음양오행론(陰陽五行論)으로 정착되는 기원전 4세기 전국시대(戰國時代)부터 개항기 이전까지 약 2500여 년 동안 대부분의 동북아시아에서는 음양오행론이라는 사유체계의 영향으로 무지개는 언제나 5색으로 표현되었다. '오색(五色) 찬란한 무지개' 혹은 '오색 무지개'라는 표현은 2500년 이상 관용적으로 사용되었고, 현재도 사용되고 있다. 결론적으로 음양오행론이 광범위하게 확산되었던 동북아시아에서는 서구와 만나는 개항기 이전까지 거의 2500년 동안 이러한 '5색 무지개' 관념을 지니고 있었다.

---

2) 예를 들어, "수메르 신화에서는 (1) 태초의 대홍수 이전에 7명의 현자(賢者: Apkallu)가 살았었고, (2) 대홍수 때에는 7일 밤낮으로 비가 내렸으며, (3) 3600(60×60)명의 신들 가운데 세상의 모든 일을 결정하는 최고 권위의 신은 '운명을 결정하는 일곱신(Dingir-nam-tar-ra 7-bi)'이고, (2) 저승사자도 7명이고, (3) 지옥의 문도 7겹이고, (4) 죽은 자의 영혼을 심판하는 심판관도 7명이고, (5) 영웅 길가메쉬는 '7탈렌트 7마니'의 무게가 나가는 7개의 톱니가 달린 별도끼를 가지고 태양신이 보내준 7별자리를 상징하는 7명의 용사를 동반하고 7개의 산과 7개의 물을 건너 여행을 떠나는 것으로 표현하며, (6) 축제도 7일 동안 열렸다. 이러한 성수 7이 수메르 신화에서는 대단히 반복적으로 사용되고 있다." (우실하, 2012: 28-29)

셋째, 음양오행론이 광범위하게 확산되기 이전 동북아시아에서는 북방 샤머니즘의 고유한 사유체계인 '3수 분화의 세계관(The World View of Trichotomy: 1-3-9-81)' 에 입각하여 무지개를 9색이라고 여겼다. 북방 샤머니즘에서는 하나에서 셋으로 지속적으로 분화되어 '1-3-9-81' 로 이어지는 '3수 분화의 세계관' 을 공유하고 있었다. 이런 사유체계에서 3, 9, 81은 성수(聖數)로 취급된다. 음양오행론 이전에 북방 샤머니즘을 공유하던 북방 민족들의 성수인 9를 사용하여 무지개를 9색으로 표현한 것이다.

음양오행론의 영향권에 있던 한국이나 중국 등에서는 지난 2500년 동안 '오색 찬란한 무지개' 로 표현되었지만, 음양오행론의 영향을 거의 받지 않고 북방 샤머니즘의 전통을 깊이 간직하고 있는 몽골에서는 "아홉 빛깔 무지개"로 표현된다(체렌소드놈, 2001: 197-201). 이런 표현은 지금도 만주족, 에벵키족, 몽골족의 전설이나 민담 등에 풍부하게 남아 있다.

무지개를 9색으로 인지했던 고대 동북아시아의 사유체계가 바로 이 글에서 소개하려는 '3수 분화의 세계관' 이다.

1) 인식전환의 필요성과 동도동기론

서양의 시각으로 동양의 문화를 바라보고 '비합리적, 비과학적, 비논리적' 이라고 비하하는 사유체계를 에드워드 사이드(Edward Said)는 오리엔탈리즘(Orientalism)이라고 개념화하였다. 오리엔탈리즘은 이제 학술적 용어가 되었다. 그 의미를 간단히 요약하면 "서구의 시각으로 바라본 왜곡된 동양관"이라고 할 수 있다. 동양 문화를 서구의 눈으로 읽고 비하해 온 것이 오리엔탈리즘이라면, 동양 문화를 동양의 눈으로 읽는 인식전환이 필요하다.[3]

3) 상세한 논의는 아래의 논문과 책을 참조하시오.
우실하, 1998, "오리엔탈리즘의 해체를 위한 인식 전환으로서의 동도동기론(東道東器論),"

자신의 문화와 전혀 다른 문화를 이해한다는 것은 그 문화에 내재한 세계관이나 원리를 이해하는 것에서 출발해야 한다. 이런 이해를 바탕으로 할 때 진정한 의미의 문화적 상대주의가 실현될 수 있다.

모든 '문화적 산물(예: 음악, 건축, 미술, 제도, …)' 에는 그것을 구성하는 세계관 · 구성원리가 내재되어 있다. 예를 들어, 동양 의학과 서양 의학은 인간의 신체나 병을 바라보는 시각부터 다르다. 동양 음악과 서양 음악도 음을 산출하는 원리부터 다르다.

서로 다름을 만들어 내는 원리나 세계관을 이해하지 못하고, 서양 의학의 시각이나 서양 음악의 원리로 동양 의학이나 동양 음악을 이해하는 것은 근본적으로 불가능하다. "무지개는 7색인데 멍청하게 5색이나 9색이라고 한다"고 비판하는 것은 비판이 아니라 왜곡이다. 이것은 단지 서양의 기준으로 동양을 재단하고 평가하는 잘못된 서구 중심주의일 뿐이다.

사실 서로 다른 문화를 지닌 동양과 서양이 만나면서 이런 식의 '문화적 마녀사냥' 은 수도 없이 일어났었다. 비서구 사회의 근대화라는 것은 '근대화 = 서구화' 라는 착각을 바탕으로 하고 있었다. 그 결과가 서구 종속적인 문화이며 자기 문화에 대한 스스로의 비하였다.

'동양의 문화적 산물' 들을 '동양의 문화적 문법' 에 입각해서 읽어내는 것이 필자가 제시한 동도동기론(東道東器論)이다. 동도동기론에서 '도(道)' 와 '기(器)' 의 개념은 『주역(周易)』「계사상전(繫辭上傳)」에 보이는 "형태가 갖추어지기 이전의 (원리적인) 것을 도라고 부르고, 형태가 갖추어진 이후의 (구체적인) 것들은 기라고 부른다(形而上者謂之道 形而下者謂之器)"라는 구절에서 보이는 도(道)와 기(器)의 본래의 의미에 가까운 것이다. 곧, 형태를 갖추기 이전의 문화적 문법 혹은 원리를 '도' 라고 하고, 이러한 문화적 문법 혹은 원리를 바탕으로 만들어진 각종 문화적 산물을 '기' 로 보는 것이다.

동양사회사상학회, 『동양사회사상』 1: 9-45.

우실하, 1997, 『오리엔탈리즘의 해체와 우리 문화 바로 읽기』, 서울: 소나무.

동도동기론에서, '도(道)' 는 각 나라의 문화에 내재되어 있는 세계관이나 원리로 다양한 문화적 산물(예: 음악, 미술, 건축, 제도 등)을 만들고 형성해 온 '문화적 문법(Cultural Grammar)' 을 의미하는 것이다. 따라서 '동도(東道)' 란 "동양의 독특한 문화를 만들어 온 문화적 문법이나 원리"를 말한다.

'기(器)' 는 '문화적 문법' 을 바탕으로 만들어진 음악, 건축, 미술 등의 구체적인 '문화적 산물(Cultural Products)' 혹은 '문화적 텍스트(Cultural Text)' 를 의미하는 것이다. 따라서 '동기(東器)' 란 동도(東道)를 바탕으로 해서 형성된 동양 의학, 동양 음악, 동양화, 동양 문학작품, 한글, 동양의 건축물, 동양의 각종 종교, 동양의 각종 사회제도 등을 말한다.

이러한 '문화적 산물' 혹은 '문화적 텍스트' 에는 이미 '문화적 문법' 이 내재되어 있는 것이다. '문화적 문법' 을 이해하지 않고는 '문화적 문법' 을 바탕으로 형성된 '문화적 산물' 들을 제대로 이해한다는 것은 불가능하다.

2) 동북아의 문화를 만들어 온 '문화적 문법' 들

동북아시아의 전통문화를 만들어 온 '문화적 문법' 을 필자는 3가지로 보고 있다. 이 3가지 동양의 '문화적 문법' 을 형성 시기가 빠른 순으로 간략히 소개하면 아래와 같다.[4]

첫째, 북방 샤머니즘의 고유한 사유체계인 '3수 분화의 세계관(The World View of Trichotomy: 1-3-9-81)' 이다. 이러한 사유체계는 한자문화권 안에서는 천지인 삼재론(三才論), 삼일(3·1, Three in one)철학 등으로 체계화된다. 북방 여러 민족들의 샤머니즘 안에는 그 원형적인 모습들이 많아 남아 있다.

'3수 분화의 세계관' 은 중원 쪽에서는 황노학(黃老學), 도가(道家)나 도

4) 상세한 논의는 우실하, 1998, 『전통문화의 구성원리』, 서울: 소나무 참조.

교(道敎), 신선사상(神仙思想) 등에 체계화된다. 한반도 쪽에서는 삼신사상(三神思想), 선도(仙道), 풍류도(風流徒), 대종교(大倧敎) 등에 체계화된다.

유가철학 계통에서도 '3수 분화의 세계관'의 한 변형인 삼재론이 부분적으로 수용되지만, 대부분은 음양론적 질서에 흡수되어 '왜곡된 삼재론'의 모습이다. '3수 분화의 세계관'이 지닌 '하나이면서 셋이고 셋이면서 하나'인 3·1철학은 유교철학 계통에서는 거의 찾을 수 없다. 이렇게 하나에서 지속적으로 셋으로 분화되는 '3수 분화의 세계관'을 나타내는 도상이 삼일태극을 그린 삼일태극도(三一太極圖 : ㉠㉡)다.

둘째, 남방 농경문화를 바탕으로 한 '2수 분화의 세계관(The World View of Dichotomy: 1-2-4-8-64)'이 체계화된 것이 음양론(陰陽論)이다. 음양론은 하나에서 두 개의 대립적 짝인 '음과 양'으로 지속적으로 분화되는 이분법적 사유체계이다.

음양론은 도가철학 계통이나 유가철학 계통에 모두 수용된다. 한나라 이후에 음양론과 오행론이 결합된 음양오행론이 유교철학에 흡수되어 한(漢)나라 이후의 유교를 흔히 '음양오행화된 유교'라고 본다. 이는 송대의 성리학(性理學)으로 이어지면서 주렴계의 『태극도설(太極圖說)』을 통해 유가의 우주론으로 자리 잡는다. 음양론에서는 각종 대립적 개념 쌍을 만들어 낸다. 이렇게 하나에서 둘로 지속적으로 분화되는 '2수 분화의 세계관(1-2-4-8-64)'을 나타내는 도상이 음양태극(陰陽太極)을 그린 음양태극도(陰陽太極圖 : ◑◑◒)다.

셋째, '3수 분화의 세계관'과 '2수 분화의 세계관'이 산동반도와 요동반도를 잇는 발해만 주변 지역에서 만나면서 새롭게 형성된 것이 오행론(五行論)이다. 오행론은 음양론에 쉽게 흡수되어 음양오행론(陰陽五行論)으로 거듭난다.

오행론은 기원전 4세기경에 오행상생론(五行相生論), 오행상극론(五行相剋論) 등 세부적인 논리를 갖춘 모습으로 완비된다. 오행론은 모든 것을 5

가지 유형으로 분류하는 독특한 사유체계이다. 오미(五味), 오방(五方), 오색(五色), 오상(五常), 오음(五音), 오향(五香), 오장(五臟) 등이 이러한 산물이다. 그러나 오행론은 큰 틀에서 음양론의 질서 안에 흡수되어 일반적으로 음양오행론으로 합칭된다.

음양론과 오행론이 음양오행론으로 합쳐지기 때문에, 동북아시아의 전통문화를 형성해 온 '문화적 문법' 은 크게 보면 '3수 분화의 세계관' 과 '음양오행론' 2가지로 압축할 수 있다. 음양론적으로 왜곡되지 않은 '본래의 삼재론' 의 바탕이 '3수 분화의 세계관' 이고, 오행론을 흡수하는 음양론의 바탕이 '2수 분화의 세계관' 이다. 세부적으로는 3가지, 크게는 2가지의 '문화적 문법' 은 수천 년 이상 지속되면서 동양의 각종 전통문화를 형성해 왔다.

이러한 '동양의 문화적 문법' 을 이해하지 못하면, 그 원리에 의해서 만들어진 '문화적 산물' 이나 '문화적 텍스트' 들을 정당하게 이해할 수 없다. '서구의 문화적 문법' 으로 '동양의 문화적 산물' 을 해독하는 왜곡된 사유체계가 바로 오리엔탈리즘인 것이다.

이제까지 음양론, 음양오행론 등에 대한 연구들은 많았다. 그러나 가장 이른 시기에 형성되어 동북아시아의 가장 깊숙한 곳에서 기층문화에 영향을 미치고, 각국의 전통문화를 형성해 온 '3수 분화의 세계관' 에 대해서는 그동안 체계적인 연구가 없었다. 이제부터는 '3수 분화의 세계관' 이 어떤 사유체계인지를 구체적으로 살펴보기로 한다.

3. '3수 분화의 세계관' 이란 무엇인가?

1) '3수 분화의 세계관' 의 개념에 대하여

한국을 포함한 동북아시아 기층문화(샤머니즘, 음악, 무용, 신화, 전설, 민담 등) 연구에 있어서 숫자 3의 상징성은 늘 주목의 대상이었다. 그러나 이제까지 '숫자 3' 에 대해서는 많은 연구가 있었지만, 그 연속선상에 있는 9(3×3), 81(9×9) 등에 주목하는 사람은 많지 않았다. 특히 이러한 특징을 하나의 논리체계를 갖춘 별도의 사유체계로 본 시도는 필자가 처음이다.

필자는 1997년 박사학위 논문에서 '하나이면서 셋이고 셋이면서 하나' 라는 관념을 바탕으로 '하나에서 셋으로 지속적으로 분화되는 일련의 사유체계' 를 '3수 분화의 세계관(The World View of Trichotomy: 1-3-9-81)' 이라고 명명하고, 이러한 사유체계가 북방 샤머니즘을 공유하고 있는 북방 민족들에게 보편적으로 존재한다는 점을 밝힌 바 있다.[5] 이러한 사유체계에서 3, 9(3×3), 81(9×9) 등은 주요한 상징성을 지닌 성수로 사용된다.

'3수 분화의 세계관(1-3-9-81)' 에서 성수로 사용되는 독특한 수(數)의 상징적 의미에 대해서 필자는 다음과 같이 정리한 바 있다.

> 3수 분화의 세계관은 … 하나(1)에서 셋(3)으로 분화되고, 셋이 각각 셋으로 분화되어 아홉(9)이 생겨난다. 이러한 인식틀에서 3은 '변화의 계기수' 가 되고, 9는 '변화의 완성수' 가 되며, 9의 자기 복제수인 81(9×9=81)은 '우주적 완성수' 를 의미한다(우실하, 1998: 12).

---

5) 우실하, 1997, "한국 전통 문화의 구성 원리에 대한 연구," 연세대 사회학과 박사학위논문. 이 학위논문은 『전통문화의 구성 원리』(서울: 소나무, 1998)로 출판되었다.

이런 까닭에 필자는, (1) 영적(靈的) 세계의 존재를 인정하고,[6] (2) '하나이면서 셋이고 셋이면서 하나'라는 3·1관념을 기본으로, (3) 하나가 셋으로 분화되어 '변화의 계기수 3'을 이루고, (3) 셋이 각각 또다시 셋으로 분화되어 '변화의 완성수 9'를 이루고, (3) 9의 제곱수로 '우주적 완성수 81'을 이루는 일련의 사유체계를 '3수 분화의 세계관(1-3-9-81)'이라고 부른다. '3수 분화의 세계관'에서 3, 9, 81은 중요한 상징성을 지닌 성수로 사용된다. 이런 북방 샤머니즘의 '3수 분화의 세계관'이 동북아 여러 민족의 문화, 사상, 민속 등에 다양한 모습으로 전승되고 있다.

필자는 연구 초기에 '3수 분화의 세계관'을 '동북아시아의 모태문화(母胎文化)'라고 보았었다. "'모태문화'라는 개념은, 같은 어머니에서 비슷하지만 서로 다른 자식이 태어나는 것처럼 동북 샤머니즘을 공유하고 있는 한·중·일·몽골 등의 비슷하지만 서로 다른 문화의 기저에 깔린 공유된 문화라는 의미로 사용된 것이다"(우실하, 2006a: 100-101).

이후 20년 가까이 연구를 지속한 결과, 이러한 '3수 분화의 세계관'이 고대 북방 샤머니즘을 공유하고 있던 동북아시아뿐만이 아니라 중앙아시아를 거쳐 북유럽 지역의 기층문화에도 폭넓게 존재하고 있다는 점을 알게 되었다. 이런 까닭에 현재는 '3수 분화의 세계관'을 '동북아 모태문화'라는 범위를 넘어 '북방 유라시아 모태문화'라고 부르고 있다.

---

6) 유(有) 앞에 무(無)를 인정하는가 하는 것은 도가, 불가의 입장이고, 무(無)를 인정하지 않는 것이 성리학의 입장이다. '무극이태극(無極而太極)'이라는 주렴계의 표현에서 무극과 태극의 관계를 어떻게 설정하며, 태극에 선행하여 무극을 인정하는가 하는 점이 성리학의 대표적인 논쟁이다. 중국에서는 주자(朱子)와 육사산(陸梭山)·육상산(陸象山) 형제와의 '주·육태극론변(朱陸太極論辨)'으로 시작되어 계속해서 이어졌다(임헌규, 2005a). 우리나라에서는 회재(晦齋) 이언적(李彦迪, 1491~1553)과 망기당(忘機堂) 조한보(曺漢輔, 생졸연 미상)의 논쟁에서 시작되어 퇴계와 율곡을 거쳐 후대에까지 이어진다(장윤수, 1997; 임헌규, 2005b).

2) '하나이면서 셋이고 셋이면서 하나'인 3·1철학과 3·1신(神)

1이라는 숫자는 세계 어느 문화 어느 민족에게서나 절대자, 최고의 원리, 최초 등의 상징적 의미를 지니고 있다. 그러나 '3수 분화의 세계관'에서 1은 언제나 3을 함유하고 있는 1이다. 그래서 '하나이면서 셋이고 셋이면서 하나'인 이것을 '삼일 = 3·1(Three in one)'이라고 부른다.

북방 샤머니즘의 고유한 사유체계인 '3수 분화의 세계관'은, (1) '하나이면서 셋이고, 셋이면서 하나'라는 3·1신(神), 3·1철학에 기초한 '본체론적인 논리'를 지니고 있고, (2) 하나에서 둘을 거치지 않고 셋으로 지속적으로 분화되는 '3수 분화의 프랙탈(fractal) 구조'에 기초한 '우주론적 자기전개의 논리'를 지니고 있다. 이런 사유체계에서 3, 9, 81은 중요한 성수로 사용된다. '3수 분화의 세계관'은 후대에는 황노학(黃老學), 신선사상(神仙思想), 도가철학(道家哲學), 선도(仙道), 풍류도(風流徒), 대종교(大倧教) 등 동북아시아의 철학과 종교 등에 논리화되고 철학화된다. 아래에서는 구체적으로 3과 1의 관계를 보여주는 고전들을 살펴보기로 한다.

도가철학이나 이를 후대에 종교화한 도교의 각종 상징체계에서 '하나에서 셋으로' 분화되는 사유체계는 매우 중요하게 취급되고 일반적으로 '3·1철학'이라고 부른다.

도가나 도교의 중요 경전으로 사고전서(四庫全書)에도 수록되어 있는 송나라 장군방(張君房)의 『운급칠첨(雲笈七籤)』은 총 122권으로 도교 분야를 종합적이고 체계적으로 정리한 도교학(道教學) 분야의 거작으로 '소도장(小道藏)'이라고도 불린다. 장군방의 『운급칠첨』 권49 비요결법(秘要訣法)의 「삼일결(三一訣)」과 「현문대론삼일결(玄門大論三一訣)」에는 '3수 분화의 세계관'의 핵심인 '하나이면서 셋이고 셋이면서 하나'인 3·1철학에 대한 도가계통의 이해 방식이 잘 요약되어 있다. 몇 곳을 살펴보면 아래와 같다.

우선『운급칠첨』권49 비요결법,「삼일결」과「현문대론삼일결」의 제목에는 이미 '3·1' 개념이 들어가 있다. 그 '3·1' 개념을 설명하면서 '1 안에 이미 3이 들어가 있기 때문' 이라고 분명하게 설명하고 있다. 이를 명료하게 보여주는 부분을 보면 아래와 같다.

> (가) 진요법사가 이르기를, "3·1이라는 것은 분명히 1이지만 (그 안에) 이미 3이 자리를 잡고 있어서 이름을 얻은 것이다. 그래서 3·1이라고 이름한다. 1을 이름하여 3·1이라고 하는 까닭은, 1 이것이 3 그것이기 때문이다. 비록 3이긴 하지만 항상 1이기 때문에 3·1이라고 이름한다.
>
> 3·1이라는 것을, 도(道)의 입구에 있어서 참된 경계에 들어오지 못한다면 어찌 얻어 볼 수 있겠는가? 1은 나누어지지만 3을 포기하지는 못한다. 온전한 1은 아직 3으로 갈라진 것이 아니다. 단지 3으로 갈라지지 않아야 1을 보는 것이 잠시 가능하다. 그래서 3·1이라고 이름한다. 나뉘면 3이라고 말하지만 1을 떠난 것이 아니다. 그래서 3·1이라고 이름한다"고 하였다.[7]
>
> (나) 3으로 나누어지지만 완전히 나누어지는 것은 아니기 때문에(三分不定分), 체(體)는 뒤섞여서 1이 된다(故體混爲一). 3이 섞여 1이 되므로(混三爲一), 3은 3이 아니다(三則不三). 1은 나뉘어 3이 되므로(分一爲三), 1은 1이 아니다(一則不一). 3이 아니면서 3이고(不三而三), 1이 아니면서 1이다(不一而一). 이것은 3은 '3이 아닌 3' 이고(斯則不三之三)', 1은 '1이 아

---

7) 張君房,『雲笈七籤』卷49 秘要訣法,「三一訣」.
眞要法師日 三一者 正一而已三處授名 故名三一. 所以一名三一者 一此而三彼也. 雖三常一故名三一. 三一者 何道初門未入眞境得見 一分未能捨三 全一是未離三 雖未離三少能見一 故名三一 分言三不離一 故名三一.
『운급칠첨』은 11세기에 송(宋)나라의 장군방(張君房)이 편찬한 도교(道敎) 교리의 개설서(槪說書)이다. '소도장(小道藏)' 이라고도 한다. 모두 122권으로 현재 3종류의 판본(版本)이 전하고 있는데, 명(明)나라의 도장본(道藏本), 청진관본(淸眞館本)과 청(淸)나라 때 간행된 도장집요본(道藏輯要本)이 그것이다. 4,500여 권에 달하는 대송천궁보장(大宋天宮寶藏)과 1천 수백 종의 옛 문헌을 자료로 하여 초록한 것으로, 도교 연구에 매우 귀중한 자료이다. 도교 분야를 종합적이고 체계적으로 총망라하여 정리한 것으로 도교학(道敎學) 분야의 거작이다. 필자가 참고한 것은 문연각본(文淵閣本)『四庫全書』전체를 CD 150장에 모두 영인 수록한 아래의 것이다.
濟南開發區彙文科技開發中心 硏制,『四庫全書』(城都 : 武漢大學出版社, 1997).

닌 1' 이라는 것이다(一是不一之一).[8]

1은 그 안에 이미 3이 자리하고 있어서 3·1이라고 부르고, 온전한 1은 아직 3으로 갈라지지 않은 것이어서 굳이 1이 아니라 3·1이라고 표현한다는 것이다.

도가계통의 핵심적인 원리인 3·1철학은 각종 도가계통의 다른 책에서도 그대로 이어지고 있다. 예를 들어서 『도덕경(道德經)』「42장」, 『포박자(抱朴子)』「지진(地眞)」, 『회남자(淮南子)』「범론훈(氾論訓)」과 「천문훈(天文訓)」, 『장자(莊子)』「전자방(田子方)」, 『열자(列子)』「천서편(天瑞篇)」 등에 3·1 철학의 논리가 보인다.[9]

3) '변화의 계기수' 3

'3수 분화의 세계관' 에서 성수 '3' 은 '1에서 분화된 3' 으로 크게 세 가지 의미 영역이 있다고 볼 수 있다.

첫째, 3·1철학에 따른 '3=1' 이라는 의미에서 1을 대리하는 완전수(完全數)로서의 상징적 의미를 지닌다. 3·1신이나 삼위일체론(三位一體論) 등에 보이는 3=1의 관념이 이런 사례들이다. 이러한 3이 지닌 완전수로서의 상징성은 본래 1이 지닌 상징성이 '1=3' 이기 때문에 3이 공유하고 있는 것뿐이지, 3의 독자적 의미 영역은 아니다.

둘째, '3수 분화의 세계관' 에서 3은 기존의 상황에서 새로운 변화가 일

---

8) 張君房, 『雲笈七籤』 卷49 秘要訣法, 「玄門大論三一訣」.
孟法師云 言一言三 不四不二者以言 言一卽成三也…三分不定分 故體混爲一. 混三爲一 三則不三 分一爲三 一則不一. 不三而三 不一而一. 斯則三是不三之三 一是不一之一. 不三之三非眞非三 亦非非三. 不一之一非止(眞의 오자로 보임-필자) 非一 亦非非一. 此合重玄之致也.

9) 우실하, 2004a, 『전통음악의 구조와 원리: 삼태극의 춤, 동양음악』, 서울: 소나무, "제6장 동양음악의 사상적 배경(2): 삼일철학의 전승과 흔적들" 참조.

어나게 되는 계기를 제공하는 '변화의 계기수(繼起數)(Number of Chance for Change)' 가 된다. '없음' 에서 '있음' 으로 변화되는 생명의 탄생은 인간이 경험하는 가장 극적인 변화 가운데 하나이다. 그래서 3은 생명의 탄생이라는 극적 변화를 반영하는 '생명의 탄생수' 라는 의미도 지니고 있다.

그러나 생명의 탄생이 수많은 변화 가운데 극적 변화의 한 사례이듯이, 3이 지닌 '생명의 탄생수' 라는 상징성은 더 넓은 '변화의 계기수' 라는 상징성 안에 들어 있는 특별한 사례일 뿐이다.

셋째, 북방 샤머니즘에서 보이는 9나 81의 상징성이 약화된 지역에서는, 3이 나머지 9나 81이 지닌 상징성까지 대표하여 완성수(完成數)의 의미를 지니기도 한다. 그러나 북방 샤머니즘이 강하게 남아 있는 지역에서는 9나 81이 '완성수' 로서 독자적으로 사용된다.

예를 들어 북방 샤머니즘의 전통을 잘 간직한 몽골이나 북방 소수민족들의 경우에는 완성수로서의 9의 상징성이 살아 있어 3은 완성수로는 거의 사용되지 않는다. 반면에 한국처럼 음양오행론, 불교, 유교 등 다양한 사유체계에 의해서 북방 샤머니즘이 지닌 9나 81의 상징성이 사라지거나 약화된 지역에서는 3이 나머지 9나 81이 지닌 상징성을 모두 대표하는 경우도 있다. 그러나 이런 경우도 1에서 분화된 3이 지닌 본래적인 의미라고 보기는 어렵다.

결국 숫자 3이 지닌 세 가지의 의미군 가운데 '1에서 분화된 3' 만이 지닌 독자적인 의미군은 '변화의 계기수' 라는 것이다. 필자가 주목한 것이 바로 '변화의 계기수' 로서의 3의 상징성이다.

이제 이러한 3의 상징적 의미를 살펴볼 수 있는 대표적인 사례들을 간단히 살펴보기로 한다. 부정한 것이 3번 반복되면 긍정의 의미로 변화하는 좋은 사례들을 우리나라 속담에서 찾아볼 수 있다. 예를 들어, (1) "아침 일찍이 장님을 보면 그 날 재수가 없다"(김성배, 1995: 215)는 장님에 대한 부정적인 의미가 "하루에 장님 셋을 보면 좋다"(김성배, 1995: 194)는 긍정적인 의미로 바뀌는 경우에서 볼 수 있고, (2) 장례와 관련해서도 상주나 영구차를 보는 것은 재수가 없는 것이지만 "길 가다 상주 3사람을 보면 재수가 있다"(김성배, 1995: 183)의 경우나 "길 가다가 영구차 셋을 보면 좋다"(김성배, 1995: 188)처럼 3번을 반복해서 보면 재수가 좋은 것으로 바뀌는 경우에서 볼 수 있다.

3번 반복되는 것이 대부분의 경우 부정적인 의미가 긍정적인 의미로 변하는 것이지만, 가끔은 긍정적 의미가 부정적 의미로 변하는 계기의 수로 사용되기도 한다. "좋은 말도 3번만 하면 듣기 싫다"(김성배, 1995: 219)는 속담이 이런 경우이다.

4) '변화의 완성수' 9(3×3)

9는 몽골을 비롯한 북방 민족들에게는 특별한 의미를 지닌 가장 중요한 성수로 취급된다. 이것은 '변화의 계기수' 3이 3번 반복되는 것이다. '3수 분화의 세계관'에서 성수 '9'는 크게 두 가지 의미 영역이 있다.

첫째, '변화의 계기수 3'이 3번 반복된 수인 9는 '변화의 완성수(Number of Completing Change)'가 된다. 예를 들어 변화의 계기수인 3년이 지나면 변화가 시작되고, 3년이 3번 반복된 9년이 지나면 변화가 완성된다는 식이다.

이러한 '변화의 완성수' 9의 사례는 시집살이의 어려움을 이야기하는 "시집살이는 벙어리 3년, 봉사 3년, 귀머거리 3년이다"라는 한국 속담에 잘 드러나 있다. 이것은 3년씩 3번을 반복한 9년이 지나면 시어머니와 며느리의 관계가 '지배-복종의 관계' 혹은 '종속적인 관계'에서 '평등한 관계' 혹은 '곳간 열쇠는 맡기는 관계'로 변화한다는 것을 의미한다. 곧 3년을 지날 때마다 어떤 형태든 변화가 시작되고, 3년씩 3번이 반복되어 9년이 되면 변화가 완성된다는 의미로 해석할 수 있다.

또한 한국의 대표적인 서사무가(敍事巫歌)인 「바리공주(=바리데기) 신화」에서도 유사한 9의 용례를 살펴볼 수 있다. 바리공주는 저승을 지키며 길을 막는 무장승에게 '나무하기 3년', '불 때기 3년', '물 길기 3년' 총 9년을 지내고 나서야 그와 결혼하고 병든 부모에게 드릴 양여수라는 약수를 얻는다. 이외에도 「바리공주 신화」에 3의 상징성도 많이 보인다(홍태한, 1998).[10]

둘째, '변화의 완성수'라는 본래적인 의미에서 파생되는 것으로 9는 '완전함'이나 '최강' 혹은 '최고'라는 상징적 의미를 지닌다. 이것은 독자적인 의미 영역이라기보다는 '변화의 완성수'라는 의미에서 자연스럽게 파생된 의미 영역이라고 볼 수 있다.

우리나라를 포함한 동북아시아의 괴기 전설에 흔히 등장하는 '꼬리가 9개 달린 구미호(九尾狐)'는 '재주를 3번' 넘어서 여인으로 변신한다. 재주를 3번 넘는다는 것은, '여우'라는 현재의 상태에서 '여인'으로 변화하는 계기의 수인 3을 나타내고, 꼬리가 9개라는 것은 누구의 도움이 없이도 여우 스스로 여인으로 변화할 수 있다는 것을 상징으로 보여주는 것이라고 볼 수 있다.

5) '우주적 완성수' 81(9×9)

81(9×9)은 현대인들에게는 특별한 의미로 다가오지 않는다. 그러나 3, 9(3×3), 81(9×9)을 성수로 여기는 북방 샤머니즘에서는 더할 수 없는 지극한 완성수 곧 '우주적 완성수(Number of Universal Completeness)'로 사용된다. 81은 북방 소수민족들의 신화, 전설, 샤만 의례 등에 많이 보이는데, 81은 대부분 '완성수 9'가 9개 있는 것으로 묘사된다. 그래서 81은 한

10) 「바리데기 신화」는 굿을 통해 구전된 서사무가이기 때문에 지역에 따라 조금씩 다르다. 홍태한은 전국에서 채록한 47편의 「바리데기 신화」를 이 책에서 분석하고 있다.

자문화권에서는 '구구(九九)' 로 표현된다. 9×9=81은 '완성수 9' 의 상징성을 극대로 연장한 '우주적 완성수' 를 의미하는 것이다.

첫째, 북방 유라시아 지역에서는 동지에서 봄까지 81일간을 겨울로 인식했었다. 이것은 몽골을 비롯하여 샤머니즘을 공유한 북방 지역에서 모두 보인다. 동지로부터 9일씩을 각각 '일구(1·9), 이구(2·9) … 팔구(8·9), 구구(9·9)' 라고 부르고, 81일이 지나면 봄이 온다고 생각하였다.

둘째, 몽골, 만주 등 북방 민족들에게 구구(九九)는 '81(9×9)마리의 가축' 을 의미한다. 좋은 의미의 예물을 헌상하는 경우에는 구구지례(九九之禮) · 진구구(進九九) · 구구예물(九九禮物)이라고 부른다. 그러나 죄를 지어서 내는 벌금일 경우에는 구구벌(九九罰) 혹은 구벌구(九罰九)라고 표현된다. 몽골제국의 지배하에 있던 고려의 충선왕(忠宣王)은 몽골 진왕(晉王)의 딸에게 장가들기 위해서 몽골의 황제, 태후, 그리고 장인인 진왕에게 각각 81마리의 백마(白馬)를 헌상하기도 했다.[11]

셋째, 몽골의 최대 축제인 나담 축제에서는 씨름, 활쏘기, 말경주의 3가지 경기가 벌어지는데, 각 분야의 최종 우승자에게도 구구예법에 따라 81종의 선물이 주어졌었다.

넷째, 몽골의 전통적인 천막집인 '겔' 에는 우리나라의 서까래에 해당하는 우니(Uni)가 대부분 81개이며, 작은 겔은 우니가 72개(9×8)이다.

다섯째, 우리나라의 각종 민족종교에서 경전으로 사용되는 『천부경(天符經)』이 9자씩 9줄 총 81자로 구성되어 있는 것은 도가(道家) · 신선사상(神仙思想) 계통의 『황제내경영추(黃帝內經靈樞)』, 『황제내경소문(黃帝內經素問)』, 『황제내경난경(黃帝內經難經)』, 『도덕경(道德經)』 등이 모두 81장으로

---

11) 『高麗史』「世家」卷第33, 忠宣王 1.
22年 11月 壬辰에 王이 白馬 81匹을 帝에게 바쳐 納幣(約婚禮物)하고 드디어 晋王 甘麻剌의 딸에게 장가들었다. 癸巳에 또 白馬 81匹로써 太后에게 드리니 太后가 羊 700頭와 酒 500甕으로써 王을 향연할새 帝와 太后가 臨軒하고 帝王과 百官이 侍宴하였다. 甲午에 白馬 81匹을 晋王에게 바치고 인하여 酒 300甕과 羊 400頭로써 잔치하였다.

[그림 1] 몽골 겔의 형태와 81개의 우니

출처 : 필자 사진, 2007.

구성된 것과 궤를 같이하는 것이다(우실하, 2006d).

여섯째, 동양의 전통음악에서, (1) 5음 12율을 만드는 황종척(黃鐘尺)은 '9진법' 에 기초해서 9촌(寸)을 1척(尺)으로 하는 구분척(九分尺)을 사용하였는데, (2) 기장 1알의 길이를 1푼(分)으로, 9알의 길이를 1촌(寸)으로, 81(9×9)알의 길이를 황종척 1척(尺)으로 하였으며, (3) 9의 제곱수인 81(9×9)은 황종척 1척의 길이로 황종수(黃鐘數)라고 부르며, (4) 12지지와 12율에 배당된 수가 1(=3^0)에서 계속해서 3을 곱해 가서 마지막 해(亥)의 수인 177,147(=3^{11})을 황종대수(黃鐘大數)로 삼았으며, (5) 황종수 81에서 1/3을 더하고 빼면서 차례로 12율을 만드는 삼분손익법(三分損益法)을 사용하고 있다.

황종수 81이 의미하는 바는, (1) 율관(律管)을 사용하여 12율을 만드는 경우에는 9분척인 황종척 1척은 기장 81알의 길이인 황종율관의 길이를 의미하는 것이었고, (2) 현악기의 경우에는 명주실 81줄을 꼬아서 나는 소리를 모든 음의 기준음이 되는 궁음(宮音)으로 삼았다는 것을 의미한다. 황종수 81에서 1/3을 더하고 빼는 삼분손익법(三分損益法)을 통해서 동양 음악의 기본이 되는 5음 12율을 산출하는데, 계산된 각각의 값이 곧 그 음의 율관의 길이가 되는 것이다.[12]

'3수 분화의 세계관'을 바탕으로 한 성수인 3, 9(3×3), 81(9×9)이 응용된 사례들은 특히 북방 민족들의 기층문화에 풍부하게 남아 있다. 필자가 조사한 많은 자료들은 후속의 책들을 통해서 선보일 것이다.

4. '3수 분화의 세계관'의 기원과 확산

1) '3수 분화의 세계관'의 기원과 환일현상[13]

3, 9(3×3), 81(9×9)을 성수(聖數)로 사용하는 '3수 분화의 세계관(1-3-9-81)'은 (1) '하나이면서 셋이고, 셋이면서 하나'라는 3·1철학의 본체론적 논리와, (2) '하나에서 셋'으로 지속적으로 분화되는 '3수 분화의 프랙탈 구조'를 지니고 있다. 결국 '3수 분화의 세계관'의 가장 핵심적인 논리는 '하나이면서 셋이고, 셋이면서 하나'인 3·1이라는 관념체계라고 할 수 있다.

필자는 '3수 분화의 세계관'이라는 사유체계를 연구해 오면서 20년 가까이 풀지 못한 수수께끼가 있었다. 지난 20년 이상 필자의 머릿속 한 구석을 차지하고 있던 그 수수께끼 같은 질문은 꼬리에 꼬리를 물며 해결되지 않은 채 남아 있었다. 꼬리를 무는 질문들은 아래의 몇 가지로 정리할 수 있다.

---

12) 동양 음악의 이론체계와 '3수 분화의 세계관'의 관계는 우실하, 2004a, 『전통음악의 구조와 원리』, 서울: 소나무를 참조하시오.

13) 상세한 논의는 우실하, 2012, 『3수 분화의 세계관』, 서울: 소나무, "제6장 '3수 분화의 세계관'의 기원과 환일현상"을 참고하시오.

- '왜' 하나이면서 셋이고, 셋이면서 하나일까?
- 이 세상에 '하나이면서 동시에 셋'인 그 무엇인가가 실제로 있을 수 있는가?
- 북방 샤머니즘에서도 3·1신 관념이 있었다면, 고대인들이 실제로 관찰 가능했던 '하나이면서 셋이고, 셋이면서 하나'인 그 무엇인가가 있지는 않았을까?
- 고대인들이 '하나이면서 셋이고, 셋이면서 하나'인 관념을 하나의 사유체계로 정리할 수 있을 만큼 강력하고 실제적이고 반복적인 경험이 무엇이었을까?

20년이 넘게 지녀온 이 모든 질문을 한꺼번에 해결한 것은 2010년 1월 10일 신문에 실린 사진 한 장이었다. 인터넷 「서울신문 나우뉴스」 2010.1.10일자에는 "종말 징조? 태양이 3개로 보이는 '환일현상' 포착"이라는 짧은 기사가 실려 있었다. 기사의 사진을 보는 순간 그토록 찾던 필자의 의문들이 한순간에 풀렸다. 3개의 태양이 뜨는 '환일현상'이었다.

기상학을 전공하는 사람들은 개론서에서도 배우는 것일지 모르지만, 필자는 그 때 처음으로 환일현상의 사진을 보았다. 아마도 기사를 쓴 기자도 처음 보는 것인지 '종말의 징조'라는 다소 충격적인 제목을 달았다. 본래의 태양이 가운데에 있고, 공기 중의 얼음 알갱이에 태양빛이 반사되면서 태양의 좌우에 또 다른 2개의 태양이 있는 것처럼 보이는 환일현상은 필자의 모든 고민과 질문을 한 번에 해결하는 실마리가 되었다.

2010년 이후 1년 가까이 환일현상에 대한 각종 자료들을 모으고 동양의 사서(史書)들을 뒤져보니 과거에도 중국이나 한국에서 5~10년 단위로 반복적으로 관찰되었다는 점도 알게 되었다. 그리고 환일현상은, 위도가 높고 기온이 낮은 평지 지역일수록 잘 일어난다는 것도 알게 되었다. 이런 조건은 북방 샤머니즘 지역과 거의 일치하는 조건들인 것이다.

필자는 '3수 분화의 세계관' 의 가장 핵심적인 논리인 '하나이면서 셋이고, 셋이면서 하나' 인 3·1이라는 관념체계의 기원이 바로 '3개의 태양' 이 뜨는 '환일현상' 에 있다고 본다(우실하, 2011a, 2011b).

원시시대 이래로 오랫동안 태양은 세계 어느 문화권에서나 신(神) 곧 태양신(太陽神)이었다. 태양신인 태양이 어느 날 갑자기 3개가 되어 떠오른다는 것은 형용하기 어려운 충격이었을 것이다. 태양이 어느 날 3개가 떠오르는 것을 본 고대인들은, 하나의 태양 안에 이미 3개의 태양이 내재되어 있는 것으로 여겼을 것이다.

필자는 '하나이면서 셋' 인 태양신에서 출발한 것이 북방 샤머니즘을 공유한 지역에서 공통으로 보이는 3·1신(神) 관념이고, 이를 논리화, 철학화한 것이 3·1철학이라고 본다.

태양의 좌우에 2개의 가짜 태양이 나타나는 특이한 기상현상은, (1) 우리말로는 '여러 개의 해' 를 의미하는 '무리해', (2) 한자로는 '가짜 태양 '이라는 의미의 환일(幻日), (3) 영어권에서는 썬독(Sundog, Sun dog) 혹은 모크 썬(Mock Sun: 가짜 태양), (4) 과학적 용어로는 파히리온(Parhelion)이라고 불린다.[14] 사전의 설명을 소개하면 아래와 같다.

〈환일 [幻日, parhelion]〉

요약 : 공기 속에 뜬 얼음의 결정에 태양빛이 반사 · 굴절했을 때 일어나는 현상을 말하며 무리해라고도 한다.

본문 : 무리해라고도 한다. 태양과 같은 고도에서 좌우에 나타난다. 대개는 1쌍이지만, 더 많이 나타나는 경우도 있다. 태양이 낮을 때는 태양으로부터의 시거리(視距離)는 무리(헤일로)와 같이 약 22° 인데, 태양이 높아지면 증대하여 안쪽 해무리[內暈]의 바깥쪽에 나타난다. 태양에 가까운 쪽은 불그스레한 빛을 띠고, 바깥쪽은 다소 꼬리를 끌고 있다. 달에 대해서도

14) Parhelion(복수는 Parheli)은 그리스어 'parēlion(παρήλιον)' 에서 기원한 것으로, 그 의미 구조는 'παρά(beside)+ήλιος(sun) = παρήλιον(beside the sun)' 로 되어 있다.

> 같은 현상이 일어나는데, 이것이 환월(幻月 : 무리달)이다. 태양 및 환일을 꿰뚫고 수평선에 평행으로 백색의 고리가 생기는 일이 있다. 이것이 환일환(幻日環 : 무리해고리)이다. 환일환은 드물게 완전한 원에 가까워지는 경우도 있다. ⓒ 두산백과사전 EnCyber & EnCyber.com

환일은 태양빛이 공기 중의 얼음 결정체에 굴절되어 관찰자의 시각에서 태양을 향해 좌우 22° 위치에 각각 하나씩 가짜 태양이 나타나는 현상이다. 이런 현상은, (1) 세계 어디서나 또 어느 시기에나 나타날 수 있으나, (2) 극(極) 지방이나 위도가 높은 평지 지역에서 선명하게 자주 관찰되며, (3) 해가 뜰 때나 해가 질 때는 태양의 고도가 낮아서 좀 더 선명한 무리해 현상이 나타나며, (4) 해가 중천에 떠 있을 때에는 아주 드물게 관찰되며, (5) 환일이 아주 밝게 태양의 좌우에 하나씩 나타나면 '3개의 태양이 떴다' 고 기록되지만, (6) 기상 상황에 따라 1개 혹은 2개 이상의 환일이 나타나는 경우도 있다. 이러한 현상은 달 주변에서도 나타나는데 이것을 환월(幻月=무리달)이라고 부른다.

서양에서도 그리스의 아리스토텔레스(Aristotle, B.C. 384~322 B.C.) 이래로 꾸준히 관찰되었고, 동양의 각종 사서(史書)에도 태양의 이변 가운데 하나로 꾸준히 기록되어 있다.

동양의 여러 사서에서도 환일현상은 천문 관측 기록으로 많이 남아 있다. 고대인들이 환일을 관측할 때, (1) 태양의 좌우에 환일이 선명할 경우에는 "3개의 태양이 동시에 떠올랐다(三日竝出 / 三日竝現 / 三日竝照 / 三日相承)"고 표현하였고, (2) 태양 좌우에 한쪽만 환일이 선명한 경우에는 "2개의 태양이 동시에 떠올랐다(二日竝出 / 二日竝現 / 二日竝照)"고 표현했으며, (3) 태양 좌우의 환일이 그다지 밝지 못해 약한 반원형의 빛이 보일 때는 "태양에 귀고리가 달렸다 / 햇귀가 달렸다(日珥)" 혹은 "태양에 2개의 귀고리가 달렸다 / 2개의 햇귀가 달렸다(兩珥)"고 표현하였으며, (4) 빛이 약해

서 위아래로 연결된 곡선 형태의 빛일 때에는 " 1~2개의 포(抱)가 있었다" 고 표현하였다.15)

[그림 2] '환일(幻日) 현상'의 용어와 동양 사서(史書)에서의 표현

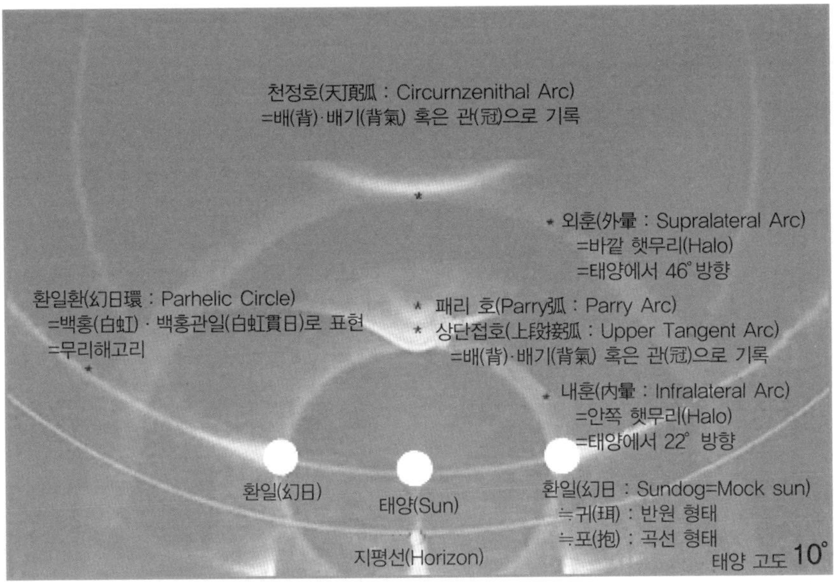

출처 : 우실하, 2012: 170.

15) 예를 들어서 "필자가 『고려사』 전체를 살펴본 결과 환일현상과 관련한 기록이 총 114건이었다. 이 가운데 (1) 의종(毅宗) 13년(1159)과, (2) 공민왕(恭愍王) 5년(1356)에 보이는 '3개의 태양이 동시에 떴다(三日竝出)'는 기록은 천문(天文)과 세가(世家)에 중복 기록되어 있어 하나씩 제외하면 환일현상과 관련된 기록은 총 112건인 셈이다. 환일현상과 관련된 총 112건의 기록은 34대 475년(918~1392) 동안 지속된 고려 시대에 평균적으로 약 4.24년에 한 번씩 환일현상이 있었다는 것을 의미한다"(우실하, 2012: 179).
또한 "『조선왕조실록』에서 환일 관련 기록은 총 91건으로 (1) '3개의 태양이 동시에 떠올랐다(三日竝出)'와 관련된 기록이 5건이고, (2) 태양의 좌우에 1~2개의 햇귀(日珥), 아주 가끔은 일관(日冠)이나 일포(日抱)가 있었다는 기록이 86건이다. 27대 519년(1392~1910) 동안 지속된 조선 시대에 약 6.03년에 한 번씩 환일 관련 현상이 일어난 셈이다"(우실하, 2012: 181).

[그림 3] 실제 환일현상과 '3개의 태양': 2009.2.18일
미국 노스-다코다주(North Dakota) 파고(Fargo)

출처 : http://en.wikipedia.org/wiki/Sun_dog 의 사진 자료.

2) '3수 분화의 세계관'의 확산 가설

필자는 '3수 분화의 세계관'은, (1) 북방 샤머니즘을 공유한 지역에서 발원하여, (2) 요서 지방 일대 요하문명의 홍산문화(紅山文化: B.C. 4500 ~B.C. 3000) 특히 후기(B.C. 3500~B.C. 3000)에 체계화되었다고 보고 있다.[16]

신석기시대 이래로 중앙아시아, 알타이산맥, 몽골초원, 시베리아 남단, 만주일대에 이르는 초원의 길은 수많은 유목민족들이 왕래하던 공간이었다. 이 고대의 초원길을 통해서 북방 샤머니즘의 '3수 분화의 세계관'은

16) 이에 대한 상세한 논의는 우실하, 2012, 『3수 분화의 세계관』, 서울: 소나무, "제7장 홍산문화와 '3수 분화의 세계관'의 체계화"를 참조하시오.

(1) 민족 이동, (2) 문화 전파, (3) 물적 · 인적 교류 등 다양한 경로를 통해 전승되었을 것이다. 이들이 수없이 교류, 접촉, 왕래하면서 '3수 분화의 세계관'은 여러 지역으로 전파되고 공유되었을 것이다.

확산과정에 대해서도 연구를 확대하고 있다. 현재 켈트족과 드루이드교에 깔려 있는 많은 흔적들을 연구하고 있다. 일단 필자의 '확산 가설'을 간략하게 정리하면 아래와 같다.

첫째, 북방 샤머니즘 지역에서 기원하여 홍산문화 지역에서 최초로 체계화되었다.

둘째, 몽골 등 북방 소수민족의 샤머니즘 안에 잘 보존되어 있다.

셋째, 유목족들의 이동과 교류를 통해서 중앙아시아의 샤머니즘에 전승되고 있다.

넷째, 몽골리안 루트를 따라 간헐적으로 이동이 이루어지면서 남·북 아메리카 지역에서도 전승되고 있다.

다섯째, 중앙아시아를 넘어 북유럽의 기층문화를 이루는 북유럽신화나 고대 켈트족의 드루이드교에 전승되고 있다.

여섯째, 기원전 2000~1500년 대대적으로 이루어진 고대 아리안족의 남방 이동으로 이들이 점령한 인더스 문명 지역에도 전승되고 있다.

일곱째, 한반도 쪽으로는 선도와 풍류도 그리고 각종 민족종교에 전승되고 있다.

여덟째, 중원 쪽으로는 도가철학, 황노학, 도교, 신선사상 등에 전승되고 있다.

아홉째, 이러한 확산 과정은, (1) 민족 이동, (2) 문화 전파, (3) 인적 · 물적 교류 등 다양한 경로를 통해서 이루어졌을 것으로 보고 있다.

[그림 4] '3수 분화의 세계관'의 확산에 대한 우실하의 가설

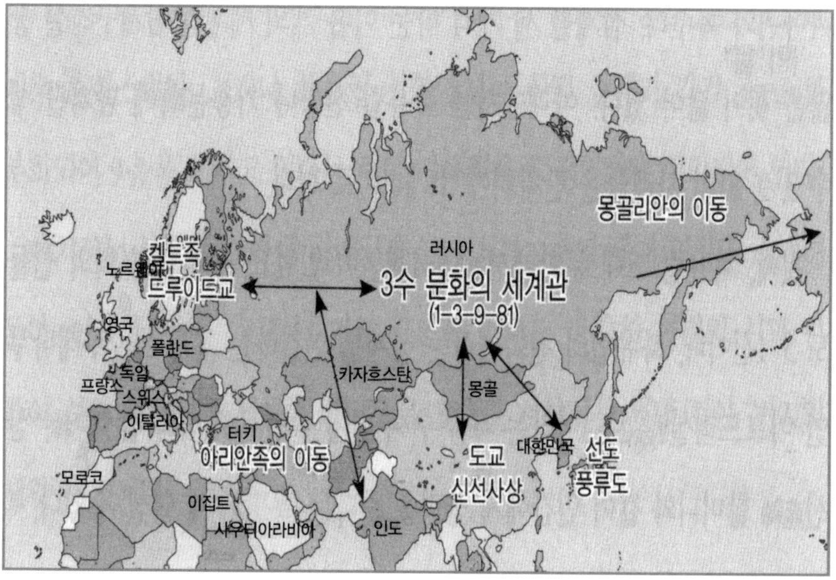

출처 : 우실하, 2012: 281.

5. '3수 분화의 세계관' 정리

고대 북방 샤머니즘의 고유한 사유체계인 '3수 분화의 세계관(1-3-9-81)'을 간단히 정리하면 아래와 같다.

첫째, '3수 분화의 세계관'을 이루는 가장 핵심적인 논리인 '하나이면서 셋이고 셋이면서 하나'라는 3·1관념은, 신으로 여겼던 태양(=太陽神)이 3개가 떠오르는 '환일(幻日: Sundog, Mock sun, Parhelion)현상'에서 기원한 것이다.

둘째, '3수 분화의 세계관'이 최초로 체계화된 것은 요하문명의 핵심적인 신석기문화인 홍산문화(紅山文化: B.C. 4500~B.C. 3000) 시기 특히 후기(B.C. 3500~B.C. 3000)라고 본다. 홍산문화 후기의 각종 유적과 유물에

는 (1) 천지인 삼계관, (2) 원방각 관념, (3) 환일현상을 조형화한 옥기 등이 보이기 때문이다(우실하, 2011a, 2011b).

셋째, '3수 분화의 세계관'은 기본적으로 우주를 3층, 9층으로 나누는 삼계구천설(三界九天說)과 그 여러 층의 세계들을 연결하는 우주수(宇宙樹) 관념을 통해서 우주를 이해하고 있다.

넷째, '3수 분화의 세계관'은 '하나이면서 셋이고 셋이면서 하나'라는 3·1관념에 입각한 3·1철학을 본체론으로 지니고 있다.

다섯째, '3수 분화의 세계관'은 3·1관념을 바탕으로 하나에서 셋으로 지속적으로 분화하는 '3수 분화의 프랙탈(fractal) 구조'를 우주론적 자기 전개의 논리로 지니고 있다.

여섯째, '3수 분화의 세계관'은 하나에서 셋으로 지속적으로 분화되는 과정에서 생성된 수들 가운데 (1) 3은 '변화의 계기수(Number of Chance for Change)', (2) 9(3×3)는 '변화의 완성수(Number of Completing Change)', (3) 81(9×9)은 '우주적 완성수(Number of Universal Completeness)'라는 상징성을 지닌 성수(聖數)로 사용된다.

일곱째, '3수 분화의 세계관'은 (1) 동북아시아에서는 선도, 신선사상, 도가, 도교, 풍류도, 대종교, (2) 북유럽에서는 켈트족의 드루이드교(Druidism) 등으로 철학화 혹은 종교화된다.

여덟째, '3수 분화의 세계관'의 핵심 논리인 '하나이면서 셋이고 셋이면서 하나'인 3·1관념은 (1) 동북아시아에서는 삼일태극도(三一太極圖)로, (2) 북유럽에서는 켈트족과 드루이드교를 중심으로 사용되던 트라이스켈(Triskel), 트리플 스피랄(Triple spiral), 트라이퀴트라(Triquetra, Triqueta), 오원(Awen), 3잎 클로버 샴록(Shamrock), 트리플-트리플 스피랄(Triple Triple Spiral) 등으로 도상화된다.

아홉째, '3수 분화의 세계관'은 (1) 홍산문화 시기에 최초로 체계화되어, (2) 북방 샤머니즘 안에 잘 보존되어 있으며, (3) 북방 유라시아 초원 루트를 통한 민족과 문화의 이동, 교류, 전파를 통해서 중앙아시아 샤머니즘, 북유럽신화, 고대 켈트족의 드루이드교 등을 통해 이들의 기층문화에 전승되고 있고, (4) 몽골리안 루트를 따라 간헐적으로 이동이 이루어진 남-북아메리카 지역에서도 전승되고 있으며, (5) 기원전 2000~1500년 대대적인 고대 아리안족의 남방 이동으로 이들이 점령한 인더스 문명 지역에도 일부 전승되고 있으며, (6) 한반도 쪽으로는 내려오면서 선도와 풍류도 그리고 대종교 등 각종 민족종교와 기층문화에 전승되고 있으며, (7) 중원 쪽으로 남하하면서 신선사상, 도가, 황노학, 도교 등과 기층문화에 전승되고 있다.

〈표 1〉 '3수 분화의 세계관(1-3-9-81)' 정리

3·1관념의 기원	1. '환일(幻日: Sundog, Mock sun, Parhelion)현상' 2. '세 가닥으로 꼬인 탯줄'은 일상적 생활세계에서 3·1관념을 지속시키고 확산시키는 역할을 함. (탯줄-새끼줄-뱀)
최초의 체계화	홍산문화(紅山文化: B.C. 4500~B.C. 3000) 특히 후기(B.C. 3500~B.C. 3000) 시기
우주관	삼계구천설(三界九天說), 우주수(宇宙樹)
본체론	'하나이면서 셋이고 셋이면서 하나'인 3·1철학
우주론	'3수 분화의 프랙탈(fractal) 구조'
성수(聖數)	1. '변화의 계기수(Number of Chance for Change)' 3 2. '변화의 완성수(Number of Completing Change)' 9(3×3) 3. '우주적 완성수(Number of Universal Completeness)' 81(9×9)
철학화, 종교화	1. 동양 : 선도, 신선사상, 도가, 도교, 풍류도, 대종교 2. 서양 : 켈트족의 드루이드교(Druidism)
상징 도상	1. 동양에서 3·1관념을 도상화한 것이 삼일태극도(三一太極圖) 2. 유럽의 켈트족과 드루이드교를 중심으로 사용되던 트라이스켈(Triskel), 트리플 스피랄(Triple spiral), 트라이퀴트라(Triquetra, Triqueta), 오윈(Awen), 3잎 클로버인 샴록(Shamrock), 트리플-트리플 스피랄 (Triple Triple Spiral) 등

확산	1. 홍산문화 후기(B.C. 3500~B.C.3000)에 최초로 체계화된다. 2. 북방 샤머니즘 안에 잘 보존되어 있다. 3. 북방 초원 루트를 통한 민족과 문화의 이동, 교류, 전파를 통해서 중앙아시아 샤머니즘과, 북유럽신화, 고대 켈트족의 드루이드교 등을 통해 기층문화에 전승되고 있다. 4. 몽골리안 루트를 따라 간헐적으로 이동이 이루어진 남-북 아메리카 지역에서도 전승되고 있다. 5. 기원전 2000~1500년 대대적인 고대 아리안족의 남방 이동으로 이들이 점령한 인더스 문명 지역에도 일부 전승되고 있다. 6. 한반도 쪽으로는 내려오면서 선도와 풍류도 그리고 각종 민족종교에 전승되고 있다. 7. 중원 쪽으로 남하하면서 신선사상, 도가, 황노학, 도교 등에 전승되고 있다.

출처 : 우실하, 2012: 298.

우리나라 속담에 '구슬도 꿰어야 보배다' 라는 속담이 있다. 동북아시아 기층문화를 형성하는 북방 샤머니즘은 '3수 분화의 세계관' 이라는 사유체계를 지니고 있다. '3수 분화의 세계관' 과 그 성수인 '변화의 계기수 3' , '변화의 완성수 9(3×3)' , '우주적 완성수 81(9×9)' 라는 이론적 틀을 통해서 동북아시아의 기층문화, 사상, 문학, 예술 등을 읽으면 기존에 미처 보지 못했던 것들을 해독할 수 있을 것이라고 본다.

6. 앞으로의 과제

'3수 분화의 세계관' 은 동북아시아의 기층문화를 만들어 온 북방 샤머니즘의 고유한 사유체계이다. 이러한 사유체계는 후대에 좀 더 체계화되면서 도가철학, 도교사상, 신선사상, 황노학, 황노도, 선도, 대종교 등으로 전승된다.

또한 이러한 '3수 분화의 세계관' 은 유라시아의 초원 벨트를 통한 교류와 이동을 통해서 북유럽의 기층문화로 자리 잡게 된다. 이것이 체계화된 것이 켈트족의 드루이드교이다. 그래서 필자는 '3수 분화의 세계관'을 '동북아 모태문화' 이자 '유라시아 모태문화' 라고 보고 있다.

앞으로, (1) 한국인들의 사유방식, 생활방식, 종교관 등에 이러한 '3수 분화의 세계관' 이 어떻게 영향을 미치고 있는가? (2) 유교, 불교, 기독교가 새롭게 우리나라에 들어올 때 '3수 분화의 세계관' 이라는 사유체계가 어떻게 이들을 한국적으로 변형시키는가? 등을 구체적으로 연구할 필요가 있다. 이런 이해를 바탕으로 할 때 한국적인 인문사회과학이 싹틀 수 있을 것이라고 본다.

제 2 부

사회학적 쟁점의 동양사상적 해석

제 5 장

동양사상과 사회화의 이론적 논의

| 정승안(동명대 자율전공학부) |

1. 사회화과정에 대한 사회학적 논의들

한 개인의 삶과 일상은 지속적인 사회적 상호작용과 커뮤니케이션을 통해 이어진다. 반복적인 일상과 사건들의 재생산과정을 거치며 형성되는 개인의 정체성은 다양한 성격과 기질로 나타나고 나아가 공동체나 집단의 성격 또는 사회적 의식으로도 표출된다. 이렇게 형성된 공동체나 집단의 의식 또는 사회적 특성들은 거꾸로 개인의 성장과 정체성 형성의 보편적 기초로 작용한다. 그러므로 사회화과정에 대한 이론적 논의는 인간 존재의 본질적인 측면에 대한 천착이자 인간과 사회성의 보편적 기초를 살펴보는 작업이다.

사회사상사에서는 서구 르네상스의 시작을 17세기 데카르트(Decartes)의 실증주의에서부터 찾는다. 그러나 계몽주의가 형성되었던 사고의 원천에 당시 중국을 다녀왔던 선교사들에 의해 다양한 사회사상과 관념들이 수용됨으로써 '이성(理性)'에 대한 재발견이 시작되었다는 사실에는 애써 눈감는다. 볼테르나 라이프니쯔 그리고 몽테스키외에 이르기까지 몽매함을 깨뜨리기 위한 계몽주의와 이성 중심주의와 같은 지적 흐름들이 동양사상과 문명에 큰 빚을 지고 있다는 사실에 주목할 필요가 있는 이유이다.

합리성과 이성(理性)을 주된 논리 근거로 하는 근대성의 형성과정은 학문과 사상사에도 많은 영향을 미쳤다. 서구의 사회학 발달사는 사회경제적 존재로서의 인간의 물질적 토대와 실존적 측면을 중시하는 실증주의적 사회학이 그 흐름을 주도했다. 전인격적 존재로서의 인간에 대한 관심보다는 지위와 역할과 같은 사회적 사실을 중심으로 하는 물질적 존재로서의 인간상이 과학으로서의 사회학의 기초가 되었다. 그러나 드러난 결과로서의 인간 육체의 성장과정을 중심으로 파악하는 논의들은 거꾸로 영적 존재로서의 전인적 인간을 대하는 태도에 있어서 편향된 결과를 초래하였다. 인간 존재의 전일적 측면을 간과하고 '대상화' 되고 '물질화' 된 측면에 주목해서 바라본다. 인간 존재를 진화의 산물이라는 관점에서만 파악하는 동물로서의 인간관이 왜곡된 인간관의 원천이 되고 있는 것이다.

인간의 성장과정을 육체적 존재의 측면에 주목하는 논의들은 생물학적 진화론을 그 주된 논리적 근거로 삼는다. 다윈(C. Darwin)의 진화론과 생물학 중심주의는 성인됨의 상징인 성징(性徵)의 형성과정을 중요시한다. 진화론의 사회적 적용의 시도와 논의들은 수컷으로서의 남성성과 암컷으로서의 여성성을 중심으로 하는 인간발달사와 더불어 성별분업과 노동의 사회화에 대한 논의들로 나아가거나 동물적 속성의 사회적 결과로서의 권력 투쟁적 속성에 주목한다. 또는 인간두뇌의 발달정도를 기준으로 성인됨의 기준을 삼는 논의들도 있다.

사회화과정에 대한 기존의 사회학을 비롯한 심리학, 인류학, 교육학 영역에서의 논의들과 그 비중의 중요성에도 불구하고 정작 학계에서 이에 관한 본격적인 성과들을 찾아보기가 쉬운 일은 아니다. 사회학에서는 교육학이나 심리학적 성과에서의 초기 사회화 부분만을 차용해서 활용하는 정도였다. 아마도 거시담론이나 실증적인 사회학이 주도하는 사회학의 학문적 풍토에서 비교적 오랜 시간의 연구와 심리적 부담을 요청하는 사회화의 영역이 그렇게 영양가 있는 연구대상은 아니었기 때문일 것이다.

사회화를 주제로 한 기존의 논의들은 서구 학자들의 사회화이론에 대한 개설적인 논의들에 대한 소개를 중심으로 진행되었다. 대부분의 사회학개론서에서 빠지지 않고 기술되었던 S. Freud, G.H. Mead, E.K. Erikson, C.H. Cooley 등의 논의들이 고전적인 사회화이론으로 소개되고 있다. 사회화와 관련하여서는 이들의 논의와 개념적 틀이 대부분이다. 최근에는 한국인의 사회화과정에 대한 경험적인 논의들을 중심으로 진행된 실증적인 연구들도 늘었다. 그러나 이들 논의들에서 사회화이론의 흐름이나 동향과 같은 거시적인 고찰은 찾아보기 어렵다. 교육 종사자들이나 석사과정에서 수행한 초보적인 통계적 논의들이 대부분을 차지한다. 내용에 있어서도 사회화의 특정 측면(가치관, 도덕의식, 정치의식 등)들에 치우친 제한적인 연구들이다. 특히 많은 비중을 차지하는 것은 청소년들의 일탈과 같은 특정 사회문제에 대한 사회화의 중요성에 주목하는 논의들이다. 마지막으로 심리학[1]이나 유아교육학을 중심으로 하는 인접 학문에서의 사회화과정에 대한 논의들도 살펴볼 필요가 있다. 이들은 어린이의 초기 사회화와 심리적 요인에 주목하거나 사회화과정에서의 여러 변수들에 영향받고 있는 심리적 기제들에 관심을 둔다. 그러나 이들의 연구에서는 인간 존재의 사회적 측면에 주목하는 거시적인 논의들은 배제되고 행동하는 개인의 내면적, 심리적인 측면에 주된 관심을 두는 행태주의적 접근으로 기울어지고 있다. 급격하게 변화하는 현대사회와 현대인의 정체성의 형성과정을 밝히는 사회화과정에 대한 사회학적 논의는 부족한 실정이다. 사회학에서의 사회화에 대한 이론적 논의와 연구의 필요성이 절실한 이유가 여기에 있다. 더구나 한국적 근대성에 대한 사회학적 성찰은 복합적인 양상으로 나타나고 있는 한국의 사회사상에 대한 이해를 필요로 한다. 동양사회사상과 사회학의 만남이 필요한 이유이다.

동양사회사상적 관점에서의 논의들은 보편적인 사회화 논의의 이론적 기초로서 전제되고 있는 현대 물질문명의 실증주의적 사회이론에 대한 비판에서부터 논의를 시작한다. 현대문명의 한계와 물질 중심주의의 논리는 극에 도달했다고 판단한다. 이론적 설명의 한계에 봉착한 기존 사회학이론의 인간 존재와 세계 인식에 대한 근본적인 인식의 전환이 필요하다고 본다. 이를 위해 사회적 존재의 보편적 기초로서의 개인, 자기, 마음의 문제

1) 사회화를 설명하는 심리학적 접근은 '인지발달이론'과 '사회학습론'으로 나누어진다. 심리학적 측면에서 전개되는 '인지발달이론'에서는 학습은 환경에 대하여 인지적, 심리적으로 적응하는 과정으로 받아들여진다. 그러나 '사회학습이론'에서는 규범, 행위, 동기 등을 학습자에게 전달하는 가장 강한 영향력을 지닌 사회화의 작용에 대한 분석을 강조하고 있다.

에 대한 인식의 전환을 촉구한다. 홍승표(2012), 이영찬(2007), 유승무(2014)를 중심으로 하는 이론적 논의들을 시작으로 동양사회사상의 인식론적 기초에 대해 언급하고 있는 것이 대표적이다. 이들은 사회학이론에서의 기존의 논의들을 포괄하고 있으면서도 현대사회에서의 물질문명주의의 대안적 이론화에 주목하고 있다. 이와 더불어 여가와 노동 그리고 규범을 대하는 다양한 관점들도 개인의 사회적 정체성 형성과 관련한 사회적 의식과 삶의 태도에 영향을 미치는 사회화의 확장된 논의로 고려할 수 있을 것이다.[2] 이현지(2009, 2011)의 가족정체성의 형성과정에 대한 논의나 정재걸(1999, 2008a, 2008b)의 연구에서처럼 교육을 대하는 근본적인 관점과 태도의 차이에 주목하는 논의들도 있다.

2. 사회화의 개념적 정의와 사회적 성격

급변하는 한국인의 삶과 일상생활의 변화는 필연적으로 그에 부응하는 사회적인 성격이나 유형, 특징을 형성하는 과정에도 영향을 미친다. 변화된 사회상황에 대응하여 등장하는 사회적 성격 또는 퍼스낼리티는 기본적으로 그 사회의 사회적 성격과 관련하여 새로운 쟁점으로 제기되기 마련이다.

미드(J.H. Mead)나 쿨리(C.H. Cooley)의 논의에서처럼 상징적 상호작용을 거치면서 어린이가 자아와 인성을 습득해 가는 과정으로 바라보는 논의들은 가장 일반적인 사회화에 대한 설명이다. 어떤 한 개인이 '특정한

2) 사회화를 사회적 의식의 형성과정이라고 한다면, 규범이나 법 관념의 형성과 사회화 문제를 다루었던 이재룡(2004), 최우영(2006)의 논의나 신종화(2006)의 근대성의 형성, 노동을 대하는 관념에 대한 박수호(2009)의 논의들도 이러한 광의의 의미에서의 사회화와 관련한 보편적인 논의들에 포함시킬 수 있을 것이다.

생활문화권에서 습관, 신념, 행동양식 등을 내면화하고 그 사회의 한 구성원으로 되어 가는 과정' 을 사회화로 정의하는 데 있어 아무도 이의를 제기하지 않는다. 그러나 사회화는 그 과정을 어떠한 관점에서 보느냐에 따라 다양한 이론적 형태로 나뉜다. '어린이들의 성장과정' 에 관심을 기울이는 경우도 있고, '일생의 전 과정' 에 관심을 기울이는 경우도 있다. '사회화의 보편적 기제' 에 관심을 기울이는 경우도 있고, '사회화의 특수적 내용' 에 관심을 기울이는 경우도 있다. '인간의 성숙' 또는 '사회통합' 의 시각에서 바라볼 수도 있고, '억압과 지배' 또는 '사회갈등' 의 시각에서 바라볼 수도 있다(한국산업사회학회, 2004: 88-89). 이렇듯 다양한 관점들에도 불구하고 사회화란 한 개인이 사회의 정상적인 구성원으로서의 소속감을 획득해 가는 과정에 다름 아니다. 우리나라에서 가장 많이 팔리고 있는 사회학개론서에서는 다음과 같이 정의하고 있다.

> "사회화란 말은 한 동물적 존재인 인간이 태어나서 타인과의 상호작용을 통해서 그 사회의 가치와 규범 · 도덕 · 신념 등을 내면화함으로써 그 사회가 바라는 인간다운 인간으로 성장하는 과정을 말한다"(한완상 · 한균자, 2012: 126).
>
> "사회화라 함은 무력한 유아가 점차 자기 인식적이고, 자신이 태어난 문화의 방식들에 숙달된 사람으로 되어가는 과정이다"(기든스, 1996: 79).

일반적인 정의로서의 사회화에 대한 위의 논의들에서처럼 '동물적 존재' 로서의 인간성이 전제되고 있다. 인간 존재가 동물성을 극복해 가는 과정이 성장의 과정이고 인간성 획득의 과정이라는 논리이다. 그러나 어떤 동물세계에서도 인간 존재의 경우에서처럼 오랫동안 부모의 보호를 필요로 하는 경우는 없으며, 추상적 능력이 뛰어난 영(靈)적 존재라는 사실에 주목할 필요가 있다. 물론 다음과 같이 인간의 사회성의 형성과정에 주목하는 방향으로 관심을 두는 논의들도 있다.

"인간이 사람다운 사람이 되는 과정을 일컬어 '사회라' 라고 한다"(김경동, 1982: 70).

"사회화란 이처럼 개인의 성장과정에서 다원적인 사회적 위치에서의 사회적 교류, 즉 상호작용을 통해 '자아(ego)' 와 '인성(personality)' 을 형성해 가는 과정이라고 할 수 있다"(한국산업사회학회, 2004: 87).

사회화란 결국 "한 개인이 다른 사람과의 지속적인 상호작용을 통해서 가치와 규범을 내면화하고 그 사회와 집단에 적합한 행동 유형이나 패턴을 익혀 가면서 퍼스낼리티(personality)를 형성해 가는 과정"이라고 일반적인 수준에서 정리해 볼 수 있을 것이다. 결국 나는 누구이며, 지금 현재의 나의 모습의 형성과정에 대한 인식을 통해, 사회의 구성원으로서의 개인에 대한 자각을 하게 되는 과정에 대한 설명이다. 성공적인 사회화의 결과 '나는 누구인가' 라는 자아(自我, ego, self)에 대한 보편적인 정체의식을 습득하게 되어 성숙한 인간이 되어 간다고 보기 때문이다. 더구나 사회화의 과정은 일반적으로 개인적 자아의 형성을 넘어 사회적 존재의 양식을 공유하는 사람들 간에 형성되는 공통된 퍼스낼리티의 유형, 즉 사회적 성격이나 사회적 의식을 형성한다. 한 개인의 사회적 성격이나 정체성은 사회와의 부단한 상호작용과정을 거치면서 형성되기 때문이다.

물론 사회화의 진행과정을 성적 특징과 능력을 중심으로 하는 성인됨의 관점에서만 파악하는 논의들만 있는 것은 아니다. 이들은 사회화를 생애 전체에 걸쳐서 진행되는 과정으로 이해해야 한다고 본다. 특히 유년기에 경험한 특수한 사고경험이 일생에 걸쳐서 인격형성과 관련한 기제가 된다는 E. 에릭슨의 주장은 프로이트와 기본적인 맥락은 같이하고 있음에도 기존의 논의와 중요한 차별성을 지니고 있다고 평가받고 있다.

"인간은 다른 동물들에 비해 긴 유년기를 가지고 있다. 문명사회에서의 유년기는 더욱 길다. 긴 유년기는 기술적, 정신적으로 인간의 능력을 확장시켰다. 동시에 인간으로 하여금 정서적 미성숙의 잔재를 평생토록 가지고 있게 만들었다. 모든 사회는 수많은 직관적 방식을 통해 그 사회의 구성원이 특정한 정체성을 지닌 성인으로 성장할 수 있도록 나름의 아동훈련방식을 가지고 있다. 동시에 모든 사회는 나름의 목적을 가지고 이용한 그 유년기로부터 비롯된 비이성적 공포에 포위되어 있기도 하다"(에릭슨, 2014: 20).

그러나 이러한 고전적인 사회학이론에서의 사회화에 관련한 논의들의 충분한 기여를 고려하더라도 몇 가지 측면에서 많은 비판의 여지와 이론적 한계를 짚어보지 않을 수 없다.

첫째, 인간존재에 대한 동물성의 전제와 생물학 중심주의에 치우쳐 있다는 점이다.

이는 개인이 이성적 주체가 되기 위해서는 동물성을 극복해야 한다는 논리로도 이어지지만 정신과 육체의 이분법적인 사고를 통해 전인격적 존재로서의 인간성을 분리하기 시작한다. 전통적 논의들은 인간을 이해하는 데 있어서 생물학적 · 개인주의적 관점을 지닌다. 물론 인간 존재를 동물성을 지닌 생물학적 개인의 차원에서만 바라본다는 측면은 많은 비판을 받아왔다. 인간에게 생물학적인 무의식적 갈등이 존재한다는 점에 대해서는 많은 심리학자들이 동의할 수는 있었지만, 인간은 그렇게 단순하게 파악할 수 있는 존재가 아니라 타인들과 어떤 관계를 맺으며 또 맺으려 하는가에 대한 사회적인 요인들을 고려하지 않으면 안 된다는 지적들도 있었다. 이러한 관점이 바로 알프레드 아들러(Alfred Adler), 에릭 프롬(Eric From)과 같은 신프로이트학파(Neo-Freudians)의 주장이다(브레넌, 1988: 246-252).[3]

3) 만일 심리적 갈등이 프로이트의 주장처럼 생물학적으로 내재화되어 있는 패턴이라면 어떤 지역, 어떤 시대상황에서도 동일한 인간행동 양식을 관찰할 수 있어야 하고, 또 실제로 그러한 결과를 사례를 들어 증명할 수 있어야 하는데 현실은 그렇지 않다는 것이다. 프로이트가 사회화를 궁극적으로 하나의 제도를 통한 길들임이라고 보았다면, 신프로이트학파들은 인간의 사회화과정에서 중요한 요인이라고 할 수 있는 사회적인 학습이론에 관심을 가

이들은 개인이 가지고 있는 심리적 갈등이 생물학적으로 미리 예정되어 있다는 명제를 거부한다. 성적인 기능의 이상만 하더라도 그것이 사회적 관계를 비정상적으로 만드는 원인이라기보다는 오히려 그 결과라는 것이 신프로이트학파의 주장이다. 그러므로 한 인간의 성격이 거의 5~6세까지는 완성된다는 프로이트의 논리에 대해서도 강하게 회의하고 있는 것이다.

이에 반해 동양사회사상에서는 인간과 동물성의 차이에 주목하지는 않는다. 하늘 아래 보편적인 존재로서의 불성(佛性)은 하늘과 땅 아래에 오직 나라는 존재는 하나뿐(天上天下唯我獨尊)이라는 논리에서처럼 불성 그 자체에 주목한다. 유가적 논의에서도 마찬가지이다. 소나 말에게도 성품이 있는가?를 두고 있었던 호락논쟁의 인물성동이론[4]에서처럼 인성이나 물성이나 그 본질에서는 천도라는 보편적인 원리에 있어 하나라고 본다. 노장적 흐름에서도 마찬가지이다. 물아일체의 천인합일의 인간관을 대표적으로 드러내는 호접몽[5]의 사례에서처럼 자연과 만물과 우주라는 것이 인간 안에 존재한다는 인식에는 흐름을 같이하고 있다. 이와 같이 동양적 사유구조에서는 자연과 인간, 만물과 인간주체를 대립시키거나 대상화하지 않는다. 인간과 동물의 차이점에 주목하는 것이 아니라 보편적인 생명으로서의 존귀함과 생명을 지닌 모든 것들을 고귀한 존재로서 자각하는 전체론적이고 통체적인 관점에서 접근하고 있는 것이다.

졌다.

4) 人物性同異論은 조선시대 호락논쟁(湖洛論爭)이라고도 불린다. 성리학에서의 성즉리(性卽理)와 이동기이(理同氣異)의 예에서처럼 본연지성(本然之性)과 기질지성(氣質之性)의 차이를 인간과 인간의 관계와 인간과 동물(만물)에까지 확장했을 때의 논의이다. 율곡 이이는 인간의 이(理)는 같다고 할 수 있지만 성(性)은 같다고 볼 수 없다며 인간과 물성은 같이 볼 수 없다고 보았다. 이후에도 논쟁은 지속된다.

5) 장자(莊子) 제물론(齊物論)에서 꿈에 나비가 되어 날아다녔는데 스스로가 사람이었다는 생각이 들지 않았는데, 꿈을 깨고 보니 나라는 걸 알 수 있었다. 이를 통해 인간인 내가 꿈에 나비가 된 것인지 나비가 꿈에 인간인 나로 변했는지를 알 수 없었다는 대목이 있다. 여기에서 물아일체(物我一體)의 경험을 했다는 것이다.

결국 동양의 사회사상에서는 인간됨의 기준, 인간성과 동물성의 가장 근본적인 차이를 '염치(廉恥)'에서 찾는다. 부끄러워함과 수치심을 모르면 금수와 같다는 언급에서처럼 인간의 제도화된 의례와 사회적 관계에서의 인간성의 적절성의 획득여부를 인간됨의 기준으로 삼고 있다. 그러한 측면에서 자연스럽게 효(孝)라는 관념이 사회화과정에서도 두드러지고 있다는 사실에 주목할 필요가 있다.

둘째, 주류 사회화이론에서는 불완전한 개인에 대한 과도한 전제와 인간 존재의 이해에 있어서도 편향된 인간관을 제시하고 있다는 점이다.

인간은 사회적 동물이라는 아리스토텔레스의 논의 이래로 동물로서의 인간이 육체적인 성장의 과정을 거치면서 '성인'으로 되어 간다는 믿음은 의심의 여지가 없이 수용되어 왔다. 특히 근대 이후의 모든 사회화과정에 있어서 이성적이고 주체적인 개인의 능동적인 행위의 관점에서 판단하도록 성장한 개인은 보편적인 사회의 기초로 인식되었다. 물론 M.베버의 가치중립(Value free)이라는 개념도 빌려온다. 보편적인 합의나 경험적인 일반화가 주어지지 않는 한 방향을 제시하지 말아야 한다는 논리도 함께 말이다. 그러나 이렇게 이해되고 있는 사회화의 개념에는 합리적이고 이성적인 근대적인 개인에 대한 관념이 지나치게 강조되고 있다. 그렇다면 이성이라는 무기로 무장한 현대사회의 개인들은 정체성의 위기를 경험하지 않아야 하지 않을까? 이성과 가치중립이라는 명목으로 무자비하게 자행되었던 비합리적인 행위들은 어떻게 설명될 수 있는가? 이성적인 능력을 갖춘 개인이라면 충분히 합리적이어야 하지 않는가? 결국 이러한 질문은 근대의 실존적 주체의 정체성의 위기를 겪고 있는 불완전한 개인에 대한 문제제기로 이어진다. 물론 E.에릭슨의 논의에서처럼 유아기의 불완전한 인격적인 성숙의 경험이 평생에 걸쳐서 영향을 미친다는 보완적인 논의로 이어지지만 궁색할 뿐이다.

동양사회사상에서는 바로 이 지점에 주목한다. 동양적 사유구조에서는 이러한 문제를 해결하기 위해 두 가지 측면에서 그 방향을 제시하고 있다. 먼저, 보편적인 선(善)과 윤리적 전형성을 획득한 이념형으로서의 일반화된 타자를 제시한다. 유가의 성인(聖人), 불교의 부처(佛陀), 도가의 선인(仙人), 진인(眞人)이 그것이다. 천인합일과 천리의 보편적인 섭리를 체득한 기준과 방향성을 제시함으로써 본질적으로 불완전한 개인에게 그 판단을 미루지 않는다. 그러나 이러한 논의가 플라톤이나 헤겔의 절대정신을 체현한 정치적 지배자로서의 그것과는 분명한 차이가 있음은 자명하다.

또 한 가지는 이러한 방향성에 부합하기 위한 교육(教育)과 성찰(省察)을 중시하고 있다는 점이다. 윤리적인 방향성의 제시만이 아니라 '교육을 통한 변화(敎化)'를 통해 윤리성과 지식습득을 통한 정체성의 형성을 강조하고 있다는 사실이다. 이는 인간을 교육을 통해 변화시킬 수 있다는 인간과 사회의 보편적 기초로서의 인간 존재의 윤리성에 대한 자각에 근거한다. 동물적 존재로서의 인간이 아니라 윤리적 존재로서의 인간에 대한 인식이야말로 인간 존재의 전인적 성격의 이해를 위한 동양사회사상의 가장 중요한 이론적 기초이다.

3. 동양사상과 사회화

한국사회의 사회화에 대한 논의에서는 전통적인 사회사상의 형성과정에서 나타나고 있는 유불도를 포함한 복합적인 사유체계와 삶의 양식을 충분히 고려할 필요가 있다. 또한 급격하게 변화하고 있는 현대사회의 다양한 양상과 쟁점들에 대한 사회학적 논의 역시 병행되어야 할 것이다. 단순한 서구적인 사회학적 이론과 개념의 틀과 유사한 동양사회에서의 그것을 찾고 적용하는 것이 아니라, 동양적 사유체계와 삶의 양식을 고려한 사회이론으로서의 현실적합성을 지닌 논의가 필요한 시점이다. 사회학과 동양사회사상과의 만남이 필요한 이유가 바로 여기에 있다.

1) 보편적 세계인식의 주체로서의 자기(自己)의 재발견

서구의 인간관에서는 기본적으로는 어린이가 사회적 성장과정에서 두뇌와 육체의 완숙기에 접어든 개인을 사회적 주체로서 인식한다. 개인에 대한 연구는 행태주의와 실증주의적인 관점을 중심으로 접근하고 논의되고 있다. 그러나 여기에서의 인간은 자연과 대립하는 이원적 대립의 존재로서 파악된다. 인성이나 자아와 같은 인간성의 총체성에 대한 접근은 주체와 객체의 정신과 육체의 이원론적인 접근에 비해 뒤안길로 밀려나기 마련이다. 이러한 실증주의적 인성연구의 편향에 대해 이영찬(2001: 237)은 "인성은 감각적으로 경험될 수 없을 뿐만 아니라 인간성을 규정하는 가치의 문제와 연결"되어 있기 때문에 "종래의 소위 과학적인 개념과는 다른 새로운 개념 구성이 인성의 올바른 이해를 위해" 유교의 인성론에 대한 논의가 필요하다고 지적한다.

한 인간의 탄생과 어린이의 성장 그리고 사회화과정을 이해하기 위해서는 먼저 그 시대적 특징을 파악할 필요가 있다. 한국 근대성의 형성 이전을 설명하는 주요한 가치 지향에는 삼강오륜을 중심으로 하는 유교적인 윤리관이 있다. 유교적 가치는 하늘로부터 부여받은 천명(天命)이 인간에게도 본연적으로 주어진 것이고 그것이 인간에게 부여된 것이 성품(性)이라고 본다. 그러므로 인간 안에 천도가 이미 구현되어 있기에 인간은 본래 선함[지선(至善)]을 추구하는 것이 마땅하다는 것이다. 유교적 논의에서 초기 사회화에 주목했던 소학이나 동몽선습, 율곡 이이의 격몽요결 등에 이르기까지 어린이의 생득적 기질의 선함을 기준으로 가르침과 연마를 강조한 것도 같은 맥락이었다. 더구나 인간의 생물학적인 기초를, 태어난 이후부터가 아니라 태아에서부터 생명체로 인식하였다는 사실도 눈길을 끈다. 태교를 통해 뱃속의 애기는 산모의 행태에 따라 영향받고, 태아의 인성에도 영향을 미칠 수 있다[6]는 논리는 예기사회화의 중요성을 더욱 강조한다. 태교는 기본적으로 뱃속의 아이에게 보다 나은 생명의 환경을 조성하는 끊임없는 상호작용의 과정으로 파악된다. 태어나자마자 이미 첫돌의 나이가 두 살이 되는 동양적 나이계산법에는 이미 생명에 대한 자각과 동양사회의 독특한 윤리의식의 기초가 형성되어 있다. 조선시대의 '태교신기'에서 언급되고 있는 아래와 같은 주장은 동양사상적 관점에서의 사회화를 이해하는 중요한 계기가 될 수 있을 것이다.

> "의술의 뛰어남은 예방에 있듯이 가르치기를 잘한다는 것은 스승에게 10년을 배우기보다 태중 교육 10개월이 더 중요하다."

이는 불교의 경우에서도 마찬가지이다. 태아가 형성되는 과정에 대한 자세한 언급은 「증일 아함경」과 같은 초기경전에서부터 등장하고 있다.[7] 또 「부모은중경」에서도 자세하게 언급되고 있다. 불교에서는 인간이 살고 있는 삶의 세계를 사성제(四聖諦)로 설명한다. 고(苦)성제, 집(集)성제, 멸(滅)성제, 도(道)성제가 그것이다. 인간의 현재적 삶은 인과와 윤회를 거치며 구성된다고 본다. 현재의 뿌리가 과거에 있다는 불교의 논리는 탄생의 과정에서부터 인간 존재를 파악하는 현세주의적인 육체 중심의 인간관에 대해 근본적으로 회의한다. 인간 존재의 영속성은 보편적 연기법에 의한 찰나적 존재로 파악되기 때문이다.[8] 생로병사와 같은 무수한 인간사의 고통

---

6) 『소학』에서는 태교의 중요성을 강조하면서 임산부의 언행에 대해서도 언급하고 있다. 「입교」편에서 '잠을 잘 때도 바르게 자고, 앉을 때도 기대어 앉지 말고, 설 때도 한 발로 서지 말며, 기이한 음식을 먹지도 말고 부정한 소리도 듣지 말아야 한다'는 부분이 대표적이다.

7) 태내에서 잉태된 생명은 연유처럼 되었다가 버섯모양으로 머리와 목이 생기고, 손발이 생겨나며 뼈와 머리카락 손톱, 발톱이 생긴다고 본다. 태를 받은 목숨은 어머니의 음식과 정기로 살아가며 형체가 이루어지고 어머니에 의지해 태어난다는 것이다. 이는 현대의학에서의 인체형성 과정과도 유사한 측면을 묘사하고 있다.

8) 세속사회에서의 끝없는 윤회라는 개념 때문에, 불교적 가르침은 윤회적 차원을 사회화과정

[고(苦)]은 집착[집(集)]에 의한 것이므로 그것이 무상함을 깨달아[멸(滅)] 스스로가 부처가 될 수 있는[도(道)] 길로 나아감으로써 보편적 인간완성의 길로 나아가야 한다는 것이다. 이를 넘어서기 위한 방법론으로 제시되고 있는 여덟 가지의 방법론인 팔정도(八正道)는 불교적인 윤리에서의 인간과 사회에 대한 자아의 발견을 위한 방향을 제시한다.

도가에서도 자아에 대한 이해에 있어 어린이의 마음을 회복하는 것이 중요하다고 본다. 장자는 어린아이[동자(童子)]를 하늘과 한 무리가 된 사람이라고 했다. 하늘과 한 무리가 된 사람은 하늘과 조화되어 천락(天樂)을 누리게 된다. 하늘의 즐거움을 아는 자는 살아 있을 때는 자연 그대로 행동하고 죽어서는 사물의 변화에 따른다. 갓난아기의 마음은 근심이 없다. 근심은 두려움에서 생기고 그 두려움은 알지 못함에서 비롯된다. 우리 마음은 끊임없이 번민에 시달린다(정재걸 외, 2014: 179-180). 그러므로 노자와 장자는 왜곡된 사회화를 거치며 형성된 자의식과 정체성에 대한 비판은 어린이의 마음으로 돌아가는 것을 통해서 회복할 수 있다고 본다. 맹자도 마찬가지로 「이루」편에서 '어린이의 마음[적자지심(赤子之心)]'을 회복하는 것이 본래 정신에 더 유사할 것이라고 언급하고 있는 것처럼 동양적 사유구조에서는 이성적인 합리와 논리로 설명되고 있는 인간 존재에 대한 이해와 설명들이 오히려 왜곡된 지(知)의 원천이 되고 있다고 본다. 이를 넘어서는 것이 진정한 자아와 자기의 발견과정이라는 것이다. 세상에 찌들지 않은 순수한 어린이의 눈으로 볼 수 있는 눈이 오히려 더 순수하고 소요유(逍遙遊)에 가까이 갈 수 있다는 것이다. 왜곡된 사회화를 거치며 형성된 비뚤어진 정체성을 본래 정신의 회복을 추구함으로써 넘어서고자 하는 노장적 관점에서의 사회화를 살펴볼 수 있다.

에 포함시키고 있다. 어떤 존재는 탄생하고 재탄생하며, 사회화로 인해 그의 삶은 다음 생에 영향을 미친다. 어떤 사람의 행위의 결과는 카르마로서 다음 생에 영향을 미친다. 따라서 사회화는 어떤 사람의 삶을 생에서 생으로 연결해 주는 과정이라는 것이다.

위의 논의에서처럼 유불도를 포함한 동양적 사유구조에서의 인성과 관련한 논의의 주된 흐름은 자기 자신의 재발견과 성찰성을 통한 인간되어가는 과정에 주목한다. 하늘의 명령(천명, 불성, 성품)을 부여받은 인간은 그 안에 이미 하늘로서의 품성을 이미 구비하고 있는 존재이기에 하늘 아래 모든 만물과 동물 인간들이 지니고 있는 그 본래적인 속성을 있는 그대로 발견하는 것, 스스로의 본래 면목에 대한 재인식과 나 안의 우주의 재발견이 개인과 사회성의 보편적 존재의 전제조건이라고 보는 것이다.

2) '마음'과 '인성(personality)'에 대한 동양사상적 접근

정신과 육체라는 이분법적 대립의 구조에서 인간을 파악하는 전통적인 사회학이론에서의 인간관은 전인적 존재로서의 인간이해에 한계가 있다. 그렇다고 정신과 육체의 대립적 구조에서 파악되는 정신이나 마음을 동양사상에서 언급하는 마음과 같은 의미맥락에서 적용하는 것도 적절하지 못하다. 그러므로 동양사회사상에서 언급하고 있는 마음과 육체에 대한 새로운 개념적 정리가 필요하다.

이에 대해 이영찬(2001: 239)은 "기존의 사회학에서 인성을 생물학적 요인과 사회환경적 요인으로 정의함으로써 인성에 대한 사회학적 접근은 현상적 차원에 한정되었다"고 지적한다. 물론 사회심리학에서의 인성에 대한 관심과 연구들도 많이 있지만, 대부분의 연구들에서는 실증적 방법의 지나친 강조를 통한 행동주의적 측면에 머물고 있다는 비판을 면하기 어려울 것이다. 결국 '사회적 조건을 통해서 인성에 접근하려는 방법론적 편의주의'에 불과할 뿐이라는 지적은 타당성을 지닌다고 본다.

동양사상에서의 인성(人性)에 대한 개념을 한마디로 일반화하는 것은 쉬운 일이 아니다. 일반적으로 유학에서의 논의들을 이영찬(2001)은 성(性)에 대해, '타고난 그대로의 것[생이자연(生而自然)]', '사람이 사람답게 되는 원인으로서의 성', 인생의 궁극적인 근거로서의 성으로서의 '본연지성(本然之性)'으로 나누어 설명하고 있다. 그리고 "인성은 인간이 인간됨의 정당성이자 개인의 행위와 감정을 지배하는 도덕적 원리"(이영찬, 2001: 245)라고 정의한다. 또한 이 인성이 실현되기 위해서는 '마음(心)'의 작용이 있어야 하고 '감정(情)'으로 표현되기 마련이다. 인간과 인간의 마음은 자연물이나 자연현상과 마찬가지로 기(氣)로 구성되어 있다고 보는 것이 유가적 논의에서의 핵심이다. 인성과 마음 그리고 감정의 관계에 대한 논의는 동양사상 특히 유가적 논의에서는 중요한 비중을 차지한다. 인성은 리(理)이고, 인심은 기(氣)이다. 인정은 그것이 도심(道心)에서 발현될 때는 본성을 추구하고 실현하려는 욕구로 작용하고, 인심에서 발현될 때는 육체적 욕망과 사적인 이해에 구속되는 욕구로 작용한다(이영찬, 2001: 251)고 보기 때문이다. 그러므로 이러한 인심과 도심의 관계에 대한 이해와 욕구와 욕망을 넘어서서 천리와 천명에 가까이 가려는 동양적인 인성에 대한 이해와 이상적인 인성의 완비자로서의 윤리적 이상형[성인(聖人)]에 대한 지향을 통한 사회화의 방향성을 제시할 수 있는 이론적 근거가 마련될 수 있다.

동양사회사상에서는 인성은 개인의 내면에 완전한 형태로 내재되어 있다고 보기에, 이러한 성품의 발견과 발현이 사회화의 관건이라고 인식한다. 이에 반해 서구적 논의에서는 인성이나 자아가 형성되는 것이라는 논의에 집중된다. 그러므로 어린이의 두뇌의 성장이나 상호작용 과정에 있어서의 상징의 중요성에 주목하거나, 놀이의 과정을 통한 어린이의 두뇌계발을 중심으로 하는 육체적 성장을 더욱 중시한다. 피아제나 몬테소리와 같은 논의들이 어린이의 손동작이나 놀이과정을 통한 사회성의 형성에 많은 관심을 지니고 있다는 논리가 우리나라 유아교육의 거의 전체를 주도하고 있다. 이렇듯 서구적인 논의에서는 육체와 두뇌의 성장에 주목하였다면 동양적인 논의에서는 정신과 육체의 균형과 같은 동적 균형상태를 중시한다. 두뇌를 이해하는 데 있어서도 신장[수(水)]의 역할에 더 주목한다. 인간두뇌의 원천이 뇌수(腦髓)라고 한다면 이것은 척추 안에 있는 척수(脊髓)로 이어지고 척수는 신장과 연결된 신수(腎髓)로 이어진다고 파악한다. 두뇌가 계발되기 위해서는 뇌수의 원천인 신장의 역할이 활성화되어야 한다는 황제내경의 한의학적 논리도 같은 맥락에서 설명될 수 있다.

인간육체의 동적 균형에 주목하는 동양사상적 논의에서는 그러므로 놀이와 같은 두뇌 중심의 육체성장과정을 중심으로 사회화과정을 파악하기보다는 육체를 주도하고 이끌어 갈 수 있는 정신(신장)의 역량을 강화할 수 있는 영역에도 많은 관심을 집중한다. 이를 수신과 수련을 통해 형성할 수 있다고 보았던 것이다. 초기 사회화의 교육내용과 방향에 있어서도 이러한 논의들이 부각되고 있음을 알 수 있다. 이미 갖추어진 인성을 발휘시키고 성인에의 지향을 통해 윤리적 방향성을 제시함으로써 규범의 내면화를 도모했던 것이다.

3) 동양에서의 사회화의 준거는 무엇인가?

서구의 사회학적 논의와 차별되는 동양사회사상에서 사회화와 관련된 논의를 비교하기 위해서는 몇 가지 핵심적인 개념과 준거에 대해서 살펴볼 필요가 있을 것이다.

(1) 보편적 사회화의 준거로서의 성선설

동양사회사상적 논의에서는 성선설을 중심으로 하는 본성으로서의 성품의 재발견이 유가적 논의에서 매우 중요한 비중을 차지한다. 하늘로부터 부여받은 성품과 이를 따르려는 노력과 교육(天命之謂性 率性之謂道 修道之謂教)을 강조하고 있는 대학의 논의는 세 가지 강령(三綱領)으로 유가적인 논의 전체의 기준이 된다. 하늘의 뜻이 인간 개개인의 내면에 함께하고 있다는 소우주로서의 인간에 대한 이해는 서구의 사회학적 논의의 범주에서는 설명되기 곤란한 지점이다.

유장림(2009)은 "유가와 도가, 그리고 『주역』이 지향하는 행복은 현실적 자아의 천인합일(天人合一)이다"라고 주장한다. "하늘과 사람이 서로를 얻고 서로 소유하며 또한 서로 실현하여 일체가 되는" 자득(自得)을 통해 "그 자신의 몸을 온전히 하고, 도와 하나가 될 수 있고, 천하를 얻을 수 있다고 본다." 이미 자기의 몸이 온전히 천성이자 하늘과 같아진 "본심(本心)은 무엇이든 받아들일 수 있다고 보기 때문이다. 이렇게 얻어진 부동심(不動心)이" 사람과 우주, 개체와 사회, 물질과 정신, 봉사와 향유를 하나로 만들어 일체의 번뇌를 줄일 수 있으며, 하늘이 만물에 부여하고 규정한 천명(天命)에 가까이 갈 수 있다고 본다.

불교적인 논의에서도 보편적 사회화의 준거는 열반에 이르는 길로 제시된다. 불교적 의미에서 사회화는 불건전한 마음의 뿌리를 건전한 마음의 뿌리로 대체하기 위하여 이루어지는 시도를 의미한다. 이러한 사회화과정에 있어서 최종적인 목표는 물론 완전한 깨달음, 즉 니르바나[열반(涅槃)]이다. 그리고 직접적인 목표는 인간 자신의 현재의 삶을 즐겁게 하는 것이고 현세와 내세의 탄생에서 그러한 행복한 삶을 보장하는 것이다.

동양적 사유구조에서는 인간 성품의 원천이 하늘로부터 비롯했기에 본래 '선하고 밝은 존재'라는 사회적 윤리성에 대한 보편적 지향을 중요한 준거로 제시하고 있다. 그러므로 이러한 보편성의 실천자이자 구현자, 일반화된 타자로서 제시되고 있는 성인(聖人)이나 부처(佛陀)는 이러한 하늘 뜻의 체현자이자 실현자이며 불변의 이상형으로 자리 잡게 된다.

(2) 실천적 생활윤리의 초기사회화와 교육

성인에의 지향과 윤리의 내면화를 위해서는 교육이 중요하다. 교육에 대한 중시는 현재의 동아시아 지역의 유교적인 영향력과 관련하여 두드러지는 교육열로도 확인할 수 있다. 생애주기와 관련해서 살펴보더라도 초기 사회화의 과정에서는 명심보감이나 동몽선습, 계몽 등과 같은 초기 사회화의 중요성을 강조하는 논의들이 주목받는다. 이들 서적에서는 인간의 관계망에 대한 중시와 그 기준으로서의 생활윤리가 중시된다. 초기 사회화과정에서는 사회화의 핵심적인 내용으로서의 교육과 훈육을 중시하는 방향으로 나타나고 있다. 최봉영(2002)은 이를 '본'과 '보기'를 통해 설명하고 있다. 사회화의 가장 핵심적인 기준으로서 일상언어와 개념에서도 찾아볼 수 있다는 것이다. 이를 통해 인간은 '염치'를 알아야 한다고 강조한다. 『소학』에서 부끄러움과 수치심을 모르면 금수(禽獸)와 같다는 논리가 그것이다. 착해야 한다는 것과 더불어 사회적 의례와 관계에서의 적절성이 조화되어야 한다는 것을 인간성의 제일 기준으로 제시한다. 인간과 금수의 차이로 언급되고 있는 염치와 사회적 관계에서의 적절성의 여부를 '부끄러움'과 '수치'로 인식하는 것은 사회성의 고리로서의 의례를 중시하는 것이다. 이러한 내용들이 초기사회화와 훈육의 과정을 통해 부단하게 사회화하고 있다.

(3) 사회화의 기준으로서의 계율의 중시

사회화 개념에서 핵심적인 역할을 하고 있는 것이 규범의 내면화이다. 불교적 논의에서는 수없이 많은 우화와 비유적인 표현들을 통해서 사회화와 관련된 논의들이 제시된다. '아함경'이나 '선생경'과 같은 초기 경전에서의 나쁜 마음의 뿌리를 좋은 마음가짐으로 전환시키는 논의들이 대표적이다. 마음의 뿌리에 대한 재발견의 강조는 불교적인 인성과 사회화의 핵심적인 위치를 차지한다. 불교에서는 마음은 대상과 만나서 형성되는 것이고 선악도 마음에서 비롯한다고 본다. 인간의 무의식의 경계를 넘어서까지 이어지는 마음의 뿌리에 대한 유식철학에서의 논의는 아뢰야식과 같은 근본적인 무의식의 경계에서부터 나타난다는 보편적 연기의 논리로써 우리가 살고 있는 현재 삶은 과거의 삶에 뿌리 내리고 있다고 본다. 현생은 과거생에 원인하기에 과거와 현재는 상호 인과적으로 영향을 미친다는 것이다. 이러한 논리는 과거와 현재가 오늘의 일상의 원인이 되기에 미래의 근거가 된다는 논리로 나아가지만 결국은 부단한 '현재에 대한 관심'으로 표출된다. 그러므로 해탈을 위해 현재의 업을 짓지 않기 위한 중요한 논의는 바로 지금 이 순간에서의 태도와 마음가짐을 중시한다. 그러므로 이를 실현할 수 있는 실천적 기준과 규범적 근거로 현실 삶에서 지켜야 할 '계율(戒律)'을 제시한다. 수행자가 지녀야 하는 계율은 세속오계와 같은 일상의 윤리로도 이미 충분히 내재화되어 나타나고 있다.

위에서 살펴본 것처럼 유가의 예학이나 불교에서의 계율은 이미 사회화의 가장 중요한 준거이자 규범적 장치로서 기능하고 있음을 알 수 있다. 인간성의 성숙과 완성이라는 명확한 준거기준과 규범을 제시하고 어린이의 사회화과정을 훈육과 교육을 통해 그 방향을 제시하고 있다는 사실은 눈길을 끄는 대목이다. 사회적 법이나 규칙이라는 개인 간의 계약에 의한 제도적 약속이 아니라 인간성의 완성이라는 종합적인 안목의 내재화된 규범이 반영되어 나타나고 있는 것이다.

(4) 보편적 윤리의식으로서의 가족과 효의 관념

초기 사회화에서 특히 중시되는 『소학』이나 어린이를 대상으로 하는 책들에서는 대부분 효와 실천윤리를 중요시한다. 불교의 「부모은중경」에서도 부모의 은혜를 매우 중시하고 있는 것을 보면 유교와 불교를 분리해서 고찰하는 것은 큰 의미가 없을 것이다. 유불의 습합과정을 거치며 형성되었음은 자명한 사실이기 때문이다.

유교적 음양오행의 논의가 두드러져 나타나는 것은 공간론으로서의 풍수지리에서도 찾아볼 수 있다. 애초에 동물들이 죽은 부모의 시신을 뜯어먹는 것을 차마 보지 못하여 발달하였다는 것이 동양의 죽음과 무덤에 대한 문화라면 이러한 매장문화에는 맹자가 언급한 대로 효의 관념만이 있을 뿐이었다. 그리고 뒤이어지는 무수한 논의들에서 나타나는 동기감응(同氣

感應)의 논리에도 결국은 효의 관념만이 강조되고 있을 뿐이다. 죽은 조상들이 오늘의 현재에 영향을 미칠 수 있다는 논리에는 효의 관념의 사회적 실천의 사회화를 통한 '개인 안에 내재화된 가족'의 형태로 이미 하나로 나타나고 있음을 알 수 있는 대목이다.

가족이 내재화된 개인은 사회화에 있어서 개인에 대한 동양적 인식의 중요한 기준이 된다. 이렇듯 가족과 효에 대한 관념은 동양적 사회화의 가장 중요한 준거가 되고 있는 것이다.

4. 사회화의 단계에 대한 동양사상의 논의

동양의 사회화 관련 논의에서 가장 중시되고 있는 것이 인간 성품에 대한 논의라고 해서 생물학적인 성장과 관련한 논의가 전혀 없는 것은 아니다. 생물학적인 성장과 인간의 사회적 성장을 연계해서 살펴본 논의는 공자의 언급에서도 두드러진다. 한국의 사회학이론에서 공자의 논의를 인격발달 단계와 관련하여 처음으로 소개한 것은 한완상 · 한균자(2012: 139-140)의 『인간과 사회』에서이다. 여기에서 언급하고 있는 논어의 문장은 다음과 같다.

> "공자께서 말씀하시기를, 나는 열 다섯에 학문에 뜻을 두었고 서른에 뜻을 세웠고 마흔에는 모든 사리에 현혹되지 않고 마음의 흔들림이 없었으며 쉰에는 하늘의 뜻을 알게 되었고 예순에는 어떠한 말을 들어도 모든 일의 이치를 깨달아 저절로 알게 되었고 일흔에는 마음에서 하고자 원하는 대로 행해도 법도에 어긋나는 일이 없었다."[9]

---

9) 子曰 吾 十有五而志于學 三十而立 四十而不惑 五十而知天命 六十而耳順 七十而從心所欲不踰矩(『論語』「爲政」).

이들은 공자의 논의를 에릭슨의 자아발달 단계에서 전 생애를 걸쳐서 진행되고 노년기에 와서야 완성된다는 부분과 합치된다고 언급한다. "특정 사회의 한정된 범위 내의 법, 도덕, 규범, 예절만을 뜻하는 것이 아니라, 하늘과 사회의 이치를 다 깨닫고 어떠한 일에도 편견을 갖지 않는 지식과 학문을 터득한 후에나 이룰 수 있는 지혜의 마지막 단계"라며 칠십 종심소욕불유구(七十 從心所慾不踰矩)의 의미를 설명하고 있는 것이다. 그러나 인지의 내용변화를 설명하기 위한 배경을 이해하더라도 제대로 된 논의를 위해서는 보다 자세한 논의가 필요하다.

동양사회사상에서 공자의 역할과 의미는 지대하다. 특히 대부분의 논의들에서 '이와 같이 들었다' [여시아문(如是我聞)]는 내용에 의한 전달과정의 형식을 지니고 있는 데 반해, 4대 성인 중의 한 분이라는 공자는 직접 역(易)에 대한 10개의 주석을 단 십익(十翼)을 저술하면서까지 설명하였고, 이후 동양사상사에서 이 언급을 배제하는 어떠한 논의도 쉽지 않기 때문이다. 공자의 역(易)에 대한 논의는 동양의 육체에 대한 지식으로서의 한의학과 만난다. 동양의학의 기본원리도 공자가 제시한 음양론과 변화의 원리로서의 오행의 범위를 벗어나지 않는다. 음양오행을 중심으로 하는 역(易)의 논리는 기본적으로 동양사회사상사에서의 공자의 지위와 역할뿐만 아니라 동양사상의 사상적 기초를 형성하는 권위를 획득하고 있다. 황제내경이나 동의보감에 나타나는 육체적 성장의 과정에 대한 언급 역시 이러한 음양오행과 역(易)의 논리에서 벗어나지 않기에 동양사회사상의 보편적 기초가 된다고 할 수 있을 것이다.

역의 원리를 통한 인체발달 단계의 동양의학적 논의는 남녀의 차이와 인체의 성숙까지 함께 설명할 수 있는 원리가 되고 있다. 공자가 역에 대한 날개, 십익을 저술했다는 언급에서처럼 역의 원리를 몰랐을 리 없다. 더구나 "가죽끈이 세 번을 끊어질 정도로 역을 읽었다" 그랬고 말년에는 "나에게 몇 년의 여유가 있다면 역을 좀 더 읽었으면" 하는 아쉬움을 토로했다는 사실을 고려한다면 말이다. 그러므로 논어의 인격성숙 단계라고 알려져 있는 이 논의는 역의 논리에서의 인체발달과정 논리의 연장선상에서 파악될 필요가 있다.

역(易)의 원리에 따르면, 음양의 변화과정을 통한 사상(四象)에 해당하는 숫자는 6,7,8,9가 된다. 태음(6)과 태양(9)의 숫자를 배제하고 소양(7)과 소음(8)을 남녀에 대입하여 그 주기의 음양변화과정이 인체변화에도 적용된다는 논리이다. 이를 통해 생애주기의 변화과정을 살피고 있다.

여기서는 인체발달과 그에 부합하는 인격형성의 문제를 언급하고 있다. 먼저 주목해 보아야 할 지점은 육체적인 성장이 15세까지 이루어진다고 이해하고 있다는 점이다. 육체의 성장에 15년 정도가 걸린다는 사실은 동서양을 물론하고 합치하는 지점이다. 서구에서는 성년기로 질풍노도의 시기로 설명되고 있는 이 시기는 육체적인 성장과 이에 부합하는 인성의 형성이 부조화를 이루는 시기이다. 최근에도 '중2병' 이라고 불리는 사춘기 시기는 예나 지금이나 혼란한 시기임에는 분명하다. 바로 이 시기에 삶과 인생의 방향을 정하고 학문에 뜻을 두도록 하라는 입지(立志)의 중요성에 대한 공자의 언급은 인생의 가장 중요한 시기에 적절하면서도 뚜렷한 사회화의 방향제시에 다름 아니다.

둘째, 육체의 성장이 15년에 이르는 시간이었던 만큼, 학문에 뜻을 두고 인격의 성숙을 추구하는 데도 15년 정도의 시간이 소요되리라고 고려하였다는 점이다. 15년의 학문적 성숙은 있어야 정신과 육체의 균형잡힌 성장이 가능하고 사회적으로 자신의 주장과 몸을 세울 수 있다[이립(以立)] 고 보았다는 사실이다. 이러한 논리는 육체와 정신이 균형잡힌 성장을 이룰 수 있을 때 사회적 존재로서 인정받을 수 있다는, 탁월한 지적이면서도 중요한 사회화의 지침이 될 수 있다.

셋째, 40세를 전후하면 동양의학에서는 육체의 퇴화가 시작된다고 본다. 특히 삼양맥이 쇠퇴해지면 흰머리도 나지만 신장의 기능이 약화됨으로

〈표 1〉 동양고전에서의 육체발달 단계에 대한 인식

<table>
<tr><th colspan="2">생리적 발달단계(황제내경, 동의보감)</th><th rowspan="2">공자
(논어)</th><th rowspan="2">맹자</th></tr>
<tr><th>남성</th><th>여성</th></tr>
<tr><td>(8세) 신기(腎氣)가 실해지고 머리카락이 자라며 이가 바뀜</td><td>(7세) 신기가 성해지고 머리카락이 무성하고 이가 바뀜</td><td rowspan="2">(15세)
志于學
(立志)</td><td rowspan="4">호연지기</td></tr>
<tr><td>(16세) 신기가 왕성해지고 음양이 화하므로 자식을 가질 수 있음</td><td>(14세) 월경이 때에 맞추어 내리므로 자식을 가질수 있음</td></tr>
<tr><td>(24세) 신기가 평균해져서 사랑니가 나고 자람이 극에 이름</td><td>(21세) 신기가 평균해져서 사랑니가 나고 자람이 극에 이름</td><td rowspan="2">(30세)
而立</td></tr>
<tr><td>(32세) 장성해지며</td><td>(28세) 두발의 자람이 극에 이르고 신체가 장성해지며</td></tr>
<tr><td>(40세) 신기가 쇠해서 머리카락이 빠지고 치아가 마르며
(48세) 양기(태양, 양명, 소양의 기)에서 쇠락하여 얼굴이 초해지고 머리카락이 하얗게 되며</td><td>(35세) 양명맥이 쇠해져서 얼굴이 비로소 초해지고 머리카락이 비로소 떨어지며
(42세) 삼양맥(태양, 양명, 소양의 기)이 쇠하여져서 얼굴이 모두 초해지며 머리카락이 비로소 희어지고</td><td>(40세)
不惑</td><td rowspan="2">부동심</td></tr>
<tr><td>(56세) 간기가 쇠해져서 행동이 원활하지 못하며</td><td rowspan="2">(49세) 임맥이 허해지고 지도가 통하지 않으므로 형체가 무너지고 자식을 둘 수 없다.</td><td>(50세)
知天命</td></tr>
<tr><td>(64세) 정이 줄어들어서 신장이 쇠해져서 형체가 모두 쇠하니 치아가 모두 제거된다.</td><td>(60세)
耳順
(70세)
古稀</td><td>적자지심</td></tr>
</table>

출처 : 유가효(1997), 조주현(2001) 참조.

인해 두뇌의 명석함이 흐려질 수 있다는 우려도 제기된다. 이러한 육체의 변화로 인해 인간의 판단력을 흐리거나 놓칠 수 있기에 유혹에 넘어가지 않는 자세가 필요함을 강조한다. 공자의 불혹(不惑)의 강조는 사회화의 문제가 단순하게 지배적인 관념으로서의 동화의 과정만이 아니라 인간이 육체의 발달정도와 인간의 내적 의식의 정도에 따라 외부적인 위협이나 삶의 위기를 피해 갈 수 있는 판단력을 기를 수 있어야 한다고 방향을 명확하게 제시한다.

마지막으로 성숙된 인격과 완성의 시기를 "내 마음에서 욕망하되 그대로 따라도 법도에 어긋남이 없다(從心所慾不踰矩)"는 이순(耳順)과 고희(古稀)의 논리에서 제시한다. 외부의 물질적 유혹과 물질중심 사회에서도 마음의 중심을 굳건히 하고서 휘둘리지 않고서도 즐길 수 있는 존재라는 것을 의미한다. 외부세계와 자연스럽게 조화될 수 있는 인격과 인성을 형성한 사람은 사회적으로도 균형 잡힌 삶을 살아가는 전형적인 퍼스낼리티의 담지자이자 성공적인 사회화의 모델이 될 수 있을 것이다.

5. 마치며

한국인의 일상의 심층에서 작동하고 있는 유불선(儒佛仙)의 사상은 오래된 종교습합과 장구한 일상생활의 변천과정을 거치며 자리 잡았다. 최근 들어 우리는 급격하게 변하고 있는 세계화와 현대자본주의의 무한경쟁에서 한국적 근대성의 형성과 관련하여 '우리는 누구인가?' 라는 민족정체성에 대한 문제제기와 더불어 개인적 정체성의 위기의 시대를 마주하고 있다.

이러한 현대인들의 정체성과 활로 모색을 위한 사회학적인 천착은 수천 년 동안 한국인의 삶에 지속적인 영향을 미치고 있는 한국사상과 시대의식에 대한 재조명에서부터 시작해야 할 것이다. 그러므로 동양사회사상적 관점에서의 사회화에 대한 이론적 논의들은 한국의 사회사상을 형성하고 있는 포괄적인 시대의식에 대한 재조명에서부터 출발하고자 하는 동양사회사상과 사회학의 만남만으로도 충분히 그 의미성을 부여받을 수 있을 것이다.

사회가 개인에게 영향을 준다는 것이 전통적인 사회화에 있어서 핵심적인 개념이라고 한다면, 인간의 습득과 수용의 과정에서 발달하는 것이

사회성이라고 판단한다. 동양적 논의에서는 이와 반대로 만물 전체를 관계론적으로 본다. 모든 사물의 보편적인 관계성을 중심으로 이해하는 '통체론' 이나 '연기체' 적인 인식들도 모두 같은 맥락에서 파악될 수 있다. 이러한 관계론적 논의는 필연적으로 우주 만물과 인간의 영성(靈性)이 모든 만물에 동등하다고 바라본다. 그러므로 인간주체의 인간성을 지니기 위한 수양과 수행의 필요성과 같은 윤리적이고 도덕적인 주체에 더 많은 관심을 보이는 것이다. 이렇듯 일상적 수행과 성찰의 과정을 통해 객관적 자아는 형성되며, 이러한 과정을 거치며 '우리' 와 우리에 대한 의식이 만들어진다는 것이다. 쌓아가는 것이 서구적인 논의라고 한다면 동양적인 논의는 왜곡된 것들을 덜어내고 비워 가면서 스스로의 내면에 있는 자기의 본래 면목과 만나며 드러내는 과정으로 설명될 수 있을 것이다. 이는 현대사회에서 제시할 수 있는 전형적인 인간상에 대한 이념형적 모델로 가능할 수 있음을 보여주는 지점이다.

위에서 살펴본 것처럼 유불도의 기본적인 속성은 다르다고 하지만 인간과 인성을 바라보는 관점에 있어서는 동양사회사상 내에서 큰 차이를 찾아보기 어렵다. 결과적으로 유불도의 큰 영역에서의 자아의 도덕적인 수신과 성찰을 강조하고 있기 때문이다.

오늘날의 청소년들에게 존경하는 사람이 있다는 대답을 찾아보기 어렵다. 대부분 엄마와 아빠를 존경한다고 대답한다. 일반화된 타자로서 가족공동체가 이상형이 되는 것을 가로막을 수는 없지만 일반화된 타자는 시대좌표이자 방향을 제시하는 모델이다. 옛사람들이 '요임금은 누구이고 나는 누구인가?' 라고 물었던 것은 성인의 길을 향해 부단히 나아가는 사회화의 지향과 방향을 제시한 것이었다는 사실을 다시 생각해 볼 필요가 있는 이유이다.

제 6 장

동양사상과 가족 그리고 젠더

| 이현지(계명대 교양교육대학) |

| 박수호(덕성여대 지식문화연구소) |

1. 현대 가족과 젠더 사회학의 성과와 한계

오늘날 가족과 젠더에 대한 연구는 다각적인 측면에서 접근이 시도되고 있다. 먼저 가족 연구에 대한 평가를 하면 다음과 같다. 가족 연구의 대표적인 흐름은 급변하는 사회에서 나타나는 가족의 실태를 분석하는 연구와 가족과 관련한 현상을 체계적으로 이론화하는 작업으로 나눌 수 있다. 이와 같은 가족 연구는 현대 가족이 직면한 가족문제의 실태를 파악하고 해결하는 데 기여하는 바가 컸다. 반면, 가족의 현실을 분석하고 설명하기 위한 이론적인 틀을 구성하고 발전시키는 성과에 치중하여 미래 가족에 대한 비전을 제시하는 데에는 한계를 보이고 있다. 가족 연구는 가족의 본질을 규명하는 작업과 동시에 바람직한 가족이란 무엇인지에 대한 비전을 제시하기 위한 연구가 수반되어야 한다(한국가족상담교육연구소, 2010: 17). 이상의 가족 연구가 가지는 문제점은 젠더 사회학의 성과를 평가할 때도 유사하게 나타난다.

기존의 한국 사회학계에서 가족과 젠더에 대한 연구가 이런 한계를 가지고 있는 이유는 무엇일까? 이는 가족과 젠더에 대한 연구가 기존 이론의 틀을 유지하면서, 가족과 젠더의 문제와 변화를 파악하고 분석하는 연구에 주력하기 때문에 나타나는 결과이다. 그러나 기존 가족과 젠더에 대한 연구 관점은 가족의 현실을 설명하고 이해하는 하나의 관점이며, 이제는 더 이상 가족과 젠더의 비전을 제시하지 못하고 있다. 여기서 기존 가족과 젠더 논의의 한계를 구체적으로 살펴보면 다음과 같다.[1]

첫째, 현대 가족과 젠더 논의는 현대 가족과 젠더가 직면하고 있는 문제에 대한 해답을 제공해 주지 못한다. 현대 가족과 젠더의 가장 심각한 문제는 그 구성원이 불행하다는 것이다. 그러나 앞에서 살펴본 어떤 이론도

1) 현대 가족이론의 한계에 대한 논의는 이현지(2011)의 논문을 참고하기 바란다.

그에 대한 해결책을 주지 못한다. 불행을 해소하기보다는 완화할 수 있는 방법을 고민하는 데 그치고 있다. 현대 가족과 젠더 논의가 가지는 한계의 근본적인 이유는 현대 가족과 젠더 논의가 토대로 하고 있는 세계관의 한계에서 기인하는 것이다. 따라서 현대 가족과 젠더가 직면하고 있는 문제를 해소하기 위해서는 현대 가족과 젠더 이론의 세계관을 극복할 수 있는 새로운 관점에서 이론을 구성해야 한다.

둘째, 현대 가족과 젠더 이론은 변화하고 있는 가족과 젠더의 현실을 포괄하는 이론적인 논의를 전개하지 못하고 있다. 현대 가족과 젠더 이론은 여전히 전현대사회에서 현대사회로의 전환기에 나타난 현대적 가족목표, 가족관계, 가족형태, 남녀관계 등을 전제로 논의를 전개하고 있다. 그러나 오늘날 가족과 남녀관계는 급격하게 변화했다. 변화한 현실에 조응하기 위해서는 새로운 가족목표, 가족관계, 가족형태, 남녀관계 등에 대한 새로운 관점에서의 이론적 논의가 시도되어야 한다.

셋째, 현대 가족과 젠더 이론은 이상적 모델을 제시하지 못한다. 기존의 가족과 젠더 이론은 가족 및 성과 관련한 현상을 체계적으로 이론화하는 작업보다는 가족과 젠더의 실태를 분석하고 해석하는 연구에 치중하기 때문에 가족과 젠더의 현실에 대한 설명과 해석에 급급하다. 그러나 오늘날 가족과 젠더 논의에서는 앞으로 지향해야 할 비전을 제시해 줄 것을 필요로 하고 있다.

2. 동양사상에서의 가족 그리고 젠더

기존의 가족에 대한 논의는 가족을 이원적 세계관으로 바라보고 있다. 이원적 세계관을 바탕으로 하는 가족이론은 현상으로 드러나는 가족을 설명하는 데는 유용한 면이 있지만, 가족 내에서 경험하는 사랑의 존재로서의 본성의 발현을 설명하고 이상적인 가족모델을 제시하는 데는 한계가 있다. 특히 이원적 세계관의 관점으로 가족을 인식하면, 오늘날 현대 가족이 경험하는 문제의 해결을 위한 대안을 모색하는 것은 불가능하다. 이런 이원적 세계관은 세계를 인식하는 하나의 관점에 불과하다. 이런 현대 가족 이론의 문제점을 극복할 수 있는 관점이며, 오래되었지만 미래 가족의 비전을 제시할 수 있는 새로운 관점으로서 통일체적 세계관을 가장 잘 발견할 수 있는 유가사상과 불가사상을 중심으로 살펴볼 것이다.

1) 유가에서 가족과 젠더

유가사상에서 가(家)에 대한 논의가 차지하는 비중은 여타의 동양사상보다는 크다고 할 수 있다. 이에 전현대사회의 지배적인 유가의 가족관은 현대사회에 남녀차별적인 가부장제적 특성을 가진 것으로 비판의 대상이 되었다. 그러나 우리는 전현대사회의 지배 이데올로기로서의 유가문화와 유가사상 본연의 가족과 남녀에 대한 이념은 구별해야 한다.[2] 여기서는 유가사상 본연의 가족과 남녀관계에 대한 관점을 살펴보자.

첫째, 유가에서 가(家)는 보편적인 세계인식 원리로서의 의미를 가지고 있다(최석만 · 이태훈, 2006: 6). 동양에서는 가족에서 출발하여 치국과 평천하의 사회질서로 나아가고 다시 수신, 정심, 성의, 치지, 격물의 인식론으로 확대되었다(최석만 · 이태훈, 2006: 7). 이런 관점의 구체적인 사례는 조선 500년 동안 유가문화로 인해 가족주의가 국가의 통치이념으로 작용한 것이다(최석만 · 이태훈, 2006: 19). 그만큼 우리 사회의 가족과 인륜의 뿌리는 깊다. 가족은 신화를 넘어 한국인의 일상을 지배하는 원리로 작동하고 있다.

한국인의 이러한 유교적 가족문화의 전통은 '우리' 문화를 통해서 나타나고 있다. '우리' 문화는 한국사회가 직면하는 위기의 상황에서 결집의

2) 이에 대한 자세한 논의는 이현지(2005)의 논문을 참고하기 바란다.

힘으로 작용하여, 위기로부터 벗어날 수 있도록 작용하였다. 또한 우리라는 이념은 사회적으로 확대되어, 독특한 문화를 형성하고 있다. 또한 한국에서는 가족적 동질성이 남녀의 사랑에 침투하여, 연인 사이에서 여자는 남자를 오빠라고 부르는 경우를 쉽게 볼 수 있다. 그리고 가족친화적인 기업문화가 생산성을 높인다는 보고가 있기도 하고, 이런 가족적인 문화에 적응하는 것이 회사생활의 중요한 요소가 되기도 한다. 이에 한국인에게는 가족을 넘어 또 하나의 가족관계를 만들어 가는 장소가 바로 회사이다(최석만 · 이태훈, 2006: 34).

이와 같은 유교문화를 중심으로 하는 가족은 항상 우주적인 가(家)를 전제하고 있다. 그렇기 때문에 동양의 가족은 폐쇄적이거나 적대적인 집단이 아니다. 나의 가족은 금방 다른 가족, 사회, 국가로 확장되곤 한다. 이것이 항상 그런 것은 아니고 가족적인 정서적 유대가 확인된 대상에 대하여 그렇다. 상대방이 출신지역이 다르고 인종이 다르고 종교가 다르더라도 서로 간에 가족적 유대감이 확인되면 한국인은 즉시 마음을 연다(최석만 · 이태훈, 2006: 36-37).

둘째, 유가에서 개(個)와 가(家)의 관계는 자기완성과 관계성을 확보하는 것이다. 가족에 대한 논의에서 개인과 가족 공동체(집단)의 관계는 언제나 논점으로 제기되고 있다. 분리 · 독립된 개체의 합으로 가족을 인식하는 관점에 의하면, 개인과 집단의 적대적 대립은 필연적인 것으로 보이기 때문이다. 그러나 유가에서는 개(個)와 가(家)를 적대적 대립으로 인식하지 않았다.

동아시아 사람들은 가(家)를 자기 존재의 근원으로 삼았을 뿐 아니라 사회의 기초로 보았다(이승연, 2000: 179). 동아시아 세계의 인간은 수천 년에 걸쳐 가(家)를 통해 자신을 실현하고자 했다. 거기에 인욕의 긍정을 바탕으로 한 개인은 존재하지 않았다. 그들에게는 인욕의 절제와 자기희생이 요구되었을 뿐이다. 그러나 맹목적인 인욕의 억제와 자기희생은 아니었다.

그것은 자각하는 주체의 자각적인 억제와 희생이었다(이승연, 2000: 180). 유가문화는 엄격한 가부장제적 사회를 추구하였다. 가천하(家天下)를 표방한 유가 국가에서 부권의 강화는 곧 통치권의 강화를 의미했으며, '충'은 '효'의 또 다른 형태에 불과했다(이승연, 2000: 184).

동아시아에서도 근대를 추구하기 위해서 자기를 확립하지 않으면 안 되었다. 이 자기 확립을 위해 빠뜨릴 수 없는 것이 바로 가(家)의 재인식이다. 유가문화는 독립적으로 분리된 개체보다는 관계성을 중시하였다. 인간을 도덕적 존재로 보았던 유가 이념 속에 개체로서의 인간은 이미 인간으로서의 의미를 상실하기 때문이다. 예(禮)는 그 관계성을 규정하는 장치였다. 그리고 그 관계성이 도덕성을 전제함은 부언할 필요조차 없을 것이다.

자기완성과 관계성, 그것이 동아시아의 개(個)와 가(家)를 해명하는 열쇠라고 생각한다. 사람들은 가(家)를 통해 관계성을 확보하는 동시에 그 관계성을 통해 자아 완성을 도모했다. 그리고 예는 그것을 이루게 하는 유일한 통로였다. 송대의 유자들이 이상으로 삼은 성인이 인륜지지(人倫之至)였다는 것이 이 사실을 입증해 준다. 거기에 서구적인 개인이 존재할 수 없음은 너무나 명백하다(이승연, 2000: 206). 『가례』의 가장 중요한 의의는 그것이 성인 즉 자기완성을 위한 통로였다는 점이다. 그리고 그 자기 완성이 바로 가(家)로부터 이루어진다는 평범하고 진솔한 교리가 그 속에 담겨 있다. 이것이 『가례』로 하여금 동아시아를 지배하게 했던 것이다.

셋째, 유가의 가족은 공(公)을 실현하기 위한 매개체로서의 의미를 가지고 있다. 서구사회에서 가족은 사적인 영역으로 인식한다. 반면 유가에 있어서 가족이란 사적인 영역으로만 국한되지 않는다. 가족과 공사(公私)에 대한 이해를 위해서 우리는 종법(宗法)의 등장에 관심을 가질 필요가 있다. 종법(宗法)이 등장하게 된 직접적인 원인은 부자세습제의 성립이었다(이승연, 2003: 159). 종법의 원리를 구체적으로 설명하고 있는 『예기(禮記)』에서는 공(公)과 가(家)를 대비시키고 있다.

『예기』의 의도를 명확히 하기 위해 이 부분을 좀 더 자세히 살펴보기로 하자. 일반적으로 공(公)에 대비되는 개념은 사(私)이다. 그럼에도 불구하고 『예기』는 사(私) 대신에 가(家)라는 개념을 사용하였다. '천하를 가(家)로 삼는다' 는 것, 그것은 천하를 사(私)로 삼는다는 의미일까? '천하를 가(家)로 삼는다' 는 것은 천자라는 지위를 일가가 소유하는 것이며, 더 나아가 천하를 일가의 사유(私有)로 삼는 일이었다.

유교 가족주의를 둘러싼 논쟁이 시사하고 있는 것처럼, 가(家)는 여전히 사적 영역으로 전제되어 있고, 그것에 대한 긍정적 평가 또한 사(私)로서의 가(家)가 지니는 효용성에 주목할 뿐, 가(家)가 공(公)을 실현하기 위한 중요한 매개체이며, 그 자신 또한 공(公)일 수밖에 없다는 사실을 간과하고 있다. 그러나 거듭 강조하였던 것처럼, 만약 공(公)으로서의 가(家)를 부정한다면 실제로 유가의 공(公)은 존립 근거를 상실하게 된다. 가(家)라는 매체를 통해 비로소 천지자연의 공(公)은 실현될 수 있기 때문이다(이승연, 2003: 183).

2) 불가에서 가족과 젠더

불교는 모든 생명을 평등한 관계로 인식한다. 일체 만물에 불성이 내재해 있어 깨달음을 얻을 가능성을 가지고 있다는 점에서 평등하다는 것이다. 따라서 인간도 모두가 평등한 존재이다. 즉, 남편과 아내, 부모와 자녀는 모두 동등하고, 자율적이며 주체적인 인격체로 인식된다. 이러한 인간관은 자연스럽게 어느 한쪽의 일방적 관계가 아닌 쌍방향적 관계를 형성하게 된다. 불교의 가족가치관은 쌍방향적 관계를 토대로 하여 쌍무적 역할과 보은(報恩)이라는 맥락에서 찾아볼 수 있다(박수호, 2002).

우선 부부관계에 있어서 불교는 남편과 아내가 각각 상대방을 위해 다섯 가지 의무를 다하도록 규정하고 있다. 선생자경(善生子經)에서는 "남편은 마땅히 다섯 가지 일로 그 아내를 공경하여야 되느니라. 다섯 가지란 첫째 바른 마음으로 사랑하고 공경할 것이며, 둘째 그 마음에 유감을 품지 않으며, 셋째 다른 여인에게 정을 두지 않으며, 넷째 의식을 잘 공급하며, 다섯째 몸의 장식품을 때에 맞게 주어야 하느니라. 아내가 남편을 공경함에는 먼저 일어나고, 뒤에 앉으며, 부드러운 말을 하고, 남편에게 경순(敬順)하며, 남편의 뜻을 먼저 알아 받들어 행해야 한다"고 한다(박수호, 2002: 72에서 재인용).

부모와 자식의 관계 역시도 각각 다섯 가지로 규정하고 있는데, 선생자경(善生子經)에서는 다음과 같이 적고 있다. "부모는, 첫째 자식에게 악을 버리고 선에 나가게 할 것이며, 둘째 학문을 가르치고, 셋째 마땅히 율법과 계목을 지니게 할 것이고, 넷째 때에 맞추어 결혼을 시켜 주어야 하며, 다섯째 적절한 시기에 재산을 상속해 주어야 한다." 반면에 "자식은 부모에게, 첫째 늘 부모의 은덕을 갚기를 생각하며, 둘째, 부모의 가르침과 경계함을 잘 따르고, 셋째 바른 뜻이나 바른 일은 그 뜻을 잘 받들어야 하며, 넷째 유산을 상속받을 만하도록 행동하여야 하며, 다섯째 부모를 잘 봉양하여 기쁘게 해 드려야 한다"(박수호, 2002: 73에서 재인용).

한편, 전통적 가족가치관의 핵심을 차지하는 '효'에 대해서도 불교는 일방적 관계를 거부하고 있다. 다른 한편으로 "물질적 공양으로서는 갚을 수가 없으니 부모가 믿음이 없는 자는 바로 믿게 하고, 계가 없는 자는 계를 지키게 하고, 탐욕스러운 자는 보시를 행하게 하고, 지혜가 없는 자는 지혜를 일으키게 하라. 자식이 만약 이렇게 선교 방편으로 부모를 편안히 머물게 한다면 이것은 은혜를 갚았다"고 하고 있다(신성현, 2002: 124에서 재인용). 여기에서 불교의 '효'는 보은에 있음이 분명히 드러난다.

이상에서 알 수 있듯이 불교에서는 부부간에는 남편이 아내에 대해 경의를 가지고 봉사하고, 아내는 남편과 가족을 사랑해야 한다는 윤리를 제공함으로써 남편에게 종속되는 아내가 아니라 부부간의 평등한 관계를 지향하고 있다. 또한 부모와 자식 사이에서도 부모에 대한 예경(禮敬)과 자식에 대한 자애(慈愛)라는 상호적 관계를 제시하고 있다. 나아가 불교가 인식하는 '효'의 개념은 '보은'이라는 것과 은혜 갚음의 대상이 일체 중생으로 확대되고 있으며, 은혜 갚음의 방법은 단순히 물질적인 봉양에 머물지 않고 정신적인 편안함을 얻게 해야 하며, 은혜[3]를 갚기 위해서는 부모의 뜻을 거스르더라도 부모가 열반에 이를 수 있도록 이끌어야 한다는 적극적 태도도 확인할 수 있다(박수호, 2002). 다시 말해 불교에서는 가족 내부의 가족관계를 쌍무 관계(twin-role)로 설정하는 특징을 보이고 있다.

불가의 성차별에 대한 인식은 교리적 차원과 실천적 차원으로 구분해 살펴볼 수 있다. 교리적 차원에서 원칙적으로 불교는 앞서 이야기한 것처럼 모든 존재의 평등함을 주장하고 있지만, 불교의 교리적 변천과정 속에서 성차별에 대한 인식은 여러 차례의 변화가 있음을 확인할 수 있다. 이러한 변화는 석가모니 사후 불교교단의 성립 및 전개 과정에서 나타나고 있는데, 부파불교 시기에는 당시 인도사회의 여성에 대한 차별상이 반영되어 여성은 성불할 수 없다는 주장이 불교의 주요 논서에 반영되었다. 이어지는 초기 대승불교에서는 여성의 몸으로는 성불할 수 없기에 남성으로 변신하여 성불한다는 주장이 제기되었고, 보다 후대에 이르러 대승불교가 본격화되면서 여성의 몸 그대로를 가지고 성불할 수 있다는 주장이 다시금 전개되고 있다.

실천적 차원에서는 교단의 구성과 계율의 측면을 살펴보아야 한다. 불교는 출가한 남성(비구) 및 여성(비구니), 출가하지 않은 남성(우바새)과 여성

3) 불설대보부모은중경에서 부모의 열 가지 큰 은혜를 서술하고 있다. 아기를 배어 수호해 주신 은혜, 해산의 고통을 받으신 은혜, 자식을 낳고 근심을 잊으신 은혜, 입에 쓴 것은 삼키고 단 것은 뱉어서 먹이시던 은혜, 아기는 마른 자리에 눕히고 자신은 젖은 자리로 나아가신 은혜, 젖을 먹여 기르신 은혜, 부정한 것을 깨끗이 씻어주신 은혜, 자식이 먼 길을 떠나면 염려하고 생각하신 은혜, 자식을 위해 나쁜 일을 감히 하시는 은혜, 끝없이 자식을 사랑하는 은혜가 부모의 열 가지 큰 은혜이다. 이 부모의 은혜는 자식으로서 다 갚을 수 없다고 하고 있다(월운, 2002).

(우바이), 즉 사부대중으로 교단을 구성하고 있으며, 남성과 여성은 대등한 지위를 부여받고 있다. 특히 비구니 교단이 비구 교단과 독립적으로 운영되고 있다는 점은 다른 종교들에 비해 성평등적인 측면이 부각되는 부분이다. 그러나 비구니 교단에 대해서는 팔경법을 비롯해 비구 교단에 비해 더 많은 계율이 부과되어 있으며, 이는 비구니 교단의 운신을 제약하는 효과를 낳고 있다. 비구니 교단에 대한 계율을 성차별적 요소로 인식할 것인가 혹은 모성보호적 요소로 인식할 것인가에 대한 논쟁이 남아 있기는 하지만, 교리적 양성 평등성이 실천적 차원에서 온전히 구현되고 있지 않은 것은 사실이다.

3. 동양사상 그리고 가족과 젠더 관련 쟁점

현대 가족과 젠더사회학의 성과와 한계에서 지적했듯이, 오늘날 가족사회학이 안고 있는 가장 큰 문제점은 가족이란 무엇이며, 어떤 역할을 담당해야 할 것인가에 대한 비전을 제시하지 못한다는 점이다. 우리는 그 해답을 동양사상에서 찾아볼 수 있다. 물론, 앞 장에서 살펴본 동양사상의 가족관은 전현대성, 현대성, 탈현대성을 동시에 안고 있다. 유가를 중심으로 구체적으로 살펴보면 다음과 같다.

유가의 가부장제적 성격은 전현대성이 잘 드러나고, 현대화를 추구하는 동력이 되었던 자기완성의 장으로서의 가족의 특징은 유가의 현대성을 보여준다. 그리고 유가에서 말하는 개인과 공동체의 경계를 넘어서는 가족에 대한 정의, 사적 영역과 공적 영역의 경계를 허무는 가족에 대한 관점은 탈현대성이다. 오늘날 우리가 관심을 가져야 할 것은 유가의 전현대성은 버리고, 현대성은 극복하고, 탈현대성은 가족의 비전으로 다루는 것이다.

1) 가족주의

오늘날 가족주의는 내 가족만 잘살면 된다는 가족이기주의적인 발상으로 확산되어, 함께 살아가는 건강한 사회를 만드는 데 장애가 되고 있다. 한국사회에서는 원정 출산을 떠나는 산모들이 언론의 화제가 된 지가 오래되었다. '병역 면제', '교육비 면제', '이민' 등의 목적으로 경제적인 부담과 의료사고 등의 위험을 무릅쓰고 원정 출산을 선택하는 부모들이 있다. 최근에는 원정 출산이 '교육보험'이라고 미화되는 불법 상술까지 기승을 부리고 있다(KBS NEWS, 2013년 2월 21일자).

이런 가족이기주의의 또 다른 사례는 더 나은 자녀 교육을 위한 '위장전입'이나 교육환경 때문에 '영구임대 아파트지역 학교 기피현상' 등으로 나타나고 있다. 한국 부모들은 자녀 교육을 위해서 좋은 학군지역으로 이사하는 것을 당연시하는 경향이 있다. 또 사회적으로 불법이라고 하더라도 자식을 위한 일이라면 할 수 있다고 생각하는 가족이기주의의 경향을 가지고 있다.

이런 가족이기주의는 가족에 대한 진정한 사랑이 무엇인가에 대한 해답을 찾지 못해서 나타나는 불구적인 양상이라고 할 수 있다. 이러한 가족이기주의의 병폐에서 벗어나기 위해서는 가족에 대한 올바른 인식이 필요하다.[4] 가족은 어떤 집단보다도 정서적으로 친밀하고, 경제적으로는 하나의 공동체이다. 그러므로 공동체로서의 친밀함만을 추구하게 되면 서로를 존중할 수 있는 미덕을 상실하기 쉽다. 부모는 자녀를 사랑한다는 이유로 자녀의 삶을 자기 맘대로 결정하고자 하기도 한다. 그러나 이러한 방식으로는 건강한 부모와 자녀 관계를 만들 수가 없다.

---

4) 이에 대한 논의는 이현지의 논문 "유교적 가족관계관, 현대 가족위기의 대안인가"(2004)에서 자세히 다루고 있다.

가족주의는 가족구성원의 삶을 존중하지 못하고 행복을 저해하기 때문에 가족붕괴를 초래하는 자기 파괴적인 속성을 가지고 있다. 왜냐하면 가족주의는 가족 중심의 판단과 선택을 가족구성원에게 요구하기 때문이다. 가족에게 있어서 근본적으로 필요한 것은 가족에게 절대적인 가치를 부여하는 가족주의라기보다는 서로 간의 존중, 즉 예의 정신이다. 이러한 예의 정신이 바로 동양사상 관계관의 핵심이라고 할 수 있다(이현지, 2004: 117).

2) 가족관계의 파괴

최근 가족 해체에 대해서, 여성학자들은 가족이 개인의 삶을 구속하는 특히 여성의 삶을 억압해 온 면이 강하기 때문에 이제 그 누구도 가족을 위한 희생을 원하지 않고, 희생을 감수할 수 없기 때문에 자연스럽게 가족 해체의 현상이 증가하고 있다고 한다. 가족이 해체되고 있는 이런 현상은 심지어 여권이 신장되었다는 하나의 증거라고도 한다. 하지만 우리가 관심을 가져야 할 것은 이러한 현실 속에서 우리가 과연 행복한가의 문제이다(이현지, 2004: 115-116).

현대사회를 지배하는 적대적 관계관은 세계의 모든 대립은 이해관계가 상반되는 것으로 인식한다. 다윈(Charles Darwin)은 진화론에서 자연생태계에서 나타나는 적대적 대립으로 인한 양육강식의 현상을 지적하였다. 이후 맬더스(Thomas R. Malthus)의 모든 생명체 번식 속도와 먹이 양 증가 간의 불균형으로 인한 투쟁의 발생이라는 주장이 사회학에 도입되었다(이현지, 2007: 280).

현대 가족과 성의 사회학에서는 적대적 관계관으로 가족관계와 남녀관계를 이해한다. 적대적 관계관으로 가족을 이해하는 입장은 현대 가족에서 나타나는 갈등의 양상을 설명하고 해석하는 데는 유효하다. 하지만 가족이 어떤 비전을 가져야 할 것인지, 어떤 남녀관계를 추구해야 할 것인가에 대한 해답은 주지 못한다. 이에 적대적 관계관의 문제를 극복하고 가족의 조화와 교감에 주목하여 가족현상을 바라보고 해석하는 이론적인 논의가 필요하다. 그 해답은 바로 대대적 관계관이다. 대대적 관계관은 모든 대립물의 상생(相生)과 상성(相成)의 관계, 모든 존재의 연관성을 전제로 한다. 예를 들어, 음양은 서로의 존재가 없으면 스스로도 존재할 수 없으며, 서로를 이루어주는 관계이고, 상호 긴밀하게 연관되어 있다. 가족이나 남녀 또한 마찬가지이다(홍승표, 2005: 398).

3) 가부장제

현대 가족과 성의 사회학에서는 남성과 여성의 관계를 적대적 관계관으로 인식하고 분석하였다. 특히 남성과 여성은 사랑의 공동체인 가족에서부터 사회의 영역에 이르기까지 남성 중심의 가부장제의 불평등을 경험하게 된다. 현대 가족과 성의 사회학은 가부장제의 성격을 규명하고 원인을 분석하며 남녀평등의 사회를 지향하는 데 주력해 왔다. 그 결과 현대사회를 지배하던 가부장제와 성 이데올로기는 약화되는 경향이 나타나는 성과를 거두었다. 그러나 이러한 투쟁적인 남녀관계를 전제로 한 문제해결의 노력은 법적 · 제도적 측면의 성과가 가시화되었음에도 불구하고, 남녀관계를 이해하는 데 한계를 드러내고 있다.

현대 가족과 성의 사회학에서 놓치고 있는 남녀관계의 핵심적인 부분은 바로 통일체적 관계로서의 상생(相生)과 상성(相成)의 실현체라는 점이다. 통일체적 세계관에 의하면 가족은 이 세상을 생성하는 근본 원리인 남녀의 사랑으로 형성되는 것이다. 이때 남녀는 분리 · 독립된 개체가 아니라, 불이(不二)의 통일체적 존재이다. 남성이 없으면 여성이 있을 수 없고, 여성이 없으면 남성이 있을 수 없다(이현지, 2001: 268).

이런 통일체적 세계관을 바탕으로 하는 남녀관계관을 『주역(周易)』의

화풍정(火風鼎) 괘가 잘 보여주고 있다. 정(鼎)은 다양한 음식 재료를 삶아서 한 가지 맛을 내는 요리를 만드는 도구이다. 즉, 정은 다양한 음식 재료를 삶고 푹 익히는 것이다.[5] 삶고 푹 익힌 것은 본래의 특징이 변화되어 새롭게 재탄생한다. 이 재탄생은 각자의 개성을 완전히 상실해버리는 것이 아니라, 전체 속에 각자의 개성을 잘 발현하게 하는 것이다. 솥에서 죽을 끓이면 사용한 재료에 따라 그 맛이 다르다. 사용한 재료의 특징이 사라지는 것이 아니라, 재료가 서로 조화를 이루어서 좋은 맛을 낸다. 이와 같이, 가족구성원이나 남성과 여성도 다른 개성을 가지고 있지만, 가족이라는 공동체 속에서 자신의 개성을 유지한 채로 조화를 이룰 수 있어야 한다.

4) 가족구조의 변화

현대 가족과 젠더관계에 가장 큰 영향을 미치는 요인은 이혼율의 증가 및 저출산, 고령화 현상에 따른 가족구조의 변화에서 찾아볼 수 있다. 혼인을 통해 맺어진 부부의 미혼 자녀를 중심으로 구성된 산업사회의 전형적인 가족구조가 독신가구, 노인단독가구 및 미혼모(부)가족, 조손가족, 입양가족 등 다양한 가족형태의 증가에 따라 변화하고 있다. 인구가 고령화되어 가는 사회에서 저출산 문제는 세대 재생산까지 어렵게 할 수 있다는 점에서 사회적 부양의 문제를 낳는 중요한 사회문제라 하겠다. 저출산의 주요 원인으로는 여성의 교육수준과 사회참여 의식의 증가 및 경제활동에 따른 결혼 및 출산기피 현상에서 찾아볼 수 있다. 따라서 현재 한국사회의 가족과 젠더 관련 쟁점은 크게 이혼, 저출산, 고령화, 일과 가족양립 문제로 집약해 볼 수 있다(김미경, 2012).

이러한 문제들에 대해 가족과 젠더적 관점은 주로 복지국가 담론 속에

---

5) 『周易』, 「火風鼎」, 以木巽火 亨飪也. 聖人亨以享上帝 而大亨以養聖賢.

서 가족복지나 노인, 여성, 청소년 복지의 틀 안에서 다루어지고 있는 실정이다(이혜경 외, 2003). 이 맥락에서 주요한 시각을 제공하고 있는 여성학적 관점은 우리 사회에 아직까지 만연해 있는 남성 중심적인 가부장성으로 사회복지의 혜택이 주로 남성들에게만 가고 있다는 점을 비판하고, 자칫 성 중립적인 것으로 이해되기 쉬운 사회복지의 모든 분야에 걸쳐 정책대상과 실제 수혜대상을 성인지적으로 분석해 내는 작업을 하고 있다.

탈현대적 이론으로서 동양사상에 주목하고 있는 연구에서는 이러한 복지국가 담론 역시 직업노동에 기초한 경쟁적 노동사회의 산물임을 주목하고(홍승표, 2009), 서구의 '좋은 노동' 개념을 우리의 맥락에 맞게 수용하고 있다(김미경, 2008, 2009; 박수호, 2009; 유승무, 2009). 이 연구에서는 자본주의 체제하에 경쟁을 부추기는 가족의 기능이 아니라 수행공동체로서 가족을 강조하고서(이현지, 2006), 좋은 노동의 가족친화적이고 생태친화적 가능성을 타진하고 있다(김미경, 2008).

5) 탈현대사회의 가족

동양사상의 관점에서는 새로운 가족목표, 가족관계, 가족형태, 남녀관계에 대한 비전을 모색해야 한다는 논의가 있어 왔다. 사회구조의 변화에 따라서 가족의 역할은 급변하여 왔다. 생산과 소비의 공동체로서 역할을 담당하는 전근대사회와 달리 근대사회에서 가족은 일터의 분리를 경험하면서 소비 공동체의 역할을 주로 담당하였다. 그러나 노동시간이 급속히 감소하고 사회분화로 인한 개인의 파편화는 심각한 사회구조의 변화를 야기하고 있다. 이런 사회구조의 변동은 가족에게 새로운 역할을 요구한다. 가족은 더 이상 소비 공동체로서의 역할에 머무를 수 없다.

그렇다면, 탈현대사회의 가족은 어떤 모습일까? 새로운 가족관은 통일체적인 세계관을 바탕으로 한다. 그리고 가족의 기능은 수행 공동체적 성격이 핵심이 된다. 이런 가족관에 의하면 부모와 자녀는 승가사회의 스승과 제자의 관계와 흡사하며, 자녀 간 그리고 부부간에는 도반과 같은 관계가 모델이 될 수 있다. 이런 가족 모델에서는 가족이 함께 수행하고 도를 즐기는 새로운 삶을 경험하는 것이 가족의 목표가 된다(이현지, 2006).

4. 앞으로의 과제

이상에서 먼저 현대 가족과 젠더 사회학의 현주소를 진단하고, 다음으로 동양사상에서 가족과 성을 어떤 관점으로 접근하는지를 살펴보았으며, 현대 가족과 젠더 사회학의 문제를 극복할 수 있는 대안을 동양사상에서 모색하는 선행연구를 분석해 보았다. 이를 통해서, 지금까지의 가족에 대한 연구는 가족이 스스로의 정체성을 확립하고 어디로 나아가야 할 것인지 방향성을 제시하는 면에서는 부족하다는 점을 알 수 있었다. 가족이 처한 현실을 분석하고 실태를 파악하는 측면에서의 성과는 있었지만, 사회구조적 변화에 부응한 가족의 변화방향에 대해서 적극적으로 대안을 제공하지 못하고 있다. 젠더에 대한 연구에서도 동일한 문제점을 발견할 수 있고 유사한 평가를 할 수 있다.

그렇다면, 동양사상을 토대로 하는 가족과 젠더에 대한 연구에 있어서 앞으로 남겨진 과제는 무엇일까? 그 내용을 정리해 보면 다음과 같다.

첫째, 동양사상을 토대로 하는 새로운 가족 목표, 가족 관계, 가족 역할, 가족 여가, 가족 행복, 남녀관계 등을 구체화하는 것이다. 선행하는 가족과 젠더에 대한 연구는 대부분 새로운 비전을 모색하고 제시하기보다는 실태를 파악하고 분석하는 작업에 머물러 왔다. 실태 파악과 현상 분석에 대한 성과는 가족과 젠더를 이해하는 데 기여하는 바가 있었지만, 오늘날 가족과 젠더 사회학에 대한 새로운 비전의 요청에는 부합하지 못하고 있다. 이에 대한 해답을 동양사상 속에서 찾을 수 있을 것으로 기대되며, 이러한 성과는 현대 가족과 젠더에 대한 새로운 비전을 제공할 수 있을 것이다.

둘째, 가족과 젠더에 있어서, 실천 가능하고 현실적인 모델을 발굴하여 구체화하는 작업이 남아 있다. 새로운 가족관을 정립하고 젠더 사회학에 대한 이론적인 토대를 마련한 후에는 실천력을 갖춘 모델을 개발해야 한다. 사회학의 본연의 임무란 이론적인 논의에만 그치지 않고, 현실 속에서 실천 가능한 대안을 모색하는 것이다.

셋째, 오늘날 가족과 젠더 사회학이 직면하고 있는 문제에 대해서도 동양사상을 바탕으로 한 현실적인 해답을 모색하는 작업이 필요하다. 다문화가정이 직면하고 있는 인권문제 · 자녀교육문제, 붕괴되고 있는 일부일처제의 해법, 현대 사랑과 결혼에서의 남녀관계, 독신가구의 증가, 저출산 등의 현실적인 문제가 산재해 있다. 이러한 문제에 대한 구체적인 해답을 찾을 필요가 있다.

제 7 장

동양사회사상 관점에서 본 노동과 사회복지

| 김미경(광주대 사회복지대학원) |

| 오세근(동신대 사회복지학과) |

1. 머리말

중세의 주술을 깨고 '프로테스탄트적 근면함' 이 자본주의를 열면서 근대가 시작되었다. 신분제의 질곡에서 벗어난 자유로운 임금노동자들은 절대빈곤에서 벗어나 일정 정도의 물질적 풍요를 누릴 수 있게 되었다. 그럼에도 대부분의 현대 자본제 사회는 자본의 과잉 축적의 한편에 근로 대중의 빈곤화가 빠르게 진전하는 양극화 사회로 바뀌고 있다. 즉, 사회적 부와 물질적 생산의 총량은 증가하고 있지만, 이를 생산하는 주체의 하나인 근로 대중의 삶의 질은 더욱 불안정하고 주변화되어 가고 있는 것이다.

제레미 리프킨이 『노동의 종말』에서 예견했듯이, 완전고용은 더 이상 현실이 아니라 신화가 되어 가고 있다(리프킨, 2005). 특히 컴퓨터를 활용한 자동생산 방식은 숙련, 비숙련 노동자를 가리지 않고 일자리를 빼앗아 가고 있다. 그렇게 노동시장에서 일자리를 확보하지 못한 사람들은 '잃은자(Verlierer)' 가 되어 노동시장을 배회하거나 국가의 복지시스템 안에서 하루하루를 연명해야 한다. 이렇게 잃은자가 되기 싫은 사람들은 '일터에 오래 머물 수 있는 것' 에 만족해야 하는 '임금노동에 기반한 노동사회' 가 보편화되었다(김미경, 2008).

동양사회 역시 서구에서 태동한 자본제의 확산에 포섭되어 자본주의적 근대화를 경험했고, 한국 또한 자본제적 '노동사회' (Arbeitsgesellschaft)' 로 재구조화되었다. 자본제 사회는 물질적 풍요의 한편에 무한경쟁과 생명에 위험을 가져올 수 있을 정도의 임금노동 생활방식을 강제한다. 그에 따라 '거대한 소유와 엄청난 속도' 를 추구하는 일상생활에 대한 성찰을 통해 자본제 사회의 욕망 추구가 부추기는 경쟁과 속도에서 한 발 비켜나 인간성과 인격 회복 및 생활의 여유를 되찾고자 하는 움직임 역시 함께 발아한다. 예를 들어, 주5일 근무제 확산으로 상징되는 비노동시간 증가, 문화생활

영역의 양적 · 질적 확충, 사적 처분 가능 시간증대 등의 사회 변화이다. 또한, 사회구성 특히 인구구성 변화 양상의 하나인 이른바 저출산 · 고령사회로의 진전은 노후 생활에 대한 사회정책 마련을 긴급한 해결과제로 제기하는 등 삶의 질 문제로서 사회복지에 대한 관심 역시 높이고 있다(오세근 외, 2009).

이 글에서는 기존 사회과학이 자본제 사회의 노동과 복지에 대해 논의해 온 성과에 대해 동양사회사상은 어떤 비판적 시각을 도출하였는가를 알아본다. 아울러, 동양사회사상은 서구적 시각의 노동과 복지의 한계를 지양하는 어떤 아이디어를 제시하는가를 검토한다. 아울러, 동양사회사상 관점에서 노동과 복지는 장래 어떤 내용을 지녀야 하는지를 살펴본다.

2. 기존 사회과학의 노동과 사회복지 논의에 대한 동양사회사상 관점의 비판적 시각

현대 국가가 수행해야 할 여러 가지 정책적 · 제도적 실천 가운데서도 중요한 것은 기본적으로 자본주의적 경제체제에서 파생되는 부정적 영향을 예방하거나 최소화하는 것이다. 그 가운데서도 가장 큰 문제는 사회 불평등 구조를 해결하거나 완화하는 것이다. 그렇지만 현실은 자본제적 사회 운영의 부정적 결과로 인해 사회의 여러 영역 간의 불평등이 더욱 확대되고 있다. 무엇보다 완전고용을 신화화하는 생산자동화와 신자유주의적 노동사회 재편은 경쟁력을 잃은 노동자들을 끊임없이 실업 상태로 내몰고 있다. 그 한편에서는 생활 유지를 지원하기 위한 시혜적 복지제도에 재정을 쓰는 모순을 드러내고 있다. 여기서는 노동과 사회복지의 그러한 모순적 상황에 대응해 온 주류 사회과학의 견해에 대해 불교와 유교를 포함한 동양사회사상은 어떤 비판적 시각을 가지고 있는지를 개괄해 본다.

1) 노동 논의에 대한 동양사회사상의 비판

먼저, 기존 사회과학 특히 경제학의 노동과 경제 논의에 대한 불교의 비판적 입장을 살펴보자. 불교 사상에 기초하여 근대 자본제 사회의 경제와 노동을 비판하고 그 대안을 모색하려는 노력의 하나로 널리 알려진 것은 "small is beautiful"로 상징되는 슈마허의 생각이라 할 수 있다. 그는 노동문제를 포함해 근대경제학이 다음과 같은 세 가지 문제점을 내포하고 있다고 비판한다. 첫째, 장기보다는 단기를 중시한다. 둘째, '비용'의 정의 속에 환경과 같은 '자유재'라 불리는 것이 들어 있지 않다. 셋째, 재화를 다룰 경우 시장가치를 문제 삼으며, 그 실질은 무시한다. "아무튼 경제학적 판단이 '부분적인' 성격을 띠고 있음을 부정할 수 없다. 경제적 타산이라는 좁은 범위 안에서도, 이 판단은 불가피하게 그리고 '방법론으로서' 일면적으로 되어 버리는 것이다"(슈마허, 1999: 47). 이렇듯 슈마허는 근대 주류 경제학이 부분적인 특성을 띠고 있음을 비판하고 그것을 극복하기 위해서는 초경제학적 연구가 보완되어야 한다고 주장한다. "그러면 초경제학은 무엇일까? 경제학은 인간을 환경과 함께 다루는 학문이므로, 초경제학이란 두 가지 구성부분 즉 인간을 다루는 부분과 환경을 다루는 부분으로 이루어져 있는 것으로 생각하면 될 것이다"(앞의 책 : 51). 결국 슈마허는 이러한 논의에 기초하여 일종의 초경제학으로서 '불교경제학'을 주창한 것이다.

이와 비슷한 견해가 최근 우리 경제학계에서도 제출되고 있다. 『불교사회경제학』에서 박규상은 현대 경제학의 근본적인 문제가 정의(定義)나 법칙(法則)에 거의 결정적인 의의를 인정해 버린다고 지적하면서, 근대경제학은 분석적이고 연역적인 방향으로 발전하였기 때문에 인간 소외를 오히려 촉진시켰다고 주장한다(박규상, 1999). 이어서 그는 '무거운 중병에 걸려 있는' 현대경제학을 극복하기 위해서는 지나친 분업체계를 벗어나는 것과 직관력을 소중하게 배양하는 것이 필요하다는 대안을 제시한다.

또한, 정기문(2001)은 「불교의 욕망관과 경제문제의 인식」이라는 글을 통해 신고전파 경제학이라 불리는 주류 경제학이 과학성과 논리성만 지나치게 강조하고, 인간의 감정이나 윤리 또는 도덕에 관해서는 논의과정에서 완전히 배제하는 경향이 있다고 비판한다. 나아가 그는 주류 경제학이 방법론적으로도 인간을 이기적이고 합리적으로 행동하는 것으로 가정하고 있다는 점, 한계주의 방법론을 적용하고 있다는 점, 그래서 인간의 기호와 인간을 둘러싼 여러 가지 제도들을 주어진 것으로 가정함으로써 논의에서 배제해 버린다는 점을 들어 비판하고 있다. 아울러 그는 오늘날 우리가 당면한 여러 가지 문제를 제대로 인식하고 그 해결책에 대한 올바른 방향을 제시하기 위해서는 경제문제에 대한 인식과 경제학의 연구방법에 많은 변화가 있어야 할 것이라고 말한다.

이어서 현대사회 노동문제에 대한 동양의 통일체적 세계관에 의거한 비판적 시각을 살펴보자. 서구의 기계적 세계관에 반하는 동양의 통일체적 세계관에 입각하여 홍승표는 현대의 노동관은 '분리, 독립된 개체로서의 인간' 이라는 현대 인간관에 기초해 있음을 지적한다(홍승표, 2005). 아울러, 그는 현대의 노동관을 탈현대사회로의 진입을 방해하는 중요한 장애물로 파악하고, 이 기계론적 세계관을 극복하는 통일체적 세계관에 입각한 인간 노동에 대한 구상을 전개한다. 홍승표에 따르면 현대 노동관은 '어리석은 현대적인 삶' 을 빚어내는 근원이다. 즉, 현대적인 성취의 핵심인 경제성장, 과학과 기술의 진보, 민주주의의 확산, 자유의 증대, 합리화 등이 모두 탈현대적인 관점에서 보면 인간다운 삶과 좋은 세상 만들기의 기초가 될 수 있는 수단이라는 것이다. 그러나 이것들은 "현대적인 관점"에서 보면 목적 자체이다. 그는 이런 이유로 인해 직업 노동이 현대사회에서 커다란 목적 가치를 갖는 활동으로 자리 잡게 되었지만 실제 오늘날 더 많은 생산은 생태계 붕괴나 환경오염과 같이 더 큰 파괴를 결과한다고 지적한다.

그의 통일체적 세계관의 관점에서 볼 때 직업 노동에 부여되는 이런 목적 가치란 터무니없는 것일 뿐이다. 그는 삶에 필요한 수단 확보의 의미를 넘어선 직업 노동은 삶의 낭비일 뿐이기에, 인류가 현대를 넘어 미래로 나아가기 위해서는 현대 노동관을 떨쳐야 한다고 주장한다(홍승표, 2009a).

2) 사회복지 논의에 대한 동양사회사상의 비판

1960년대 이후 우리 사회는 급격한 자본제적 축적 과정을 통해 경제적 소득을 크게 늘려 생활자료 획득의 가능성을 키웠고, 그에 따라 물질적 생활수준 역시 상당히 높아졌다. 반면에 실업과 새로운 빈곤, 부정주(不定住) 빈곤자(노숙자), 노동 재해, 가족 해체, 고령화의 빠른 진전, 노후생활 불안정, 집단 괴롭힘, 매매춘, 약물 의존, 직장 부적응, 노인과 청소년의 자살, 장애인의 사회참가 배제, 인구과밀지역과 과소지역, 공해 등 이전의 사회 문제에 새로운 사회 문제가 더해져 생활의 불안정 역시 심각해지고 있다. 이런 상황으로 인해 '사회복지'에 대한 필요와 관심은 더욱 커지고 있다.

그렇지만, '사회복지'가 무엇인가에 대한 이해는 연구자나 실천가에 따라서 다르고, 나라나 시대 상황에 따라 여러 가지로 차이가 난다. 그럼에도 많은 사람이 대체로 지지하는 입장은 "사회복지란 사람의 자유롭고 행복한 삶을 위해 국가나 시민의 조직체가 정책과 제도에 근거해 생활 과정에서 나타나는 여러 가지 문제를 체계적으로 풀어 가는 집합적 실천"이라고 할 수 있다. 말하자면, 단순히 동정하여 베풀어 주는 것이 복지가 아니라 개인, 가족, 지역 공동체, 국민국가 등이 가지고 있는 재원이나 능력을 바탕으로 하여 다른 사람이나 다른 가족, 그리고 다른 공동체나 다른 나라 등이 필요로 하는 것을 기꺼이 나누면서 동시에 자신의 부족한 것을 채워 가는 인간적 노력이자 '새로운 문명'을 만들어 가는 과정 그 자체라고 할 수 있다. 이런 의미에서, 사회복지는 함께 세상을 살고 있는 사람들이 서로의 건강하고 평안한 삶을 위해 공경하고 연대하는 공동체성과 애타심이라는 보편적 원리를 내재하고 있는, 역사 전체를 관통하는 이념이자 제도이며 운동이라 할 것이다.

그러나 인간의 협동적 본성과 애타심에 근거한 공동체 실현이라는 사회복지 원리의 현실 존재는 인류 역사의 각 시대와 사회를 특징짓는 경제적, 사회적, 정치적, 문화적 요인의 제약을 받아 대부분의 나라에서 다른 모습으로 발현한다. 이 같은 상이한 사회복지의 형성에는 (1) 개별 나라가 도달한 생산력 발전 수준에 기본적으로 영향을 받는 사회구성원의 욕구 생성 맥락의 차이 (2) 욕구에 대응하는 자원 배분 제도와 전달 체제의 형식과 내용을 규정하는 전통적 정치문화와 사상 등이 영향을 미친다고 할 수 있다. 그렇기 때문에 사회복지는 하나의 이념형으로서가 아니라 다양한 유형으로 접근해야 할 필요가 있다. 즉, 특정 나라의 복지 제도의 성격은 다른 나라와 비교를 통해 명확해지고, 복지 체제의 현재 특징을 파악하기 위해서는 정치 체제나 문화 형성의 기반이 되는 사상에 대한 이해를 함께 하지 않으면 안 된다. 왜냐하면, 역사적 제도로서 사회복지는 대부분의 나라에서 스스로 생활 문제를 해결하기 어려운 계층에 대한 국가의 조직적 보호라는 본질적 유사점을 공유하면서도, 각 나라가 처한 역사 과정의 차이로 인해 사회적 한계 계층 문제에 개입하는 배경이나 사업 범위, 구제 방식은 나라마다 다른 모습으로 나타나기 때문이다. 요컨대, 우리나라의 사회복지 형성과 발전의 특성을 밝히고 지속 가능한 모습을 전망하는 작업을 서구의 사회복지 일반론에 의거해 수행하는 것은 한계가 있다(오세근, 2011).

따라서 여기서는 서구와 다른 시각에서 사회복지의 방향 설정을 해 온 주요 실례를 개략적으로 살펴본다. 이렇게 함으로써 우리의 사회복지는 그 연원을 어디에 두고 있으며, 서구적 전통과 차이나는 지향점이 무엇인가를 스케치할 수 있을 것이다.

유교적 관점에서 서구에서 형성되고 발전되어 온 사회복지의 정책적,

이론적 한계를 지적하고 대안적 시각 도입의 필요성을 강조한 체계적 문제 제기의 하나로 박승희(1999)의 생각을 들 수 있다. 그는 서구의 사회복지가 국민의 권리인 것과 달리, 유교사상 안의 사회복지는 군주의 시혜이며 지배의 정당성을 확보하는 것이 그 목적이라고 본다. 그러나 유교적 복지는 제도화된 시혜이고, '여민동락'과 같은 철저한 민본사상에서 출발한다는 점 때문에 현재에도 여전히 유효한 의미를 갖는다고 생각한다. 나아가, 유교적 시각의 복지는 공동체의 생산 증진과 연대 강화를 통해 백성의 생활 문제를 해결하기 때문에 사회 문제에 대한 직접 개입보다는 간접 개입을, 사후적인 대응보다는 예방을 더 중요시한다고 파악한다. 또한, 유교에서 백성의 부양은 단순한 물질적 부양만이 아니라 심리적 부양까지도 포함함을 지적한다. 아울러, 유교는 공동체를 통한 간접 개입을 사회복지의 원칙으로 삼지만, 4궁(窮)과 같이 공동체 자체에서 부양하지 못하는 경우에는 국가가 직접 개입할 것을 강조한다. 이것은 일종의 잔여복지이지만, 자본주의 사회의 잔여복지에 비하면 더 촘촘한 조치라고 말할 수 있다는 것이다. 박승희의 유교적 관점의 사회복지 연구는 최근 스웨덴과 비교복지 연구(2007), 그리고 전통 사상가의 복지사상 재해석(2008) 작업으로 확대되고 있다.

3. 동양사회사상 관점에서 본 노동과 사회복지

서구 사상에 기댄 기존 이론으로는 자본제적 노동과 사회복지의 모순적 상황을 극복하는 데 일정한 한계가 있음을 확인했다. 따라서 그런 문제 상황을 해결하고 새로운 방향을 제시하는 대안 이론이 필요함은 논리 필연적이다. 그런데 불교나 유교 등 동양사회사상은 근대적 가치 분화 이전의 사상 체계이다. 그렇지만 불교 경전 및 유교 경전에 흩어져 있는 여러 언술들을 변화한 시대에 맞추어 재독해하려는 학문적 노력 역시 꾸준히 진행해 왔다. 여기서는 그러한 지적 노력의 흐름과 주요한 내용을 살펴본다.

1) 불교의 노동관 및 사회복지관

붓다는, 사람의 사회적 위상은 출신 성분이 아니라 자신의 업에 의해서 결정되어야 한다고 주장하고 또 실천하였다. 그래서 카스트에 대한 비타협적 부정을 통한 계급 해방을 주도하였고, 붓다의 제자 집단인 승가는 그 담지자였다. 그리고 오늘날에도 이 전통은 그대로 이어지고 있다. 물론 불교의 업은 인간의 모든 의지적 활동을 포함하는 폭넓은 개념이기 때문에 근대적 의미의 노동 개념과 직접 연관을 설정하는 것은 한계가 있다. 그러나 붓다의 노동 개념이 업의 일부인 것은 부정할 수 없는 사실이며, 그러한 점에서 넓은 의미의 생산 개념이기도 하다. 하지만, 불교에서 생산 개념의 이론화는 미약하기 때문에, 여기에서는 불교의 노동 개념을 경유해서 불교의 생산 개념을 이해해 보고자 한다.

우선 불교는 생산과 관련된 활동을 자본, 기술, 노동의 결합이라는 인간 중심주의적 시각만으로 정의하지 않고 자연과 인간의 관계라는 입장에서 정의한다. 또한 인간관계조차도 노동과 자본 행위자 사이의 정치 · 경제적 이해관계로 환원하여 규정하지 않고 총체적 사회관계로 정의한다. 다시 말하면 불교는 생산의 사회적 성격을 노동과 자본에 한정하지 않고 모든 존재의 상호 연결망이라는 연기설에 입각하여 파악한다. 그렇기 때문에 불교의 노동 개념은 선한 노동과 악한 노동으로 구분될 뿐만 아니라 불교의 모든 활동이 궁극적으로는 해탈을 지향해야 하듯, 노동의 목적도 불교의 궁극적 목적 즉 해탈을 지향해야 한다는 함의를 갖는다. 따라서 불교의 노동 개념에 따르면 노동자는 탐욕, 이기심, 증오 등 삼독을 증장하여 연기론적 존재성을 저해하는 활동으로 귀결되는 노동, 즉 근대적 의미의 소외된 노동을 지양해야 함을 강조한다. 즉, 모든 생명체의 생존 문제와 해탈의 수단으로 귀결되는 노동, 이른바 '좋은' 노동을 추구하는 것이 바람직함을 지적한다. 따라서 사회구조적 영향이라는 측면에서 볼 때 불교의 노동 개념은 약육강식의 경제체제를 지양하려는 실천과 친화력을 갖는다.

현대사회의 경제체제 및 경제이론에서 분배 및 복지 문제는 사용자와 노동자 사이의 관계에 따라 달라지는 것으로 간주하고 있다. 말하자면, 노동자와 사용자 사이의 개인적 계약 관계와 노동조합과 경영자 간의 단체협상 관계를 노사관계의 핵심적 구성요소로 여기는 것이다. 그러나 불교의 연기사상에 따르면 노사관계는 훨씬 넓은 의미로 규정된다. 무엇보다도 노사관계에는 행위 당사자 간의 정치경제적 이해를 포함하여 생물권이나 생명권, 공공성과 공익성, 전체 사회적 책임 등이 모두 포함되어야 한다. 그렇기 때문에 노사관계는 노동자와 사용자를 포함한 모든 존재의 상생이라는 의미로 이해해야 한다. 이 점에서 노, 사를 포함하여 정부, 시민단체, 그리고 종교단체나 학계 등이 상생의 방법을 모색하는 데 적극적으로 참여해야 하는 것이다. 요컨대, 연기사상에 입각한 노사관계는 노동자와 사용자 사이의 상극의 논리가 아니라 모든 존재를 포괄하는 넓은 의미의 상생의 원리에 따라 끊임없이 형성되어 가는 것으로 이해할 수 있다.

노사관계를 이렇듯 연기적 관점에서 이해할 경우, 이러한 연기성에 반하는 행위는 모두 사회문제로 간주할 수밖에 없다. 아울러, 불교의 업 개념에 따르면 탐욕에 근거하여 노사갈등을 극한 대립으로 몰아가는 행위 역시 사회문제로 간주된다. 이런 대립의 극복을 위해서는 자신의 수양을 통한 내적 인격 완성이 전제되어야 하는바, 인격 완성을 기초로 한 노사관계를 깨달음의 노사관계로 규정할 수 있을 것이다.

그렇다면 이러한 깨달음의 노사관계는 어떤 사회적 특성을 내포하고 있는가? 첫째, 깨달음의 노사관계는 노동자나 사용자 모두에게 소외되지 않는 노동 혹은 노동문화를 발전시킨다. 이러한 노사관계에서는 노사 간에 공동운명체로서의 유대감과 인간적인 정감이 유지될 것이고 노동의 인간화가 이루어질 것이다. 둘째, 노동의 결실 역시도 연기성의 법칙에 따라 배분되는 것이 바람직한 것으로 간주된다. 불교 경전에 자신의 이익을 위해 타 존재를 착취하지 말라는 가르침이 많이 등장하는 이유도 그 때문이다. 셋째, 깨달음의 노사관계에서 노동하는 당사자는 높은 노동 성취도를 이룩함으로써 스스로에게도 이익을 가져다 줄 뿐만 아니라 동시에 그러한 성취의 결과를 모든 존재에게 보시하도록 함으로써 이타적 행위를 강화한다. 주지하듯이 불교 사상에서는 자각과 각타, 깨달음을 위한 실천과 보살행이 상호 분리되지 않는다. 자리와 이타가 분리되지 않는 것도 같은 이치이다.[1)]

2) 유교의 노동관 및 사회복지관

유교 사상의 입장에서 국가가 수행해야 할 가장 큰 책무는 백성들이 먹고 살 수 있는 상황[항산(恒産)]을 조성하는 것이다. 그래서 맹자는 일반 백성의 경우 항산이 보장되지 않으면 항심(恒心)을 유지할 수 없음을 강조하였던 것이다. 이 점은 특히 유교 경전 『대학(大學)』을 통해서도 확인할 수 있다. 대학은 경제활동을 통해 사회적 재화를 풍족하게 하는 네 가지 방법

1) 이러한 시각의 불교 사상을 사회복지 관점에서 재해석하여 실천에 적용할 수 있는 이론 산출의 성과를 개괄하면 다음과 같다. 우선 대한불교 조계종은 『한국불교사회복지총람』(1999)을 편찬함으로써 불교 사회복지실천 활동의 잠정적 평가와 방향 설정을 한다. 그리고 고수현(2004)은 불교 사회복지의 개념, 불교 사회복지 이념에 관한 기초 연구를 한다. 권경임은 『현대 불교사회복지론』(2000)이라는 저서와 논문(2007)을 통해 불교 사회복지의 이념과 역사, 사회복지사업 현황과 실천 과제를 분석한다. 임해영(2006)은 불교가 현대 한국사회의 저출산 문제와 고령화에 어떤 대응을 할 것인지를 밝힌다. 김학주와 임정원(2011)은 조계종과 천태종을 중심으로 불교 사회복지의 현황 및 과제를 분석한다. 또한 김노은(2012)은 국회도서관에서 검색 가능한 불교 사회복지 관련 학위논문을 중심으로 최근의 연구 경향을 분석한다.

을 제시한다. 첫째, 생산에 종사하는 사람이 많아야 한다는 것[생지자중(生之者衆)]이다. 둘째, 분배받는 사람이 적어야 한다[식지자과(食之者寡)]. 다만 환과고독(鰥寡孤獨)은 예외다. 셋째, 생산하는 사람은 부지런해야 한다[위지자질(爲之者疾)]. 넷째, 소비하는 사람은 천천히 해야 한다는 것이다[용지자서(用之者舒)].

그러나 유교 사상은 먹고사는 문제로서 경제가 아무리 중요하다고 하더라도, 그것은 어디까지나 인륜적 삶을 위한 수단에 불과하다는 의미를 더욱 강조한다. 나아가 유교는 나라 경영에서 근심해야 할 것은, 적음과 가난이 아니라 고르지 못함과 안정되지 못함이라고 주장하였다. 가난은 고르게 분배하면 해결되는 것이요, 적음은 조화를 이루면 사라지는 것이라고 본 것이다. 달리 말해, 물질적인 부족과 가난은 분배의 균등, 조화를 통해서 해소될 수 있다고 본 것이다(이상익, 2001: 327-338). 유교 사상의 이러한 노동관, 분배관에 공감하면서 서구에서 형성되고 발전되어 온 사회복지의 정책적, 이론적 한계를 넘어서려는 입장의 사회복지 연구의 흐름과 주요 내용을 개괄하면 다음과 같다.[2)]

그런데 동양사회사상 특히 유교적 관점에서 사회복지 관련 연구를 수행한다는 것은 어떤 내용과 형식을 통해 이루어지는 것일까. 이는 연구자의 공부 분야, 글쓰기 스타일, 연구 과제의 성격 등에 따라 상이할 것임은

---

2) 사회복지 실천에서 '자발적 영역'에 대한 관심이 커짐에 따라 유교적 인간관계의 덕목인 화목, 책임, 역할, 상호 호혜적 의무관계를 연복지(緣福祉)로 파악한 이명희의 연구(2001)가 있다. 아울러, 김교빈의 유교사상에서 죽음을 바라보는 입장 해석에 대한 연구(2006)를 들 수 있다. 또한 현대 사회복지의 중요 실천 영역인 돌봄과 치유에 관한 유교의 이념적 기반과 발전 방향에 대한 김교빈(2007), 오세근(2011)의 연구를 지적할 수 있다. 그리고, 동양사회사상 일반의 관점에서 수행된 사회복지 관련 주요 연구로 다음을 들 수 있다. 정재걸(2007)은 현대사회에서 노인을 위한 죽음준비 교육 프로그램 개발이 필요함을 지적한다. 홍승표는 『노인혁명』(2007)이라는 저서와 논문(2009b)을 통해 현대 노인복지론의 패러다임 전환의 필요성을 역설한다. 즉, 우리 시대는 노인을 복지의 대상으로서만 간주하고 있기 때문에 복지 주체로서 노인의 역할 부여가 가능한 패러다임 창출이 필요함을 강조한다.

자명한 이치다. 그럼에도 실제 사례 하나를 들어 동양사회사상이 단순히 과거의 훈고에 머물지 않고, 이 시대의 가장 현실적 과제에 어떻게 이론적, 실천적 대응을 하는지를 오세근 연구(2011)의 내용 검토를 통해 알아본다.

복지국가 체제의 돌봄은 경제의 세계화와 불안정 고용의 증가, 경제적 곤란 해소를 위한 기혼 여성의 노동시장 참여, 이혼이나 별거 등 가족 안정성의 동요, 급격한 고령화에 의한 의존인구 증가 등 '새로운 위험' 으로 인해 위기에 직면한다. 복지국가에서 돌봄의 위기는 가족 내 돌봄을 사회가 떠맡을 수 있는 정책 구상과 제도 도입을 필요로 한다. 이 가운데서 노인에 대한 돌봄을 사회화하려는 정책 구상의 상징적 결실이 '노인장기요양보험' 이다. 노인장기요양보험은 노인에 대한 돌봄의 위기나 곤란을 사회보험 방식으로 해결한 점에서 사회적 연대를 일정 실현한 것이다. 그렇지만 돌봄의 시장화 · 상품화라는 한계 역시 지니고 있다. 돌봄의 시장화와 상품화는 이윤추구, 관료주의, 전문가 중심성이라는 문제를 드러낸다.

이러한 문제점에 대한 해결 방안을 찾는 기존 정책 담론의 특징은 돌봄 주체를 국가나 시장을 활용한 사회적 돌봄과 가족에 의한 사적 돌봄으로 영역을 나누고 어느 쪽이 더 효율적인지를 평가하는 상호 배제적 성격이 강하다. 그런데 가족 이외의 돌봄을 필요로 하는 상황이 되돌릴 수 없는 경험적 사실이라면 오히려 '사회적 돌봄' 을 어떻게 '가족과 같은 돌봄' 의 성격을 지니게 할 수 있을 것인가를 논의하는 것이 중요하다.

이와 같은 문제의식을 전제로 사회적 돌봄 체제가 가족과 같은 돌봄의 특성을 보전할 수 있는 방책 구상은 어떤 사상적 자원에 근거하는 것이 유효하며, 그 내용은 무엇이어야 하는지를 생각한다. 그래서 개인, 계약, 능률, 효율 등의 가치에 근거하고 있는 기왕의 서구 중심적인 돌봄 정책이나 제도의 한계를 지양할 수 있는 이념적 가능성을 유교사상에서 찾아낸다. 나아가 유교적 돌봄 이념이 구체적인 돌봄 정책과 제도 구상으로 이어질 수 있는 실마리를 제안한다.

유교 사상을 중심으로 구상한 노인에 대한 '좋은 돌봄(good care)'의 정책 담론 프로세스는 다음과 같다. 먼저 유교는 좋은 돌봄의 기저인 사랑[(인애仁愛)]과 믿음[신(信)]에 대한 깨달음의 근거를 제시한다. 다음으로 개별적 돌봄의 사회적 돌봄으로의 확산은 차별적 확산임을 논리적으로 설명한다. 또한 상황에 맞는 돌봄 실행의 핵심 요소인 주체 사이의 감응(感應)과 시중(時中)이 지닌 의미를 밝힌다. 마지막으로 좋은 돌봄의 제도화 방안을 가다듬을 때 유교의 이상적 정치 과정인 인정(仁政)을 미루어 어떤 시사를 받을 수 있는지를 말하는 것이다.

4. 동양사회사상 관점에서 본 노동과 사회복지 연구의 과제 및 전망

이상에서 우리 시대의 노동과 사회복지에 대한 기존 사회과학 논의를 동양사회사상에 의거하여 비판적으로 검토하였다. 이어서, 기존 사회과학의 입장이나 시각을 동양사회사상적 틀에서 넘어서려는 관련 연구의 현황 및 주요 내용을 정리하였다.

그러나 이러한 시도는 "동양의 다양한 사상을 모두 하나의 철학으로 보고 서양 담론과 대비하여 대안적 철학으로 우월시한다면 이 또한 동양과 서양 철학을 양자 분리해 버리는 이분법적 사고에 지나지 않는다"는 우려를 자아낼 수 있기에 매우 조심스러운 작업이 아닐 수 없다(이소영, 2013: 304).

따라서 여기서는 노동과 사회복지 문제를 다루는 동양사회사상, 넓게는 우리의 사회과학이 바탕에 두어야 할 주요 연구 과제와 실천 방향 몇 가지를 생각해 봄으로써 앞으로 공동 논의를 위한 지평을 설정해 보고자 한다.

우선, 동양사회사상의 입장에서 노동의 미래 전망과 실천 과제에 대해 생각해 보자. 인간이 삶을 영위하는 데 있어 필요한 행위는 단순히 먹고 마시고 입고 잠자기 위한 의식주 활동에만 국한되어질 수 없다. 따라서 임금노동에 기초해 물질적 부를 재생산하는 근대적 의미의 노동 개념으로부터 벗어나는 것이다. 이 점에서 동양사회사상의 '통일체적 세계관'의 맥락에서 자본주의적 노동방식에 대해 비판을 하고, '좋은 노동'에 대한 논의를 시작한 것은 의미가 있다 할 것이다. 먼저, 독일의 '좋은 노동(Gute Arbeit)'에 관한 논의를 소개하고, 노동과 여가에 대한 자본주의적 이분법을 극복하기 위해 '좋은 노동'의 개념을 수용하는 작업이 있다. 이는 특히 '좋은 노동'이 직업노동을 넘어 직장 외부에 존재하는 노동자의 사회적 관계망 전체를 포괄함으로써 가사와 육아, 여가활동, 건강관리, 교육 등의 재생산 노동의 중요성을 강조한다(김미경, 2008).[3] 즉, 일과 여가, 직장과 가정 등 기존에는 분리된 것으로 여겨지던 영역들을 통합하여 노동의 인간적인 면을 부각시키는 '인간적인 노동'을 '좋은 노동'의 핵심으로 보는 것이다(박수호, 2009). 다음으로, 좋은 노동의 조건으로 주체적 노동으로서 자유롭고 창조적인 노동, 동기와 결과가 개인의 이기심을 극복한 사회적 노동의 의미가 중요시되고 있다. 이는 "좋은 노동은 노동 주체의 능력 향상 및 인간관계 성숙(건강한 가족 및 친구관계, 그리고 건강한 사회)에 기여하는 노동이 될 것"임을 내다보는 것이다(유승무, 2009).

동양사회사상을 바탕으로 노동과 사회복지를 연구하는 사람들 사이에 진행되고 있는 '좋은 노동'에 대한 논의는 일과 여가가 통합된 상태에서 달성되는 자아실현의 의미를 강조한다. 또한, 기존의 소외된 임금노동을 비판하면서 주체적이고 창조적으로 자신의 본성을 발현시키는 것을 목적

---

3) 독일 노동계는 '인간적인 노동'을 위한 담론을 다양한 '좋은 노동' 프로젝트로 연결시키고 있으며, 이는 국제노동기구(ILO)가 제시하는 '괜찮은 일자리(decent work)' 개념과 맥을 같이하고 있다(박수호, 2009).

으로, 그 과정에서 작업장을 벗어나 노동자가 맺고 있는 사회관계, 즉 여가 시간과 여가활동을 통해 형성된 노동자의 사회적 맥락 전체를 포괄하고자 하는 것이라 할 수 있다.[4]

또한 다음과 같은 점에도 충분한 주의를 기울일 필요가 있다. 즉 좋은 노동이 추구하는 '괜찮은 일자리' 개념이 자본주의 사회의 임금노동이라는 본질을 벗어나지 못하는 한, 노동 소외로부터 자유로울 수 없다는 점에 주목하는 것이다(유승무, 2009). 요컨대 자본주의적 소외를 수반하지 않으면서 임금노동을 벗어나 자율성에 기초한 다양한 노동 개념을 구성할 수 있는 노동의 미래를 열어야 한다는 것이다. 달리 말해, 고르쯔의 지적처럼 노동의 미래는 임금노동의 굴레에서 벗어날 수 있어야 한다는 것이다(Gorz, 2000). 그런 맥락에서 벡이 제시하고 있는 자율적이며 비시장적인 '시민노동' 이나 리프킨의 시장의 공리주의적 가치체계에 대한 대안으로서 사회적 책임과 인간관계, 공동체 의식을 전제하는 제3부분의 '사회적 노동', 또는 고르쯔(Gorz)의 시간 해방 정책과 소득에 대한 권리, 노동권리 등을 주요한 실천 방법으로 제시하고 있는 '문화사회론' 에 더욱 큰 관심이 필요하다고 할 수 있다(박수호, 2009: 14).

마지막으로, 앞으로 동양사회사상 관점에서 수행하는 사회복지의 연구 과제와 실천 방향 몇 가지를 생각해 보자. 사회복지 사상의 형성과 진전은 사회적 생활 관계의 역사적 산물이다. 그래서 동양사회사상적 관점에서 사회복지 연구를 진행한다고 해도 연구의 토대가 되는 사회 과정의 총체적 연관 양식을 고려해야 한다는 기본적 방법론을 간과해서는 안 될 것이다. 또한, 사회복지 사상이란 특정 사회의 삶의 조건이 크게 바뀌거나 나빠질

4) 벡, 리프킨, 고르쯔 등의 논의는 노동할 수 있는 권리의 보편성, 일자리 공유를 통한 공동체성의 강화, 취업노동의 대안으로서의 시민노동 혹은 사회노동의 강화 등을 주장하고 있으며, 그 과정에서 진정한 여가 실현의 가능성을 발견할 수 있다는 이종하의 주장은 '좋은 노동' 이 일과 여가의 통합을 추구하고 있음을 시사한다(박수호, 2009: 15에서 재인용).

때 거기서 나타나는 사람의 욕구 혹은 욕망을 담는 기본 틀의 변화를 체계적으로 파악한 것이라 할 수 있다. 말하자면, 사회복지 사상은 사회적 인간의 생활 조건이 크게 어려워져 생활 관계의 기본 구조가 위기에 들어설 때 형성되고 확산되기 때문에 사회복지 사상은 생활 관계가 드러내는 모순의 산물이면서 동시에 그 모순 해결을 요구하는 실천적 삶의 표현이라는 개념을 더 명확히 해야 한다. 아울러, 동양사회사상적 입장의 사회복지 연구는 기존 사회복지 제도의 역사적 의미에 대한 체제 순응적 설명에 머물러서는 안 되고 현재의 사회복지 정책이나 제도가 지닌 특정 조직이나 집단에 대한 편향적 이익 봉사를 폭로함과 동시에 고쳐 나갈 계기와 방향을 뚜렷이 제시해야 할 것이다(오세근, 2003).

제 8 장

동양사상으로 본 정치적 사유[1)]

| 윤세원(인천대 윤리교육학과) |

1. 국가에 관하여

국가론은 정치 · 사회철학의 형이상학적 영역으로 국가의 기원과 본질, 기능과 역사적 유형 등을 탐구내용으로 한다. 국가론은 특정한 국가에 관한 연구가 아니라 일반적인 현상으로서의 국가를 연구대상으로 다루는 영역이고, 그 출발점인 국가기원론은 국가를 국가가 없는 사회로부터 발생한 것으로 보는 전제 위에서 성립되는 것이다. 따라서 국가는 인간 사회의 원형적 형태가 아니기 때문에 원래의 사회형태에서 국가가 출현하게 되는 이유와 과정을 설명하기 위하여 국가기원에 관한 해명의 필요성이 제기되는 것이고, 그것으로부터 국가이념, 국가기능 등이 연역되어진다.

1) 국가기원론

국가기원에 관해서는 여러 가지 설이 있으나 대부분이 특정한 가설을 기초로 한다. 국가기원론은 그것이 무엇을 강조하고 있는가에 따라 이데올로기적인 의미를 가지는 것이 되기도 하고, 그 기원의 역사적 설명이라는 의미를 가지는 것이 되기도 한다.

이데올로기적 범주에 속하는 국가기원에 관한 대표적인 학설로는 신의설(Augustinus)과 사회계약설(T. Hobbes, J. Locke, J. J. Rousseau)을 들 수 있다. 신의설이 지배자의 지위와 행위를 정당화하기 위한 수단으로 고안된 학설이라면, 사회계약설은 지배자에 대한 인민 또는 피지배계급의 권리를

---

1) 정치적 사유란 정치현상의 제 측면들에 대한 사유들을 총칭하는 것으로, 이 제 측면들에 대한 사유들이 상호 간에 의미연관 구조를 형성하는 내적 일관성을 가질 때 정치사회 사상이라고 할 수 있다. 정치사회 사상은 ① 인간과 사회를 보는 관점 ② 정치사회적 가치 ③ 국가, 권력 그리고 권위 ④ 법과 권리 ⑤ 정치적 의무 ⑥ 정의에 관한 관념 등으로 구성되지만, 본장에서는 ① 국가 ② 정치사회적 가치 ③ 통치자와 리더십 ④ 정의에 관한 관념 등으로 서술 주제를 한정한다.

옹호하기 위한 수단으로 고안된 학설이라고 할 수 있다. 이에 반하여 국가기원에 관한 역사적 설명의 범주에 속하는 학설들은 전자와는 달리 실증적인 국가기원론을 구성하려고 한다. 이 범주에는 원시존재설, 가부장권설(Aristoteles, J. Bodin, R. Filmer), 국가정복설, 착취설(K. Marx, F. Engels) 등이 있다. 그러나 이 이론들도 결국은 특정한 의도를 정당화할 수 있는 국가론을 구성해 내기 위한 목적이 완전히 배제된 이론이라고 단정적으로 주장하기는 어려운 것이 사실이다.

유교적 관점에서 국가는 '가족[가(家)]'의 연장선상에 파악되는 것이다. 국가는 씨족을 중심으로 형성된 읍(邑)과 이 읍들 사이의 공적인 지배관계를 실현시키는 정치적 기구로 위치지워진다. 중국 역사에서 최초의 국가로 보는 "은주라는 국가는 각각 대읍을 중심으로 구성된 읍제 국가들이, 최종적으로는 천자 내지 왕 휘하에 중층적인 형태로 편성된 하나의 대읍제 국가로 이해할 수 있다. 그 시대에 있어 국도(國都)로 대표되는 각지의 대읍이 국이며, 또한 봉(封)과 통하는 방(邦)이었다"(미조구치 유조 편, 2011: 290). 국가기원으로 단정하기에는 논란이 있을 수 있겠지만, 이를 유교적 국가기원론으로 이해한다면, 이는 가부장권설의 일종으로 범주화 할 수 있을 것이다.

유교에서 국가는 가족과 이념적으로 거의 분리되지 않는다.[2] 맹자가

2) 본 장에서 논의되는 유교에 관한 내용은 이영찬 교수의 "유교의 정치적 사유"에 관한 초고를 총서의 집필 의도에 부합되게 재구성한 것임. 좀 더 자세한 내용은 이영찬의 아래 글들을 참고. 『유교사회학』, 예문서원, 2001; 『유교적 사회질서와 문화, 민주주의』, 전남대학 출판부, 2006; 『유교사회학의 패러다임과 사회이론』, 예문서원, 2008; "한국의 근대화에 따른 문제점과 유교의 역할," 『우리사회연구』 제3집, 1996; "유가음악의 본질과 사회적기능," 『사회과학논총』, 15집, 계명대학교, 1996; "유교 합리성의 모색," 『사회과학논총』 16집, 계명대학교, 1997; "유가 '理致(理)' 의 사회학적 함의," 『우리사회연구』, 제4집, 1997; "유가의 불평등 이론", 『동양사회사상』 제1집, 동양사회사상학회, 1998; "유교의 변동이론," 『사회과학논총』 제18-1집, 계명대학교, 1999; "유가의 국가관," 『동양사회사상』 2집, 동양사회사상학회, 1999; "儒家箇體偏離與社會統制思想初探," 『長白學刊』 98집, 2001; "現代社會與儒敎思想," 『國際儒學硏究』 11집, 2001; "儒家社會學何以可能," 『孔子硏究』 75期, 2003; "사회사상의 연구영역과 유학 사회사상의 서술문제," 『국학연구』 제3집,

"사람들이 항상 말하기를 '천하 · 국 · 가'라 하나니, 천하의 근본은 나라에 있고, 나라의 근본은 집에 있고, 집의 근본은 몸에 있는 것이다"(『맹자』, 이루 상, 5장)라고 한 말에서 가족, 국가, 천하를 하나의 원리가 관통하는 연속체로 인식하고 있음을 볼 수 있다. 국가의 근본이 가족, 나아가 개인에 있다고 한 것은 가족윤리의 원칙이 정치윤리의 원칙과 상통한다고 보는 입장이다(『논어』, 위정, 21장). 이러한 사고는 부자자효(父慈子孝)하고 형우제공(兄友弟恭)하는 가부장적 가족질서가 통용되는 정치사회 건설을 이상으로 삼는 것이다. 따라서 국가를 가족의 연장선상으로 파악하는 이러한 관점은 정치적 이념을 효제의 윤리로 환원하여 가족윤리를 국가의 정치적 이념과 동일시하게 된다(최진덕 외, 2000). 이를테면, 공·맹이 추구하는 정치이념이 인·의에 있다고 했을 때 가족에서 부모와 자식 간의 친애함은 인의 근본이고, 형제간의 공손함은 의의 근본이 된다. 유교는 국가를 통해 효제의 가족윤리를 인의라는 보편적 윤리로 환원하여 구현하고자 했다는 점에서 가족주의적 국가이념을 가졌다 하겠다.

이러한 유교적인 관점과는 달리 『도덕경』에는 '자연주의 국가관'(정석도, 2006: 206-207)이라고 부를 수 있는 노자의 국가관이 보인다. 노자의 국가관은 '무정부주의'(천성림, 2002: 54)로 보는 경우가 많다.[3] 특히 노자의 이상사회론(福永光司, 1968: 390)으로 이해되어 온 소국과민(小國寡民, 『도덕경』 80장) 사상이 점점 이상사회적 조건과는 무관한 것(오상무, 1996)이라는 새로운 견해들이 제기되면서, 소국과민은 국가의 자연주의적 성격이 구체화된 개념으로 이해되어 가고 있는 실정이다(정석도, 2006: 208). 자연주의는 국가를 국가 없는 사회에서 발생한 것으로 보는 것이 아니라 자연상태

2003; "유교와 사회학의 만남," 『철학연구』 92, 2004, ; "유교의 행위이론," 『동양사회사상』 12집, 2005; "유교사회 구성원리에 관한 연구," 『동양사회사상』 14집, 2006; "유교의 사회제도 사상," 『한국학논집』, 2007; "공자의 경제사상과 노동관," 『한국학논집』, 2009; "유교의 지식론," 『동양사회사상』, 2011.

3) 노자의 국가관이 무정부주의적이라고 해석하는 관점들에 대해서는 정석도, 2006을 참조.

자체가 사회적 상태라는 의미를 갖는 것이기 때문에 엄격히 말해서 『도덕경』에는 국가기원론에 해당되는 아이디어가 없다고 할 수 있다.

한편, 고대 인도사회에서는 최초의 왕을 '신성(神性)에 의한 임명' 으로 보는 관점과 '사회계약론적인 원리에 의해 선출' 되었다고 보는 두 종류의 관점(스펠만, 2000: 47)이 있었지만, 전자가 지배적인 경향으로 수용되고 있었다. 통치자 출현에 관한 위의 두 관점은 당연히 붓다 당시 인도대륙에 존재했던 공화정과 군주정이라는 두 종류의 정치체제에 대한 이론적 배경으로 연결되는 사안이었다. 불교에서는 소박하지만, 비교적 명료한 국가기원론을 제시하고 있다. 불교의 국가기원에 관한 설명은 최초의 통치자가 출현하는 다른 측면이라고 할 수 있다. 불교의 국가기원을 설명하고 있는 대표적인 경으로는 빨리경전의 「아간냐숫따(D.N.27)」, 한역경으로는 「대루탄경(대정장 1: 277-309)」, 「소연경(대정장 1: 36b-39a)」, 「전륜성왕수행경(대정장 1: 39a-42b)」, 「기세인본경(대정장 1: 365a-420a)」 등이 있다.[4] 대다수의 연구자들은 이 경들의 내용이 사회계약론적인 국가발생을 설명하고 있는 것(Ghoshal, 1959: 64; 스펠만, 2000: 22; Basham, 1964: 61; 디사나야케, 1987: 69; 中村 元, 1959; Siddhi Butr-Indr, 1979)으로 보았고, 이는 정치체제에 대한 불교의 입장을 공화정 친화적으로 보는 이론적 근거가 된다(윤세원, 1986).

국가나 통치자의 출현은 오르지 도덕적인 삶을 원하는 인간의 필요에 의하여 만들어진 제도라는 불교의 설명에는 초월적 신성이나 허구적 가설

---

4) 최초의 통치자가 출현하는 과정은 대략 다음과 같이 요약된다. "모인 사람들은 자신들 가운데서 가장 멋있고, 평판이 좋으며, 유능한 사람에게 이 일을 맡아줄 것을 제안하였다. 제안을 받아들인 사람은 주어진 임무를 수행하였고 그 대가로 사람들로부터 일정량의 쌀을 받았다. 사람들은 그를 '사람들에 의하여 선출된 자' 혹은 '선출된 위대한 자' 라는 뜻의 마하 삼마타(Maha Sammata)라고 불렀고, 이 말은 선출된 군주를 지칭하는 최초의 상용어구였다. 그 다음에 군주에게 적용된 표현은 캇띠야(Khattiya) 혹은 크샤트리아(ksatriya)였고, 그것은 땅의 주인을 의미하는 말이었다. 또한 그는 다른 사람들을 법(Dhamma)으로서 즐겁게 해 주는데, 그 즐겁게 해 줄 수 있는 수단이 바로 왕(raja)의 뜻이다."

들이 동원되지 않는다. 이는 사회도 원인 · 결과의 법칙이라는 연기적 관계망의 흐름으로 파악하는 논리적 귀결이다. 그리고 변화의 연속인 흐름은 지속적으로 새로운 사회고(苦)를 발생시킨다. 새로운 사회문제가 발생하면 새로운 해결책이 필요하기 때문에 국가나 통치자의 역할과 기능도 새로운 요구에 부응하는 지속적인 변화의 요구에 직면하게 되는 것이다. 이는 모든 것이 무상하다고 보는 연기론적 세계관이 국가나 통치자의 성격을 보는 관점에도 그대로 적용됨을 의미하는 것이라고 할 수 있다.

2) 국가의 기능

국가의 기능을 생명과 재산, 자유와 평화 등 개인의 자연권 보장을 위한 사회계약에 의해 탄생된 인공적 괴물(T. 홉스, Leviathan)로 보는 근대 서구적 관점과는 달리 가족과 본질적으로 분리되지 않는 도덕 공동체의 특성이 강한 유교 국가는 가족 내에서 부모의 역할과 같이 백성을 교화하고 양육하는 것을 국가의 중요한 기능으로 규정한다. 유교 국가에서 군주는 백성의 어버이로 불리는데, 어버이로서 군주에게 자식인 백성들의 정치적 교화와 경제적 양육이라는 책임이 부여되는 것은 너무나 당연한 일이 된다.

국가의 교화기능은 덕치, 왕도정치, 예치 등의 정치사상에서 엿볼 수 있다. 덕치는 '군주의 덕으로 백성을 교화' 하여 '백성이 각자 자신의 덕을 계발' 하는 정치라는 의미를 가진다. 공자는 "북극성[북진(北辰)]을 중심으로 뭇별들이 모여들듯이 군주가 덕으로써 정치를 하면 백성들이 그 덕을 향하여 모여 든다"(『논어』, 위정 1장)고 하였다. 군주는 덕을 몸에 익혀 권위를 획득하게 되고, 덕치는 군주의 덕을 통해 백성을 교화하는 정치를 말한다. 덕치사상은 맹자에 의해 왕도정치로 개념화되었다. 공자가 살았던 춘추시대는 권력이 하향 이동하여 대부가 집정하던 시대였고, 맹자가 살았던 전국시대는 군주가 국가권력을 장악하여 직접 행사하던 시대였다. 이에 맹자는 왕에 의한 덕치, 즉 왕도정치와 패자에 의한 정치를 구분하고 왕도정치를 주장하였다(『맹자』, 공손추 상, 3장). 패도가 강압 · 권모 · 모략에 의한 통치라면, 왕도는 군주의 인·예와 덕화에 의한 통치이기 때문에 예를 그 수단으로 한다.

양육은 유교국가의 경제적 기능이다. 이는 가부장권 국가기원론의 논리적 귀결이라고 할 수 있다. 공자가 "이에 대해서 드물게 말했고[한언리(罕言利)]" 맹자가 양혜왕에게 "왕께서 하필이면 이를 말씀하십니까?"라고 반박했지만, 이는 이를 부정한 말이 아니라, 다만 부의 획득이 전부일 수 없음을 말한 것이었다. 달리 말하면 경제를 정치에 종속시켜서 볼 뿐, 경제 자체를 부정한 것은 아니었다. 유교사상에서 정치와 경제의 관계는 군자 · 소인, 의·이, 통치자 · 피치자의 관계와 연계하여 많이 언급된다. 공자는 "군자는 덕을 생각하고 소인은 처하는 곳을 생각하며, 군자는 법을 생각하고 소인은 은혜를 생각"(『논어』, 이인, 11장)하고, 또 "군자는 의에 밝고 소인은 이익에 밝다"(『논어』, 이인, 16장)라고 했다.

맹자도 "군자가 없으면 야인을 다스리지 못하고, 야인이 없으면 군자를 봉양할 수 없는 것"(『맹자』, 등문공 상, 3장)이라고 했다. 또한 『대학』에서도 경제는 도덕에 종속된 것으로 본다(『대학』, 10장). 이러한 언급들은 경제활동은 통치행위에, 그 담당자는 통치자에 종속되는 보조적인 영역으로 인식되었음을 보여주는 것이다. 사중명(謝仲明)의 "유교의 관점에서 보면 개인 및 국가의 경제적 번영은 바람직한 일이다. 단, 경제적 부유 그 자체는 결코 목적이 될 수 없고, 단지 도덕에 도움을 주는 수단으로서 의의를 갖는다"(사중명, 1998: 315)는 주장도 이러한 인식들과 논리의 연장선상에 있는 주장이라고 할 수 있다.

유교가 지향하는 사회는 이해관계를 기초로 한 이익공동체가 아니라 도덕관계를 기초로 성립된 도덕공동체이다. 유교는 부 자체를 부정하는 것이 아니라 지나친 부의 추구나 부의 편중이 이러한 도덕관계를 해칠 가능성을 경계하는 입장이다. 그래서 공자는 평등한 부가 백성의 화목과 나라의 안정에 중요하며, 경제적 평등이 가져오는 효과는 가난함으로 인한 근심을 상쇄할 만큼 중요한 것이라고 강조하였다(『논어』, 계씨, 1장).

노자는 국가나 치자의 기능과 역할을 백성의 행복증진으로 본다는 점에서는 유교와 크게 다르게 보이지 않지만, 『도덕경』에 보이는 언설은 매우 역설적이라고 할 수 있다. 노자는 백성을 행복하게 하기 위해서는 "마음은 비우고 배를 채우며, 의지는 약하게 하고 뼈는 강하게 하는 것[허기심(虛其心), 실기복(實其腹), 약기지(弱其志), 강기골(强其骨)]"이라고 주장하였다. 그리고 이러한 행복의 실현을 위하여 백성들이 현자가 되기 위한 경쟁을 하지 않게 해야 하고, 도둑질을 방지하기 위해서 얻기 어려운 재물을 귀하게 여기지 않아야 하며, 마음을 어지럽히지 않게 욕심날 만한 물건을 드러내 보여주지 않아야 한다는 방법론을 제시하고 있다(『도덕경』, 3장). 노자는 그렇게 할 수 있는 통치자, 즉 "하지 않음을 함으로써 다스리지 않음이 없게[위무위칙무불치(爲無爲則無不治)]"[5] 하는 통치자를 성인이라 하였고, 성인은 "자기의 식견과 주장을 버리고 백성들의 마음을 자기의 마음으로 삼아(성인무상심(聖人無常心), 이백성심위심(以百姓心爲心), 『도덕경』, 49장)" 그 뜻을 존중하는 사람이라고 하였다. 소국과민은 이러한 통치자나 국가기능의 실천 가능성이 고려된 국가관이라고 할 수 있다.

한편, 고대 인도인들에게 있어서 왕은 신의 특별한 관심사였고, 초인적인 자질을 갖고 태어난 특별한 존재라고 인식되는 대상이었다. 이러한 전통 속에서 왕을 "대중 속에서 선출된 한 사람(피중중자선일인(彼衆中自選一人), 「대루탄경」)"이라고 본 불교의 가르침은 놀라운 일이 아닐 수 없다. 국가의 기능에 대한 불교의 설명은 통치자가 출현하는 이유와 동전의 양면이

---

5) "하지 않음의 함(爲無爲)"은 지도자인 성인의 조건이면서 능력이기 때문에 『도덕경』을 통해서 나타나는 리더십에 관한 노자의 핵심 개념이고, 이 리더십을 통하여 실현해야 할 가치가 "무위의 삶"이기 때문에 '통치자와 리더십'이나 '정의에 관한 관념' 등의 서술에서는 노자의 입장을 따로 설명하지 않는다.

라고 할 수 있다. 국가기원론을 언급한 경들에서 설명하는 국가 혹은 왕의 필요성은 훼손된 도덕적인 삶의 복원에 있다는 일관된 주장을 보여주고 있다. 이는 도덕적인 삶이 공동체의 존재 이유라는 사실의 다른 표현이라고 할 수 있다.

따라서 최초의 왕인 '마하 삼마타'의 역할은 통치자로서 구성원의 도덕적 일탈 정도에 따라서 "보호할 자는 보호하고, 꾸짖을 자는 꾸짖고, 쫓을 자는 쫓는 것"(「소연경」)이었다. 도덕적인 공동체의 구현이라는 국가의 이념과 그것의 실현 수단으로서의 통치자라는 불교의 기본적인 입장은 중앙집권적 왕권이 강화되어 가던 당시의 정치적 추세에 따라 우주적 군주인 전륜성왕의 능력으로 계승되어 나타난다. 전륜성왕은 자기에게 귀순한 소국의 왕들에게 "스스로 살생하지 말고 다른 사람으로 하여금 살생·투도·사음·양설·악구·망어·기어·탐취·질투·사견의 사람들이 되지 않도록 하라, 이것이 곧 다스리는 법"(「세기경」 전륜성왕품)이라고 훈계한다.

그러나 지속적인 존재의 생멸현상에 연동된 사회변동은 도덕적인 사회의 유지를 위협하는 새로운 요소들을 발생시키면서 통치자에게 새로운 의무를 부가하게 되는데, 이는 전륜성왕에게 부여된 적극적인 복지정책의 실천임무로 나타난다. 이는 초기 불교도들이 도덕적인 삶을 위협하는 사회고의 해결을 통치자의 몫으로 인식하였음을 보여주는 대목이라고 할 수 있다(윤세원, 2006: 312). 붓다는 인간이 직면하는 고통 중에서 가장 큰 고통이 죽음의 고통인데, 이와 맞먹는 것이 빈궁에서 오는 고통이며, 그 다음이 병고라고 보았다(『금색왕경』). 그래서 붓다는 통치자들에게 가난과 기아에 허덕이는 사람들이 빈궁고를 벗어날 수 있는 조치와 정책추진을 게을리하지 말고, 병자의 치병과 간호에 만전을 기할 것을 당부하였다(『증일아함경』 40). 나아가서 사회문제의 해결과 죄악의 근절을 위한 구체적인 정책으로 농부에게는 농사짓는 데 필요한 편의를 제공하고, 상인에게는 자본을 제공해야 하며, 고용자에게는 적절한 임금과 급료를 지불하고, 재정적인 어려움에 처한 사람에게는 면세의 혜택을 주어야 한다고 가르쳤다(「구라단두경」). 이는 국가가 백성들에게 적절한 수입을 얻을 수 있는 기회를 제공하면 도둑질 · 사기 · 폭력 및 다른 사회악의 유혹을 제거할 수 있음을 의미하는 것이다.

2. 정치사회적 가치에 대하여

가치문제는 규범철학의 영역에서 다루어지는 것으로 진·선·미 등이 탐구주제가 되지만, 정치사회철학에서 가치에 관한 논의는 정의(justice)의 개념과 관련되는 내용이 된다. 정치사회철학에서 정의는 인간의 본성과 관련하여 공동생활을 통하여 구현코자 하는 목표가 무엇인가를 규정하는 시도이고, 각종 정치제도는 이 목표의 실현을 위해서라는 명분으로 존재이유를 갖는 것이 된다. 따라서 인간관과 가치 그리고 제도는 내적 일관성을 갖는 것이지만, 사유의 집적체 속에 혼재되어 있는 것들이라고 할 수 있다.

1) 정치사회적 가치로서의 예악과 덕치

먼저 유교의 정치사회적 가치는 크게 두 가지로 요약할 수 있다. 하나는 사회의 질서와 사회구성원들 사이의 조화를 보장하는 것이고, 다른 하나는 사회구성원 간의 상부상조와 복지를 실현하는 것이다. 전자가 예치를 통해 실현되는 규범적 가치라면, 후자는 덕치가 추구하는 윤리적 가치이다. 이는 국가사회가 존재하는 이유를 예·악의 실현으로 보고, 그 근거를 "악은 조화이고, 예는 질서"라는 천지 · 자연의 법칙에서 찾음을 의미하는 것이다. 때문에 천도를 인간 세상에 실현시킬 수 있는 예악을 제정하는 일은 군주의 중대한 임무가 된다. 군주는 예악을 제정 · 실천하게 함으로써 인간의 물화된 삶으로부터 질서와 조화를 이룩할 수 있고, 이를 통하여 인의의 삶과 도덕적 공동체의 존립을 불가능하게 하는 '대란'(『예기』, 악기)을 피할 수 있다고 보는 것이다.

예가 사람들을 상·하, 귀·천으로 질서지우는 기능을 갖는다면, 악은 이러한 구별로 이반된 구성원을 상호 조화롭게 하는 기능을 갖는다. 그러나 악의 감흥이 지나치면 화합이 무질서해지고 예가 지나치면 사회적 질서의 이반이 심해진다. 그래서 현명한 군주만이 예·악의 균형과 조화를 실현하고, 이를 통해 사회구성원 사이에 인도를 실현시킬 수 있다는 것이다.

다른 한편, 공자는 자신의 포부를 "노인을 편안히 하고, 친구를 믿고, 어린 사람을 돌보는 것"(『논어』, 공야장)이라 밝힌 적이 있다. 이런 복지정신은 『예기』의 '대동' 사회에 대한 묘사에서 잘 드러나고 있다. 대동사회는 천하를 공으로 삼는 [천하위공(天下爲公)] 사회이다. 천하를 공으로 삼는다는 것은 정치적인 측면에서 국가권력을 사유물로 세습시키지 않고 현명하고 능력 있는 사람에게 선양한다는 것이고, 경제적으로는 천하의 모든 재산을 사유화하지 않고 공유한다는 의미를 갖는 것이다. 천하위공의 사회적 의미는 "자신의 부모만을 친애하지 않고 자신의 자식만을 자애하지 않는 것"이고[6] 과부 · 고아 · 늙어서 자식이 없는 자 · 폐질자들도 모두 충분히 그 몸을 기를 수 있게 하는[환과고독폐질자 개유소양(鰥寡孤獨廢疾者 皆有所養)]"[7] 것이다. 대동사회는 신분보다는 현능함을 인정받고, 물질적인 소유보다는 공평함이 중시되는 사회이다. 유교사회는 이러한 정치적 · 경제적 이상과 더불어 사회구성원들의 상부상조와 복지실현을 통하여 사회적 통합을 추구하는 인정(仁政)을 이상으로 삼는다.

---

6) 『論語』 子路, 仲弓爲季氏宰問政章, 新安陳氏 小註.

7) 『孟子』 (梁惠王 下, 5章)에는 군주의 보살핌이 필요한 이 세상에서 가장 궁핍한 사람을 鰥 · 寡 · 獨 · 孤이라는 네 부류로 적시하고 있다. "늙어서 아내가 없는 사람을 환(鰥)이라 하고, 늙어서 남편이 없는 사람을 과(寡)라 하며, 늙어서 자식이 없는 사람을 독(獨)이라 하고, 어려서 부모가 없는 사람을 고(孤)라 한다."

2) 정치적 가치로서의 해탈과 자비

유교와는 달리 불교의 근본적인 문제의식과 종교적 목표는 사회문제가 아니라, 인간의 존재론적 한계인 고로부터 인간을 해방시키는 해탈의 성취이다. 해탈은 인간이 직면하는 내외적인 구속들로부터 벗어남을 의미한다. 따라서 해탈은 심리적 혹은 내면적 차원의 구속으로부터 벗어나는 것이 일차적인 과제이긴 하지만, 해석학적 과정과 의미론적 변용을 통하여 그 외연과 적용범위가 정치사회적 영역으로까지 확장되어 해탈은 자유와 평등으로, 자비는 복지라는 불교의 정치사회적 가치로 연결될 수 있는 함의를 가진 개념이 될 수 있다(윤세원, 2004: 34).

(1) 자유 : 존재의 속성

고는 인간이 경험하는 내·외적 구속에 의한 부자유를 의미하는 것이고, 해탈은 이 구속을 벗어남을 의미한다. 때문에 해탈이라는 종교적 용어가 해방이나 자유라는 정치 · 사회적 개념의 용어와 완전히 일치되는 것은 아닐지라도 일정부분 상호 환치가 가능한 영역을 공유하고 있는 개념이다. 그래서 붓다는 자신을 '인천(人天)의 구속으로부터 벗어난 자', '하늘나라의 올가미와 인간세계의 올가미, 그 모든 올가미에서 벗어난 자' (전재성 역주, 1999: 242)라고 했던 것이다. 연기적 관계망 속에서 인간의 자유는 자신의 존재양식에 대한 명확한 이해로부터 오는 것이다. 원리에 대한 이해와 복종 없이는 원리에 의하여 가해지는 고로부터 벗어날 수 없기 때문에 붓다는 무지에 근거한 일체의 정신적 권위로부터 자유로울 것을 가르쳤고, 심지어는 깨달은 후에는 자신의 가르침으로부터도 자유로워야 한다고 가르쳤다(『맛지마 니까야』 22,18).

자유란 행위에 대한 외적 강제가 없는 상태를 말한다. 그러나 외부로 표출되는 인간의 행위는 내면 세계인 의식과 의지라는 단계를 거쳐서 표출되는 것이다. 의지는 의식의 기반 위에서 작용하기 때문에 의식이 자유로워야 의지의 자유가 가능하게 된다. 의식이 세뇌나 편견에 구속되어 있는 상태에서 의지가 자유스럽다고 하면 그것은 일종의 자기기만이라고 할 수 있다. 따라서 의식의 차원에서 주체적 자유가 불가능하면 의지나 행위의 자유도 불가능하게 된다. 다시 말하면, 외적 강제가 없는 자기결정을 자유라고 하더라도 결정주체는 의식이라고 표현되는 마음이기 때문에 마음의 자유를 확보하지 못하면, 원론적으로는 어떤 형태의 자유도 불가능하게 된다고 보는 것이 연기론적인 관점이라고 할 수 있다. 불교에서는 이 마음의 자유를 확보하는 것이 존재의 원리를 깨닫는 일이고, 해탈이라고 한다.

불교에서 깨달음을 통하여 인간을 해방시키고자 하는 일차적인 대상은 내재적 방해물에 의한 구속, 즉 심리적이고 내면적인 요인들에 의해서 발생되는 고의 제거이지만, 사회 · 경제적 조건들에서 유래되는 고들도 벗어나야 할 대상에서 제외되는 것은 아니다. 따라서 깨달음을 통한 자유는 내재적 부자유로터 벗어남을 의미할 뿐만 아니라, 미신과 주술과 무지, 정치적 속박, 경제적 궁핍 등으로부터 벗어남도 포함하는 개념이 된다.

(2) 평등 : 절대적 자유

이론적인 차원에서 볼 때 자유와 평등 사이의 긴장관계는 원자론적이고 이원론적인 인간관에서 연유된 문제이기 때문에 '자유시장에 대한 믿음 상실'(Watkins, 1964: 47)로부터 표출된 자유주의자들과 사회주의자들 간의 자유와 평등이라는 가치갈등은 현실정치에서의 파장과는 달리 실상은 대단히 표피적인 문제였다고 할 수 있다. '아' 라는 고정불변의 독립된 개체로 인간을 이해하는 한, 인간 사이에는 동질성보다는 차별성이 더 부각될 수밖에 없다. 그러나 인간에게 타인과 구분되는 고정불변의 실체가 없음을 천명하는 무아의 인간관 위에서는, 인간의 자유와 평등이 서로 충돌하는 가치가 되지 않는다. 인간에게 불변하는 고유의 속성이 없다고 보는 무아는 개체로 존재하는 아와 타의 가치가 본질적으로 동등하다는 뜻이기 때문에 모든 인간이 평등하다는 함의를 가진 개념이 되고, 이 인간가치의 본질적 평등성이 상호존중이라는 불교의 윤리적 원리가 된다.

깨달음, 즉 무아의 체험 속에서 개인의 절대적 자유와 인간의 무차별 평등 간의 이원적 긴장은 평등해지는 자유, 모든 개인들이 자유로워지는 평등으로 해소된다. 따라서 평등의 자각이 절대적 자유의 경지인 해탈이고, 해탈의 내용이 인간가치의 평등을 확인시켜 주는 무아이다. 때문에 인간이 연기적 존재라는 본질적 자각은 타인에 대한 존경과 봉사가 자기희생이 아니라 결국 자기 존중의 한 방식임을 알게 해 준다.

(3) 복지 : 자비와 구세의 실천

불교가 자비의 종교인 것은 깨달음의 사회적 성격이 자비의 실천이기 때문이다. 종교적 가치의 세속적인 실천이라는 관점에서 볼 때, 불교의 핵심적인 가르침은 자비이고, 자비는 불교도의 선행과 악행에 대한 판단기준이며 동시에 행위 준거이다. 때문에 연기적 안목에서 우러나오는 자비의 실천은 불교도의 궁극적인 종교사회적 행위방식이 된다. 연기하는 사물의 실재를 본다는 것은 세계를 아는 것이며, 세계의 실상을 알았을 때 자기 자신의 실존으로 생각이 도달하게 되고, 이러한 과정을 통하여 세계 속에서 자기의 위치를 알게 된다. 깨달음은 자신과 세상이 실존적으로 연결되어 있다는 사실과 그 연결 통로를 확인시켜 주는 역할을 한다.

연기하는 존재의 존재양식은 서로가 서로의 존재기반이면서 동시에 서로의 존재조건으로 작용하는 관계의 흐름이다. 따라서 남을 배려하고 돕는 것은 바로 나의 존재조건을 튼튼하게 하는 일이 되고, 반대의 경우는 자기 자신의 존재조건을 훼손하는 것이 된다. 자비의 실천은 이웃을 사랑하는 것이 바로 자신을 사랑하는 일과 방법론적으로 통합되는 지점이라는 사실의 확인작업이라고 할 수 있다. 따라서 자비는 상대적이고, 공리주의적 이

타가 아니라 보편적인 인간애 혹은 생명애(生命愛)와 자유의지의 표현양식이라고 할 수 있다. 해탈이라는 절대적 자유의 향유는 동일 수준의 생명사랑과 표리관계를 이루는 것으로, 삶 속에서 그것을 실천하는 것이 자비이다(윤세원, 2004: 48).

생명유지 욕망은 모든 생명체의 본능으로 가장 근원적인 자기표현인데, 나의 이러한 의지를 남에게까지 확장시킨 것이 바로 불살생의 정신이다. 이것이 연기론적 윤리관의 가장 초보적인 양식인 재가 오계의 첫 계목이 불살생인 이유이다. 죽이는 것과 죽이지 않는 것은 자비와 무자비의 경계선으로 불살생은 최소한의 자비를 의미하는 것이다. 불살생에서 시작되는 소극적 의미의 자비가 적극성을 띠게 되면, 생명을 본성대로 잘 함양시키고 죽음에 처한 생명체를 살리며, 사회 전체가 그렇게 방향지워지도록 하는 일체의 행위를 의미하게 된다. 그래서 깨달음이 자유가 되고, 자유가 자비행이 되어 세상을 구제하는 구세주의로 나타나는데, 그것의 현대적 표현이 불교의 복지 개념이라고 할 수 있다.

3. 통치자와 리더십에 관하여

1) 리더십으로서의 수기와 치인

특정한 정치사회철학이 제시하는 통치자나 리더십 이론은 그 사상이 표방하는 정치적 가치를 실현하기 위한 수단과 밀접한 관련을 갖게 된다. 유교 정치사상에서 이상적인 통치자의 자격과 권력의 정당성에 대한 근거는 한마디로 내성외왕으로 요약할 수 있다. 내성은 "총명하고 예지하여 능히 그 본성을 다한 자"로서 성인의 인격을 갖추는 것을 말하며, 외왕은 "다스리고 가르쳐서 백성들의 본성을 회복하게 하는 하늘이 명한 만백성의 군주이며 스승"(『대학』, 장구 서)으로서 덕치와 예치를 통한 왕도정치를 실행하는 왕을 뜻한다. 하늘이 백성을 내리고 군주를 세운 것은 지배를 위해서가 아니라 도덕적 본성의 실현을 위해서이다. 인간의 도덕적 본성 실현은 순자가 말한 바와 같이 사회의 질서와 화합의 전제이다. 군주와 정치제도(벼슬)는 이러한 인간의 도덕적 본성을 실현하기 위한 수단이라고 할 수 있다. 군주와 정치제도의 존재 이유는 군사(君師)로서 '다스림'과 '가르침'에 있고, 군주가 행사하는 권력의 정당성도 군주의 존재이유에서 그 근거가 확보되는 것이다.

따라서 유교에서 통치자의 자격은 완성된 인격이라고 할 수 있고, 완성된 인격의 구현자인 성인의 인격적 자질에 대한 포괄적인 정의는 『중용』에서 찾아볼 수 있다.[8] 총명예지는 생이지지(生而知之)의 자질이다. 성인은 인간의 타고난 도덕적 본성인 인의예지의 덕성을 지극히 실현한 사람이며, 이러한 통치자라야 가장 높은 수준의 정당성을 인정받을 수 있다.

그래서 유교적 통치권력은 백성들을 교화하는 능력에 근거하며, 통치자의 리더십은 교화를 통해 백성들의 도덕적 본성을 깨우치는 방식과 연관된다. 이러한 관점에서 보면, 통치자의 자격은 크게 두 가지로 요약할 수 있다. 하나는 하늘로부터 타고난 본성의 완성이고, 다른 하나는 그것의 사회적 실현이다. 수기(修己)는 타고난 본성을 완성하기 위한 과정이고 치인은 사회적 실현이며, 또한 수기의 결과는 내성이고 치인의 주체는 외왕으로 모습을 드러낸다. 수기와 내성은 기본적으로 자신이 하늘로부터 천명으로 부여받은 본성을 자각하는 것이다. 그런데 인성은 천성으로서 곧 우주 · 자연의 본성이기 때문에 본성의 자각은 곧 천리를 깨닫는 것이 된다. 반면에 치인과 외왕은 자신이 체득한 천리와 인성을 타인에게 미쳐[추기급인(推己及人)], 이상적인 사회를 건설하고 나아가서 천지화육에 일조하는 것

8) 『中庸』 31장 : 唯天下至聖 爲能聰明睿知 足以有臨也 寬裕溫柔 足以有容也 發强剛毅 足以有執也 齊莊中正 足以有敬也 文理密察 足以有別也.

을 말한다. 여기서 성인과 군자의 개념을 구분해 보면, 성인이 인격적 개념이라면 군자는 인격과 더불어 정치력을 갖춘 보다 현실적 인물을 일컫는 용어라고 할 수 있다.

2) 리더십으로서의 지계(持戒)

불교경전에는 성격이 상반되는 두 종류의 통치자가 등장한다. 그 하나는 이미 국가기원론에서 살펴본 마하 삼마타이고, 다른 하나는 인도의 전통과 당시 인도의 정치상황이 반영된 전륜성왕이다. 마하 삼마타는 사회계약론적 기반을 가진 '선출된 통치자'이고, 전륜성왕은 출현의 배경이 배제된 채 등장한 '가장 이상적인 우주적 군주상'이다.

정치적 조건의 변화는 통치자나 국가에 새로운 역할과 의미를 부여하는 계기로 작용하기 때문에 국가와 통치자의 성격이나 기능 그리고 역할 등도 끊임없이 변하는 과정으로 이해해야 한다. 붓다 당시 인도 정국의 가장 포괄적인 상황과 조건의 변화는 왕권 강화라는 역사적 추세와 맞물려 있었다. 강화된 왕권의 최종적인 지향점은 무소불위의 권력을 행사하는 우주적 군주인 전륜성왕이었고, 불교에서도 이 전통적인 인도의 군주 개념을 수용하여 불교적 윤리규범을 솔선수범하는 왕이라는 불교의 이상적 군주로 자리매김된 개념이다(윤세원, 2006: 289).

불교적 전륜성왕은 통치자의 무능을 막고 권력의 남용을 견제하기 위하여 강력한 도덕적 책임감으로 무장되었다는 점에서 영토확장을 위한 정복군주의 성격이 강한 인도의 전통적 개념과는 차이가 있다. 가진 권력이 큰 통치자일수록 높은 수준의 윤리규범이 요구되는 것이 당연한 일이기 때문에, 우주적 군주인 전륜성왕에게는 무한대의 자비심과 도덕적 책임감이 요구되는 것 역시 당연한 일이라고 할 수 있을 것이다. 붓다는 군주제보다는 공화제를 선호했지만, 특정한 정치제도를 고집하지는 않았다(윤세원,

1986: 93). 초기 불교도들은 현실정치와 관련하여 제도의 변화에는 유연하게 대처하고, 가치실현을 위한 일관성은 통치자의 자질에 대한 재개념화로 대응했던 것으로 생각된다. 따라서 불교도들이 전륜성왕이라는 우주적 군주에게 군림보다는 자기 희생적인 무한대의 봉사 의무를 진 도덕적인 군주의 옷을 입힌 것은 강력한 왕권을 지지해서가 아니라, 당시의 강력해진 왕권에 대한 견제의 의미가 더 강하게 작용한 결과였다고 보는 것이 타당한 관점일 것이다. 실제로 통치자의 유형에 관계없이 통치의 내용이 법의 실천일 수도 있고, 그렇지 못할 수도 있을 것이다. 불교적 리더십은 통치자의 유형에 관계없이 법의 실천이라는 통치의 내용에 의해서 권력의 정당성이 담보되는 담믹 리더십(Dhammic leadership)이라고 개념화할 수 있을 것이다.

4. 정의에 관하여

정의를 논함에 있어서 일차적인 문제는 정의를 규정하는 기준 혹은 근거를 구축하는 일이라고 할 수 있다. 정의에 관심을 가졌던 철학자들은 자신이 주장한 정의의 준거로 삼았던 근본적인 입장들을 가지고 있었다.[9] 그들은 자신들이 구축한 근본적인 입장의 근거 위에서 구체적인 정의의 개념을 도출해 냈고, 그것을 정의와 부정의를 구분하는 기준으로 사용했다. 정의는 "좋은 삶과 관련"(샌델, 2010: 326)되는 문제이기 때문에 윤리와 불가분의 관계를 갖는다. 정치 · 사회학적 개념으로 사용되는 '정의' 라는 어휘와 대체 가능한 유교적 개념은 '의' 와 '공' 이고, 불교적 용어는 '법' 과 '자비' 라고 할 수 있을 것이다.

---

9) Platon의 '各人에게 能力에 맞는 權利(職責)의 부여' 나 Aristoteles의 中庸, Stoaic學派의 自然法, 儒學에서의 天 그리고 Paul Tillich가 기독교적 정의로 본 Agape 등이 바로 그것이다.

정의의 개념은 그것을 뒷받침하는 철학적인 근거에 따라서 다양하게 제시될 수 있음을 샌델(Micheal J. Sandel)의 논의를 통해서도 확인할 수 있다(샌델, 2010). 이렇게 정의의 개념과 실천 방법론의 구축이 이론적 차원에서조차 어려운 이유는 거의 인간의 본능으로 인식되는 이기심의 처리 문제 때문이라고 할 수 있다.[10] 사람에게 자아라는 관념이 있고, 이기심이 실재한다고 받아들이는 한 그것을 배제하기 위한 어떠한 제도적 장치나 정교한 가설적 제약도 한계를 가질 수밖에 없게 된다. 따라서 이기심을 인간의 결정론적 속성으로 보는 인간관의 토대 위에서 진행되는 정의에 관한 논의로는 제대로 된 정의의 개념도출조차 기대하기 어려운 일이 아닐 수 없다. 따라서 비록 이론적인 차원에서일지라도 이 원초적 굴레로부터 벗어날 수 있는 길은 이기심을 극복할 수 있는 대안적 인간관의 제시에 있다고 할 수 있다.

1) 정의로서의 의(義)와 공(公)

의는 곧 '마땅함[의(宜)]' 을 의미하며 올바름을 말한다. 맹자는 '수오지심이 의의 단서' 라 했다. 수오지심에 대하여 주희는 다음과 같이 주해했다. "수는 자기의 불선함을 부끄러워함이요, 오는 남의 불선함을 증오하는 것이다"(『맹자』, 공손추 상 6장, 주자 주). 자신과 타인의 불선함을 보고 그것을 부끄럽게 여기는 것에 '의' 의 단서가 있다는 것이다. 그래서 자신과 남의 불선에 부끄러움을 느끼는 것이 의로움의 출발점이 된다. 그런데 이렇게 불선을 보고도 부끄러워하는 마음을 가리는 것이 의에 대한 이(利)이며,

10) John Rawls는 이기심이 배제된 혹은 작동할 수 없는 이론적 장치로서 '무지의 베일' 이라는 '원초적 입장' 을 설정하였지만, 이는 이기심을 회피하기 위한 허구적 가설이지 결코 문제의 해결로 보기는 어렵다. 이론적 차원에서나마 이기심에 대한 적절한 해결책이 없는 가설적 제약들은 무의미할 수밖에 없을 것이다.

공에 대한 사(私)라고 할 수 있다. 따라서 유교적 정의의 개념은 의와 이의 관계와 공과 사의 관계라는 두 관점으로 살펴보아야 할 것이다.

먼저 의로서의 정의에 관한 논의는 군자와 소인의 행위방식을 구분하는 것으로 시작된다. 공자는 "이를 보면 의를 생각함"(『논어』, 헌문 13장), "얻는 것을 보면 의를 생각함"(『논어』, 계씨 10장), "군자는 의에 밝고, 소인은 이익에 밝다"(『논어』, 리인 16장)고 하였다. 맹자의 "왕은 하필 이를 말합니까. 역시 인의가 있을 뿐입니다"(『맹자』, 양혜왕 상 1장)라는 대목도 소인의 행동은 인간의 도덕적 본성인 의가 이에 의해 가려져 있음을 부끄럽게 여기지 않음을 지적한 것이라고 할 수 있다. 의를 깨달음은 사리의 마땅함을 깨닫는 것이다. 의를 깊이 깨달음은 천리에 마땅하게 행동하는 것을 깊이 좋아하는 것이고, '이'를 깊이 깨달음은 인정이 하고자 하는 대로 행동하는 것을 깊이 좋아하는 것이다. 그래서 소인의 행동이 의롭지 못한 것은 이익에 마음이 가리고 구복과 이목이 즐거워하는 바를 좋아하여 천리의 마땅함을 실천하지 못하기 때문이다.

반면에 공은 공정함, 공평함을 의미하는 사와 대비되는 개념이다. 공의 개념은 치도의 기본 원칙으로 사적인 정과 대비되는 공정함으로 나타는 것이다(『논어』, 「요왈」1장). 요임금이 순임금에게, 순임금이 우임금에게 선양한 것은 자식에게 왕위를 물려주고 싶은 사적인 정보다 어질고 능력 있는 사람에게 물려주려는 공정한 마음에서 나온 것이다. 이러한 공정성이 행해지는 대동사회에서는 천하가 공이 된다. 천하를 공으로 삼는 사회에서 "사람들은 현자와 능자를 뽑아서 신뢰를 가르치고 친목을 다지게 하였다. 그러므로 사람들은 각자의 부모만을 부모로 하지 않았고, 각자 자기 자식만을 자식으로 여기지 아니하였다"(『예기』, 예운). 공은 개인의 사사로운 정을 떠나서 천하로 열린 마음이고, 자신을 사랑하는 마음을 미루어 천하를 자신의 몸으로 여기는 마음이다. 이에 반하여 소인이 저지르는 과오의 근본은 이처럼 타인을 자신의 일부로 여기지 않고 자신의 이기적 욕심, 편안함,

물질적인 은혜 등의 사를 앞세우는 데 있다고 보았다.

이상과 같은 이론적 차원의 정의와 개인의 도덕적 행위가 의미하는 사회적 함의는 무엇일까. 공자는 부귀를 구함에 있어서도 의로움을 표준으로 삼아 마땅히 구하고 취하지 말 것을 판단해야 한다고 가르쳤다(『논어』,「리인」 5장). 또한 공자는 군자나 소인을 막론하고 누구나 노동의 목적이 부귀를 얻고 빈천으로부터 벗어나는 데 있다고 보았다. 단지 모든 인간에게 공통적인 이 바람이 정당한 방법에 따라 이루어져야 한다는 것이다. 정당한 방법은 곧 정의로운 것이고, 의를 따르면 사회경제적인 부귀와 이익이 수반된다고 보았다(좌구명, 2005: 85; 앞의 책: 313; 류인회, 1991: 175-176).

정의에 따른 행위가 진정 풍족한 이익을 가져다 줄 뿐만 아니라 윤리적인 행위가 될 수 있다고 보는 유교적 관점은 신분에 따라 추구하는 이익에 차이가 있음을 전제로 한 것이다. 정의로운 행위는 신분이 정한 범위 내에서의 이익을 추구하는 것이고, 그럴 때 윤리적 노동이라 할 수 있다. 신분에 따른 이익의 추구는 각자가 분수에 맞고 상호 침범하지 않는 것이기 때문에 사회적 안정을 가져올 수 있다. 공자는 신분을 떠나 무차별적으로 이익을 추구하는 행위는 정의롭지 않을 뿐만 아니라 윤리적 행위라 보지 않았다. 도덕성과 더불어 사회적 신분에 따른 이익의 추구가 정의로운 사회를 이루게 된다고 본 점은 유교적 정의의 전근대적 한계를 보여주는 것이라고 할 수 있다.

2) 정의로서의 법과 자비

불교적 정의 논의의 출발점이면서 동시에 최후의 거점은 법(dhamma, dharma)이다. 법은 정의뿐만 아니라 불교와 불교적인 모든 것의 궁극적인 정당성을 담보하는 근거이다(「자환희경」). 깨달음은 법을 알고 실천하며, 법과 하나가 됨을 의미하기 때문에 붓다는 "법을 보는 자 나를 보고, 나를 보는 자 법을 본다"(「발가리경」; 「발가여」)고 한 것이다. 역사적 붓다의 육체는 어느 사람의 그것이나 다를 바 없지만, 그는 법을 완벽하게 체화한 인류 역사상 최초의 실존 인물이었던 것이다.

불교의 정의론은 고의 존재양식과 밀접한 관련을 갖는 것이다. 고가 존재하는 상황은 정의롭지 못한 상황이고, 고가 제거된 상태를 정의로운 상태라고 한다면, 고를 제거할 수 있는 행위는 정의로운 행위라고 할 수 있다. 해탈을 통하여 고를 벗어날 수 있다는 불교의 기본적인 관점에서 보면, 정의실현의 원초적 방해물은 존재의 원리에 무지한 자기 자신이 된다. 따라서 자신의 무지를 극복하는 일이 중생과 사회를 구제할 수 있는 정의 실현의 출발점이 된다는 사실을 알 수 있다. 그래서 붓다는 완성된 인격의 소유자, 즉 깨달은 자의 가장 중요한 대사회적 덕목이 자비의 실천이라고 가르친 것이다(「경집」 1, 자경). 그래서 법의 실천을 자비라고 한다. 따라서 불교의 가르침 속에서 정의로움은 '고가 제거된 상태'이고, 정의로운 행위는 '고를 제거하는 행위' 즉 자비의 실천이라고 할 수 있다.

연기하는 존재와 현상의 궁극적인 참모습을 깨닫게 되면, 고정된 실체로서의 자아는 있을 수 없는 것이고, 오직 상호관계 속에서 유동하는 가능태로서의 자아, 무아인 자아가 역동적으로 존재할 뿐이라는 사실을 알게 된다. 이기심은 자아라는 관념과 그것의 실제성을 전제조건으로 하는 것이기 때문에 무아인 인간의 실상을 체득한 인격에게는 이기심이 자리 잡을 곳이 없어진다. 그래서 본래 존재하지도 않는 자아를 고정불변의 실체로 인식하는 무지의 장막을 제거하면 '인천의 구속으로부터' 해방된 자유인이 나타나게 되는 것이고, 이 자유인이 될 수 있는 가능성은 모든 인간의 내면에 존재하는 보편적인 속성이고, 이 속성이 발현된 참사람이 자비 실천의 주체가 되는 것이다.

정치적 정의와 관련하여 평등은 참정권과 기회균등의 원리이지만, 더 중요한 것은 상호존중의 근거가 된다는 점이라고 할 수 있다. 구성원들 사이에는 상호존중의 원리가 지켜져야 공동체가 존재이유를 갖게 된다. 현실에서 이 원리를 구체적으로 실천하는 최소한의 불교적 행위 양식이 5계를 지키는 일이라고 할 수 있다. 이 원리는 모든 영역에 일관되게 적용되는 불교적 원칙으로 세상이 연기적으로 존재한다는 사실에 대한 깨달음이 제공하는 논리적 일관성의 결과이다. 따라서 무아에 근거한 인간의 평등은 연기적 존재양식과 생물학적인 속성에 대한 자각을 통하여 체화되는 것으로, 신이나 실정법 등의 조건 아래서 정의되는 평등 개념과는 본질적인 차이가 있다.

불교는 평등이라는 정의의 실현을 위하여 개인과 사회, 두 차원에서 실천방안을 제시하고 있다. 개인에게는 존재의 법칙에 대한 자각과 그것에 일치하는 삶의 방식을, 국가에게는 이러한 정신이 반영된 정책의 실천을 권고한다. 개인의 실천을 자비라고 한다면, 국가의 실천은 복지정책이라고 할 수 있다. 이 두 종류 처방은 보편성을 갖는 하나의 원리가 논리적으로 확장된 것이고, 개인의 도덕성과 국가의 건강성이 중도적으로 통합되는 지점이라고 할 수 있다.

제 9 장

동양규범문화와 사회통제의 역할

| 이재룡(충북대 법과대학) |

| 진희권(경기대 법학과) |

1. 삶의 환경과 규범문화

동양사회를 한마디로 정의하기는 어려운 일이다. 동양의 의미는 매우 넓은 범위에 걸쳐 있지만 대개는 한국과 중국, 일본을 지칭한다. 여기서는 전통 사상과 사회규범과의 관계를 살펴볼 것이기 때문에 중국과 한국의 의미로 제한하기로 한다. 지리적 여건과 기후적 여건을 염두에 둔다면 사회를 대개 농경사회와 유목사회로 구분하기도 한다. 물론 이러한 구별에 분명한 기준이 있는 것은 아니지만 농경생활은 성질상 한곳에 수년간 정착해야 한다는 점에서 볼 때 유목생활과 구별될 수는 있다. 한반도에서는 농경문화의 흔적이 신석기 중기까지 소급할 수 있는 유적지가 발견되었으며, 역사 이래로 농업경제는 중요한 삶의 터전이라고 할 수 있다. 중국은 광대한 영역에서 수많은 민족에 의해 다양한 삶의 방식이 전개되어 왔지만 중국의 역사에서 중추적 역할을 해 온 사람들의 삶은 역시 농경사회라고 할 수 있다. 농경은 지리적 풍토와 기후 등 자연환경에 많은 영향을 받음으로써 그에 상응하는 삶의 방식은 농경사회 특유의 특징으로 형성된다.

이러한 삶을 바탕으로 하여 가장 먼저 들 수 있는 현상은 혈연적 가족관계가 매우 밀접하다는 점이다. 늘 함께 생활하는 가족구성원들은 가뭄과 홍수 등 자연 재해를 극복하기 위해 힘을 합쳐 일하고 생산하면서 고통과 행복을 함께 나눈다. 즉 농경사회에서의 가족관계는 온정적이고 협력적이며 혈연적이다. 정감이 넘치는 가족구성원들의 혈연적 유대감은 독특한 동양적 문화를 만들어 냈다.

집단적 성격 또한 농경사회의 중요한 특징이다. 한해와 홍수를 극복하기 위한 거대한 규모의 관개사업은 많은 사람들이 동원되는 집단성을 필요로 한다. 이러한 집단적 사업은 구성원 전체의 이익에 연결되어 있어서 집단의 일과 개인적 일이 연계되어 있다고 여겨 일정 부분 자신의 일을 전체의 일과 동일시하는 사고를 심어준다. 오랜 세월 지속된 농경생활은 자연의 변화에 민감하게 반응하고 그에 순응하는 태도와 함께 강한 사회적 유대감이 형성될 수 있는 환경을 제공하고 있으며, 이는 독특한 동양적 사회규범의식이 형성되는 바탕이 되었다.

2. 자연질서와 동양사회의 구성원리

중국 고대의 사상가들은 혈연적 가족단위로 구성된 자연취락들이 점진적으로 결합되고 확대되면서 국가가 형성되었다고 생각했다. 전국시대의 대표적 사상가인 순자(荀子, BC 298?~BC 238?, 전국시대 말기의 조(趙)나라 출신의 유학자이며 이름은 황(況)이다)와 법가사상을 온전하게 정립한 상앙(商鞅, BC 390?~BC 338, 전국시대 위(衛)나라 출신의 법치의 주창자로 진(秦)나라의 재상이 되어 법가(法家)의 정치를 구현했다)도 국가의 성립을 역사발전의 단계에서 나타나는 현상으로 설명하고 있다(이재룡, 1999: 304). 인구가 증가함에 따라 생활이 복잡해지게 되고 분쟁이 더욱 빈번히 발생하게 되는데 이러한 갈등과 분쟁의 해결을 도맡았던 사람들이 곳곳에 있던 현자들이었다. 현자들에 의한 분쟁의 해결은 항구적 권위를 보장받을 수 없기 때문에 마침내 광범위한 지역에 걸쳐 예측 가능하고 항구적인 해결책을 보장할 수 있는 정치적 조직체, 즉 국가권력이 탄생하게 된다. 전국시대의 사회철학자들이 한결같이 주장하던 국가의 성립에 관한 생각이 이와 같았다.[1]

국가성립을 구성원들의 삶의 필요에 의해 자연 발생적으로 나타난 문

1) 『商君書』「開塞」第七 "故聖人承之, 作爲土地貨財男女之分。分定而無制, 不可, 故立禁。禁立而莫之司, 不可, 故立官。官設而莫之一, 不可, 故立君。旣立君, 則上賢廢, 而貴貴立矣。然則上世親親而愛私, 中世上賢而說仁, 下世貴貴而尊官。上賢者, 以羸相出也；而立君者, 使賢無用也。親親者, 以私爲道也, 而中正者使私無行也。此三者, 非事相反, 民道弊而所重易也, 世事變而行道異也。故曰：王道有繩。"

화현상으로 이해하는 중국사상은 정복과 강압적 지배를 통해 피지배민들에게 국가의 존재를 각인시키는 유럽의 국가 형성과정과는 다른 모습이다. 유럽의 국가관이 피지배민에 대한 절대적이고 강압적인 권력행사의 측면, 즉 지배와 피지배의 관점에서 고려되는 것과 달리 중국의 국가관은 이미 기원전 1046년에 건국된 주나라(周, BC 1046~BC 771)에 이르러 모든 국가통치의 근본 목적이 애민정치에 있음을 분명히 하고 있다. 물론 이는 국가권력을 효율적으로 유지하기 위한 방편이 백성들의 삶에 상응하는 통치행위, 즉 애민정치에 있음을 표현한 것이기는 하지만, 시대가 지나면서 애민정치는 통치행위의 목적 그 자체라는 인식이 형성되었다.[2] 이러한 이유로 중국을 비롯한 동양의 정치사상은 오직 백성들이 행복하고 풍요롭게 살 수 있도록 그리고 도덕적 삶이 잘 보장될수록 훌륭한 국가라는 정형이 정립되었다. 따라서 동양에서의 국가권력은 백성들의 삶이 기후풍토와 상황에 따라 자연스럽게 펼쳐질 수 있도록 각종 제도를 정비하고 사회 환경을 조성하는 등 봉사자로서의 역할을 저버리지 말아야 함을 한시도 잊은 적이 없다는 특징을 지닌다고 하겠다(진희권, 2000).

그러므로 동양에서의 사회는 종교적 권위에 의한 의도적이고 인위적인 사회구성이나 혹은 강압적이고 무단적인 권력행사에 의한 억압적 지배구조가 정당화된 적은 없었다. 사회적 삶에서 인간 각자가 자연스럽게 드러내 보여주는 인간성정의 본질에 따른 각종 상호관계가 사회구성의 기본원리로 작용하고 있는 것이다. 그러므로 동양에서의 사회와 국가형태, 혹은 규범의 모습 등은 모두 자연질서의 원리에서 크게 벗어나지 않았으며 오히려 자연의 원리를 그대로 닮으려는 끊임없는 노력이 경주되었다. 즉 인간사회의 다양한 모습에도 불구하고 자연은 있을 수 있는 것 중 가장 완벽한 기준이었다(이재룡, 1998: 280 이하).

---

2) 『尙書』「周書」泰中 "天視自我民視, 天聽自我民德. 百姓有過在予一人。"

3. 국가권력의 기능과 사회제도

동양사회는 계층적 신분구조를 당연시했다. 다시 말해서 만인의 평등과 자유를 내재적 요건으로 하는 본래적 의미의 민주주의라는 개념조차 존재한 적이 없다. 엄밀히 말해서 민주주의 개념이 존재하지 않았다라기보다는 보다 근본적인 개념, 즉 절대적 자유와 절대적 평등의 개념이 존재하지 않았다. 이는 말할 것도 없이 자연의 세계에 민주주의는 물론 자유와 평등이 존재하지 않기 때문이었다. 동양사회에 오랜 세월 부정되지 않고 존속되어 온 계층적 신분사회는 이렇게 해서 당연시되어 왔다. 중요한 것은 그러한 사회구조의 외적인 모습이 아니라 그 실질적 기능이다. 동양사회에서 이러한 계층적 신분구조는 지배와 피지배의 힘의 논리에서 형성되어 정당화되는 것이 아니라 사회구성의 원리상 필요에 의해 각기 담당하는 사회적 역할과 의무, 즉 분업의 원리에 의해 형성된 구조라는 인식이다. 그러므로 동양사회에서의 신분구조는 지배와 피지배라는 권력관계가 아니라 사회에 대한 역할과 권한이라는 상관관계 속에서 정당화된다. 특히 당(唐)의 한유(韓愈)는 땀을 흘리지 않고 살아가는 사람들, 즉 불한당(不汗黨)의 사회적 역할과 의무를 강조하면서 불교의 폐해를 통박하기도 했다. 다시 말해서 동양사회에서 사회계층의 상층부에 있는 사람들은 단순히 권력만 행사하는 집단이 아니라 사회 내에서 그들에게 기대되는 의무를 충실히 이행할 경우에 그들의 삶의 방식이 정당화된다는 점을 끊임없이 확인하고 있다.

전국시대의 순자는 사회계층 분화의 원리에 대해 설명하는 곳에서 고착화된 세습적 신분구조가 초래할 수 있는 위험성을 지적하면서 능력과 도덕적 수신의 정도에 따른 계층 간의 상하이동의 통로가 개방되어 있어야 함을 강조하고 있다.[3] 동양사회가 수천 년의 기나긴 역사를 거쳐 오면서

3) 『荀子』「王制」“雖王公士大夫之子孫也, 不能屬於禮義, 則歸之庶人。雖庶人之子孫也, 積文學, 正身行, 能屬於禮義, 則歸之卿相士大夫。故姦言, 姦說, 姦事, 姦能, 遁逃反側之

통치체제의 크나큰 변화 없이 왕도정치의 이상을 지속시켜 온 것은 그것이 결코 종교적이거나 인위적으로 조작하여 백성들의 의식 속에 강요한 시스템이 아님을 말해 준다. 이러한 통치체제야말로 인간의 본성에 가장 합치되는 사회구성의 모습이라고 여기고 있는 것이다. 자연적 본성에서 비롯된 상호관계, 즉 경험적 인간상에 의거한 인간관계는 동양적 사회시스템의 핵심을 이루면서 가정에서 사회, 나아가 국가를 거쳐 천하에 이르기까지 모든 인문주의 세계에 적용된다.

그러므로 가정의 구성과 가족 성원 간의 상호관계, 가족의 외연을 확대한 사회적 관계, 이것이 영역적으로 확대된 국가, 그리고 천하에 이르기까지 존재하는 모든 것들은 있는 그대로의 자연의 원리를 결코 넘어서는 법이 없다. 개인과 사회, 국가와 백성, 심지어 도덕과 법의 관계조차도 이러한 원리를 통해서만 설명되어질 수 있을 뿐 결코 형이상학의 세계로 초월하지 않는다.

동양사회에서 국가권력은 본래적으로 도덕적 정당성을 지닌다. 다시 말해서 국가권력에 대한 회의적 태도, 혹은 비록 현 상태가 좋은 통치상태라 할지라도 국가권력을 잠재적 폭군으로 상정하는 태도는 결코 존재하지 않는다. 각종 제도의 틀로 국가권력의 무제한적인 권력행사를 견제하려는 차원을 넘어서 도덕적 자각을 통해 국가권력 스스로 자신을 통제하도록 하는 내재적 · 자율적 자기제한의 원리가 작동되기를 보다 중시하는 것이 동양의 통치구조이다(진희권, 2003b).

법제도 역시 지배를 위해 의도적으로 억압과 압제의 수단으로 만들어져 기능해 온 것이 아니라 백성들 삶의 가장 자연스런 모습이 전개되도록 상호관계를 이끌어주는 보조적 역할을 하는 장치일 뿐 법 자체가 자기 목적을 갖고 중시되는 것은 아니다. 서구의 법이 통치권력의 행사를 위한 장

民, 職而教之, 須而待之, 勉之以慶賞, 懲之以刑罰。”

치로 이해되어 온 것과 매우 다른 이해이다. 결국 동양사회에서의 법제도는 그 자체의 존재의의를 지니는 것이 아니라 도덕적 삶으로 이끌어주는 장치 즉 인간다운 삶을 보장해 주는 존재의 원칙이었음을 확인할 수 있다(이재룡, 1998: 291).

4. 동양 법문화의 특성

1) 자연질서와 문화

고대에는 동서양을 막론하고 자연의 질서를 바탕으로 규범제도를 만들어 나가는 데 관심을 가졌다. 즉 인간의 질서를 자연질서의 한 부분으로 파악하였다. 따라서 인간의 질서를 규명하기 위해서나, 또는 인간질서의 정당성을 찾기 위해서는 자연에 대한 관찰이 우선하였다.[4]

그러나 고대 그리스의 아테네에서 소피스트(sophist)가 출현하면서 자연의 질서와 구별되는 인간만의 규범을 찾으려는 노력이 등장하였다. 그리고 그러한 전통이 근현대에까지 이르러 법을 인간의 이성의 산물, 또는 권력자의 명령 등과 같이 자연의 질서와는 동떨어진 것으로 인식하기에 이르렀다고 할 수 있을 것이다.

하지만 동양의 법규범은 서구 근대법의 계수가 있기 전까지 자연질서에 순응하는 인간질서를 찾으려는 노력의 산물이다. 우리나라 조선왕조실록의 기사에 의하면 『예기(禮記)』의 「월령(月令)」이 당시에도 유효한 규범질서로 인용되는지에 대해서 태종이 묻는 내용이 등장한다. 오경(五經)의 하나로 알려진 『예기』의 월령편은 1년을 12달로 나누어서 각각의 자연의 변

4) 『史記』「太史公自序」"兵權山川鬼神, 天人之際, 承敝通變, 作八書。"

화와 그에 따르는 주요 국정운영이나 법의 집행 등에 대하여 기술하고 있다. 농경을 주된 경제기반으로 삼고 있는 국가에서 국부(國富)의 기준은 결국 농산물의 산출량과 관련을 맺기 때문에 국가의 운영은 권력자의 자의에 의해서 이루어질 수는 없었던 것이다. 성곽을 보수하거나 군사훈련을 빙자한 왕의 사냥도 겨울철에 행하도록 하는 것들이 바로 이러한 자연의 질서에 따르는 국가의 운영의 예라고 할 것이다(진희권, 2010).[5]

2) 인문주의 규범질서

동양에서는 자연질서의 공간과 시간을 함께 통칭해 우주(宇宙)라고 한다. '우' 는 사방의 땅을 반구로 둘러싼 한정된 공간—하늘 밑과 땅 위—을 말한다. 서구에서 말하는 하늘 밖의 천체를 말하는 것이 아니다. 이러한 공간의 폐쇄성을 보완해 주는 것이 바로 사계절이 반복되며 계속되는 시간을 의미하는 '주' 이다.[6] 동양인이 이해하는 우주는 이러한 한정된 공간과 영원한 시간으로 이루어진 환경인 것이다. 이러한 공간은 인간이 관찰 가능하고 이해 가능한 환경인 것이다. 그리고 이러한 환경은 인간의 삶과의 관계 속에서 의미가 있는 것이다.

동양적 우주의 이해는 창조자인 하늘과 땅과 같이, 피조물인 인간을 세계 경영에 참여할 수 있는 존재로 격상시키고 있다. 법을 나타내는 또 다른 글자인 인정(㑒正)이 바로 그러한 의미를 나타내고 있다고 하겠다. 이 글은 하늘과 땅, 그리고 인간의 삼합(三合)과 바르다는 정(正)이 합해진 글자이다. 세계 경영에 있어서 인간은 하늘의 계절의 변화[천시(天時)]를 잘 관찰하고 땅이 만물을 기르는 이치[지리(地利)]를 이해하여 그 공간에서 조화로

5) 예기 월령은 1년을 孟春 · 仲春 · 季春, 孟夏 · 仲夏 · 季夏, 孟秋 · 仲秋 · 季秋, 孟冬 · 仲冬 · 季冬의 12단위로 나누어 계절의 변화에 맞추어 매 시기마다 해야 할 국정업무를 상세하게 기술하고 있다.

6) 尸佼『尸子』卷下 "天地四方曰宇, 往古來今曰宙。"

운 삶[인화(人和)]을 기획할 수 있는 능력이 있어서 각자의 역할을 제대로 할 때에 세계는 바르게 질서지워지는 것이다.

이러한 자연 세계에서 하늘과 땅은 일정한 법칙을 가지고 움직이고 있는 것이고 인간이 오로지 자신의 힘을 투여[인위(人爲)]하는 것이기에 인간에 의한 자연이해를 통해서 자연과 인간이 공생하는 규범문화가 만들어지는 것이다.

3) 혈연적 가족주의

자연질서를 바탕으로 하여 인간의 질서를 이해하고자 했던 동양의 규범문화는 서양처럼 개인과 사회, 또는 공동체를 분명하게 구별하는 극단적 사고를 지양하고 있다고 할 것이다. 즉 동양의 규범질서는 가족을 기초로 이루어져 있다. 동양에서는 더 나아가 각종 사회제도 및 국가제도도 가족제도를 바탕으로 하고 있다. 가족이란 하늘의 역할을 이어받은 남자와 땅의 역할을 본받은 여자가 만나서 새로운 생명을 잉태하여 양육하는 공간이다(진희권, 2005).

이러한 공간은 앞에서 본 우주의 축소판인 것이다. 하늘이 만물이 생장하는 땅을 보호하는 울타리가 되고 생명의 씨앗과 다양한 영양분을 땅에 공급해 주듯이, 남자는 가족을 구성하는 데 있어서 울타리의 역할을 하고 집 밖의 경제생활을 통하여 가정에 재화를 공급한다. 땅은 하늘의 운행에 맞추어 생명을 양육하듯이 여자는 가정에서 인간의 생명을 잉태하고 양육하는 역할을 하는 것이다. 하늘과 땅이 조화로움을 통하여 생명을 만들고 키워가듯이, 인간은 가정을 발판으로 삼아서 사회의 구성원으로서의 역할을 하며, 새로운 생명을 길러서 사회에 배출한다.[7]

---

7) 『周易』「家人」卦 “彖曰：家人，女正位乎內，男正位乎外。男女正，天地之大義也。家人有嚴君焉，父母之謂也。”

따라서 가정이야말로 사회를 이루는 기본 단위이며 가장 중요한 역할을 한다. 이러한 가정에서 자연발생적으로 생겨나는 삶의 방식이 가정 내에 규범을 만들며 그러한 규범이 사회에로 확장된 것이 바로 사회규범이 되는 것이며, 그것을 바탕으로 국가의 규범이 만들어지는 것이다. 부모와 자녀 간에 자애로움과 효를 통해 이루어지는 관계는 사회에서 연장자와 연소자 간의 관계를 규정하는 기본이 되고, 국가에서 왕과 신하 간의 관계를 설정하는 데 모범이 된다. 형제자매 간의 우애는 사회에서 친구들 간의 신의의 바탕을 이룬다고 할 것이다.[8]

4) 공법 중심의 규범제도

그리스와 로마를 제외하면 서양에서의 국가 성립은 빨라야 중세 이래 혹은 근현대에 이루어졌음에 비하여, 동양에서의 국가는 역사 이래로 인간의 삶과 항상 같이해 왔다고 할 것이다. 따라서 국가와 개인 간의 관계에 대한 규범이 서양보다 훨씬 발달했으리라는 점은 너무도 당연한 것이다.

순자에 의하면 왕(王)은 백성들이 문제해결을 위해서 그를 찾아가도록 [왕(往)] 하여야 하고, 인군(人君)은 사람들이 그를 중심으로 모여 살 수 있도록[군(群)] 하여야 한다고 하였다. 그러기 위해서는 권력자가 혼자서 자의에 의한 통치를 하는 것이 아니라 적절한 사람을 발탁하고 역할을 분배하여 국가를 운영하여야 할 필요가 있다. 이러한 통치의 모습은 『서경(書經)』을 보면 전설의 인물로 평가되는 요·순에게도 나타난다. 더욱이 주나라에 와서는 국가의 통치구조가 잘 정비되어 기능하게 되었는데 이 당시의 국가제도는 『주례(周禮)』에 잘 기록되어 전해지고 있다. 국가의 행정조직을 6개로 분류하고 각기 60개의 관청을 두어 국가의 운영을 체계적으로 하도록 하

8) 『論語』「學而」“君子務本, 本立而道生。孝弟也者, 其爲仁之本與。”

고 있다.

춘추전국시대에 법가(法家)의 출현은 특히 형사법의 발달을 보게 되었다. 춘추시대의 정나라(鄭, BC 806~BC 375)의 자산(子産, BC 585?~ BC 523?)은 형법을 솥에 새겨서[형정(刑鼎)] 전국에 보내어 법을 지키게 함으로써 작은 나라인 정국(鄭國)을 부강하게 하여 강대국 사이에서 살아남을 수 있었고, 전국시대 진나라(秦, BC (900?)221~BC 206) 상앙은 법령을 제정하여 일반인에게 공개함으로써 진나라가 전국시대를 통일하는 기반을 만들었다(이재룡, 2004: 169 이하). 이러한 법가의 법은 한나라(漢, BC 202~BC 220)의 성립 후 유가사상의 영향으로 혈연관계의 가깝고 먼 친원(親遠)과 신분관계에 의한 존비(尊卑)에 따르는 유별(有別)규정을 보충하게 되어 유가의 사상을 흡수하게 되었고, 이는 당나라에 와서 『당률(唐律)』이라는 동아시아의 모범적인 법전으로 만들어지게 된다.

5. 동양법이 갖는 사회통제의 정당성

1) 자연질서와 규범질서

농경제를 바탕으로 하는 동양사회에서의 자연의 질서는 어떠한 규범보다도 우선하는 것이었다. 따라서 규범 제정 시에도 자연에 대한 이해와 더불어 자연의 법칙을 원용하여 만들고자 하였다. 그 대표적인 것이 국가의 행정조직에 대한 규정이라 할 수 있다.

『주례』에 의하면 국가의 행정조직을 크게 6개로 구분하였다. 6개의 조직은 바로 우주를 담은 것으로, 하늘과 땅 그리고 사계절을 비유하여 국가의 행정조직을 구성하고 있는 것이다.[9] 이러한 구성은 조선시대의 6조체

9) 『周禮』는 天官塚宰 · 地官司徒 · 春官宗伯 · 夏官司馬 · 秋官司寇 · 冬官考工의 총 6개 부분

제와도 그대로 연결되는 것이다.

하늘의 역할은 모든 피조물들이 자기자리를 찾아서 살게 하는 것이라고 보았기에 이조(吏曹)는 인재를 발탁하여 적재적소에 배치하는 것이 주된 업무이다. 호조(戶曹)는 땅의 역할을 본받아서 백성들이 먹고 사는 문제에 대한 업무를 담당하고, 예조(禮曹)는 모든 생명이 싹을 틔우는 봄의 역할을 맡아서 사람을 교육하는 일이 중요 업무가 된다.

이렇게 우주의 섭리를 국가통치의 근간으로 삼아서 통치하는 모습을 보여주고 있지만, 이러한 태도가 단지 자연의 법칙에 순응하고자 하는 것만은 아니라는 것을 알 수 있다. 몇 년간의 가뭄이나 홍수의 경우 자연재해의 탓으로 돌릴 수도 있지만, 이러한 것은 통치자가 미리 잉여농산물을 비축하고, 저수지를 만듦으로써 예방할 수 있는 것으로 보고 있다. 인지의 발달이 충분하지 않았을 것으로 판단되는 은나라의 경우도 중요한 결정을 내릴 때에 하늘의 뜻을 묻는 갑골점을 치더라도 그 점괘는 국가의 중요 문제를 결정하는 하나의 요소로만 작용할 뿐 절대적인 역할을 하지는 않았다고 한다.

더구나 춘추시대의 유가들이 하늘을 도덕적이고 인격적인 존재로 파악하거나 도가나 법가들이 자연법칙일 뿐인 하늘로 이해하는 것은 결국 인간의 존망에 대하여 절대적인 영향력을 행사하는 존재로 바라본 것만은 아니라는 것을 의미한다. 즉 원시사회의 신비적이고 종교적인 의지(意志)의 천(天)이 아니라 이제는 조화와 생명을 불어넣는 법칙과 도덕원리의 천으로 이해되고 있는 것이다.

2) 규범의 정당성으로서의 민본주의

하늘의 뜻을 받들어서 통치를 하는 왕에 있어서 권력의 정당성은 백성

으로 나누어 국가 관료조직의 업무와 권한에 대해 기술하고 있다.

에게 있다. 이미 은나라의 건국 시에 처음으로 강조되었고 주나라에 와서 분명한 통치 원리로 자리 잡은 애민사상이 그것이다. 즉 백성은 통치의 대상이기도 하지만 근본적으로는 통치의 목적이라는 자각이 분명하게 정립되었다. 천심은 민심이라든지, 배를 띄우는 것은 물이지만 배를 뒤엎는 것도 물이라고 한 순자의 말은 통치자와 백성의 관계를 단적으로 표현하고 있다.[10] 따라서 왕에게 있어서 가장 중요한 것은 권력강화나 종묘사직을 지키는 것이 아니라 백성을 중히 여기는 것이라고 말하고 있다. 그리고 백성과의 관계에 있어서 경제적인 풍요를 제공하는 것도 중요하지만 그것보다 더 중요한 것은 백성들이 통치자에 대하여 신뢰를 잃지 않게 해야 함을 강조하고 있다.

진정으로 훌륭한 왕[성왕(聖王)]은 자신이 옳다고 판단되는 것을 밀고나가는 왕이 아니라, 항시 귀를 열어 백성의 말을 경청하고, 그들의 삶에 대한 이해를 통하여 무리하지 않게 그들의 삶에 변화를 이끌어나가는 왕이 되어야 한다. 그러기에 왕은 어디에도 치우치지 않는 중(中)을 잡아야 한다[집중(執中)].[11]

인간은 다른 동물에 비하여 신체적으로 열악하다. 그럼에도 불구하고 모든 생명을 지배할 수 있는 이유는 사회를 구성하여 살아가는 존재이기 때문이다. 사회는 군집과 다르다. 군집은 각자의 역할을 본능적으로 수행하며 개별 존재에 대한 인식은 뒤로 한 채 군집의 이익만을 위해서 살아간다. 하지만 인간 사회는 각자의 역할을 통해서 자기구현을 할 수 있는 공동체이다.[12]

10) 『荀子』「王制」"君者、舟也, 庶人者、水也；水則載舟, 水則覆舟。"

11) 『尙書』「大禹謨」"人心惟危, 道心惟微, 惟精惟一, 允執厥中。"

12) 『荀子』「王制」"水火有氣而無生, 草木有生而無知, 禽獸有知而無義, 人有氣、有生、有知, 亦且有義, 故最爲天下貴也。力不若牛, 走不若馬, 而牛馬爲用, 何也？曰：人能群, 彼不能群也。人何以能群？曰：分。分何以能行？曰：義。故義以分則和, 和則一, 一則多力, 多力則彊, 彊則勝物。"

이러한 것이 가능하기 위해서 바로 인간만의 규범이 필요한 것이다. 하지만 인간만의 생존을 위한 규범이 아니라, 자연이라는 환경 속에서 다른 생명과 공존하는 삶을 살아갈 수 있는 규범이 필요한 것이다. 여기에는 권력자의 자의나 일방적인 명령이 설 곳은 없다. 그리고 법의 제정자로서 먼저 모범을 보여줘야 하기에 법을 지키지 않는 법 위에 존재하는 권력자는 무의미한 것이다. 여기서 법은 결국 지배자와 피지배자, 남자와 여자, 어른과 아이가 공생할 수 있는 것이어야 한다. 따라서 지배자, 남자 그리고 어른의 권위를 인정해 주되, 실질적으로 상대적 약자인 피지배자, 여자, 아이의 보호를 내용으로 하여야 한다. 전자가 사회구조상 당연히 인정되는 것이라면 후자는 적극적인 노력이 있어야 가능할 것이다. 민본주의의 규범화는 바로 이러한 의미로 이해하여야 할 것이다.

3) 친친(親親) 존존(尊尊) 현현(賢賢)의 질서

동양의 규범은 법가의 평등한 규범의 형식에 유가의 신분적 질서가 가미된 것이라 할 수 있다. 주나라에서 국가의 행정질서에 관하여 『주례』를 편찬하여 정부조직에 대한 유가적 규범의 전형이 이미 만들어졌으나 형사법과 관련해서는 법가의 역할이 크다고 할 수 있다. 앞에서 언급하였듯이 춘추전국시대에 법률을 공포하여 널리 알린 것은 모두 법가의 공이라 하겠다. 진나라의 경우 전국시대의 여러 나라 중 가장 후발국가였지만 법가의 법치를 도입하여 전국을 통일하는 성과를 이룬다. 법가의 법은 공평하지만 또한 너무 엄하여 난세를 극복하는 데는 좋은 수단이지만 통일 후 국가를 다스리기에는 저항이 컸기 때문에 결국 진시황이 죽자 민중이 반란을 일으키는 계기가 되었다.

진나라를 이은 한(漢)나라에서는 이러한 법의 피해로부터 백성들을 구하기 위하여 초기에는 도가(道家)의 법사상을 받아들여서 극히 간략한 「약법삼장(約法三章)」을 공포하였다. 하지만 약법삼장은 살인과 상해 그리고 절도에 대한 처벌만 규정한 간략한 법으로 통일된 중국을 다스리기에는 부족한 법이었다.[13] 따라서 기존의 법가의 법을 형식으로 하여 유교의 질서를 법의 해석과 적용의 기준으로 삼는 유가입법이 이루어져 유교법이 탄생하게 된다.

유교법의 전형은 당률(唐律)을 통해서 잘 살펴볼 수 있다. 당률의 총칙 규정인 명례률(名例律)을 살펴보면 신분에 따라 법의 적용을 달리하는 원칙들을 볼 수 있다. 왕족이나 기타 귀족 또는 관직에 있는 사람들은 일반범죄를 범했을 때에 형벌을 감경하거나 속죄금으로 대신하도록 하고 있다[팔의(八議)]. 또한 가족 간의 윤리에 어긋난 행동이나 반역뿐만 아니라 국가의 위엄을 침해한 경우 등은 십악(十惡)이라 하여 사면을 허용하지 않는 범죄로 규정하고 있다(진희권, 2002a). 이러한 규정은 앞에서 본 존비와 친원(親遠)의 질서를 규범화한 것이라 할 수 있다. 물론 당률 각칙에도 범죄 당사자 간의 신분관계에 따라 달리 처벌하는 규정들이 존재한다.

이러한 유교법의 원리는 혈연적으로 가까운 이는 가깝게 대하는 친친(親親), 존귀한 사람을 존귀하게 대하는 존존(尊尊), 그리고 지혜로운 사람을 지혜로운 사람으로 대하는 현현(賢賢)의 원리라고 할 수 있다. 이것은 유교사상에서 자신을 미루어 타인을 대하여야 된다는 충서(忠恕)의 의미와 같이한다고 할 수 있다.[14] 그래서 부모와 자식 간의 관계, 왕의 배우자와 가족, 전·현직 최고관료에 대해서는 일반인과 달리 법에 대한 특칙을 두고 있다. 이는 유교사회에서 지켜야 할 가치의 중요성에 따른 차별규정이라 할 수 있다(진희권, 2003a).

13) 진나라의 법은 조문이 많을 뿐 아니라 매우 엄중하여 백성들에게 피폐가 심하다고 판단하여 한의 고조는 단순한 3개 조문으로 된 법을 만들어 그동안 혼란 속에 살았던 백성을 위로하고자 하였다. 법이 너무 소략하여 한나라의 재상 소하가 구장률(九章)을 만들었다.

14) 『中庸』 20장 "仁者人也, 親親爲大。義者宜也, 尊賢爲大。親親之殺, 尊賢之等, 禮所生也。"

6. 동양법과 우리나라의 전통법

우리나라의 법제사에 있어서 고유의 전통법은 고조선의 팔조법금(八條法禁)에서 살펴볼 수 있다. 그러나 그 이후의 법제에 대해서는 조선시대 이전에 율령반포의 기록은 있지만 구체적의 법규정의 내용은 남아 있지 못하다.

삼국시대에 고구려와 백제는 불교가 전래되었다는 기록에 이어 그 이듬해에 율령이 반포되었다는 기록이 있고, 신라의 경우는 이차돈의 순교 후 불교의 공인 다음에 율령반포에 관한 기록이 나타나기 때문에 불교와 직·간접적으로 영향이 있다는 것을 알 수 있다. 또한 고려의 경우 왕자들의 출가가 빈번하고 불교가 국교로서의 역할을 하였으며, 범죄자들에 온정을 베푸는 휼형(恤刑)이라는 제도가 역사의 기록으로 남아 있어서[15] 불교가 규범에 영향을 끼쳤음을 엿볼 수 있다.

국가의 중앙제도는 삼국시대까지는 5부제라는 전래된 고유한 제도가 남아 있어서 중앙과 지방을 관할하여 통치하였으며, 중앙정부조직의 경우 중국의 제도를 본받아 부분적으로 변화를 모색하였다. 고려시대에는 당(唐)의 제도를 본받아 중앙행정제도를 3성 6부제로 개편했다. 『고려사』 형법지에는 고려율이라는 60여 조문이 제시되어 있으나 그 실질적인 조문을 정확히 알 수는 없고 당률을 함께 사용했다는 기록이 있을 뿐이다. 당률의 조문이 500여 조문인 데 비하여 고려율이 60여 개 조문밖에 안 된다는 것은 일반적인 범죄를 법문에 따라 처벌하는 방식 외에 다른 여지가 있었음을 의미한다. 즉 정식 법규 외에 다른 종류의 생활규범, 즉 관습법이 광범

15) 『고려사』의 형법지에 휼형제도가 소개되고 있다. 예를 들면 죄인의 직계혈족의 상을 당하거나 죄수 본인이 출산을 할 경우 일정부분 편의를 제공하도록 제도화하고 있다. 심지어는 귀양을 가는 경우도 70세 이상의 부모가 있는 경우 봉양을 위해서 형을 정지하여 부모를 봉양하도록 하고 있다(『고려사』, 권 제85 지 제39 휼형; "諸流移人, 未達前所, 而祖父母父母在鄉喪者, 給暇七日, 發哀周喪, 承重亦同。" "諸婦人在禁臨產月者, 責保聽出, 死罪產後滿二十日, 流罪以下滿三十日。"

위하게 존재하여 기능했음을 짐작할 만하다고 하겠다.

조선에 와서야 우리나라의 전통규범의 모습을 구체적으로 알 수 있다. 고려 말에 등장한 신진사대부들은 당시의 사회적 정치적 모순과 부패를 타파하기 위한 노력을 기울였다. 그 대안으로 등장한 것이 정치제도뿐만 아니라 사회를 이끌어나가는 지도원리로서 유교를 받아들이고자 하는 것이었다. 유교사상으로 무장된 신진사대부들에 의해 건국된 조선은 유교적 통치원리에 따라 국가체제를 정비하게 된다. 이러한 노력을 통해 육부가 국가의 행정조직뿐만 아니라 정부의 통치조직으로서 자리를 잡게 되어 중앙의 육조와 지방관아의 육방제도가 이루어졌다. 또한 개국 초기에 정도전에 의해 편찬되어 기본 법전으로 사용되었던 『경제육전(經濟六典)』도 육부체제로 구성되어 있다. 또한 일반인의 생활을 규율하는 기본 형법으로서 당률을 모범으로 삼은 명(明)나라의 형률인 『대명률(大明律)』을 받아들여서 우리 상황에 맞게 해석하여 『대명률직해(大明律直解)』를 편찬하게 된다. 세종대에 와서는 일반인의 생활의례에 대한 『오례의(五禮儀)』가 만들어지고 이는 결코 개폐할 수 없는 조종성헌(祖宗成憲)으로서의 권위를 지니면서 성종대에 『경국대전(經國大典)』으로 성립되어 반포됨으로써 조선은 유교국가로서의 면모를 전반적으로 갖추게 되었다.

7. 동양 법문화의 특성과 현대사회

동양의 법은 법가의 법치에 의하여 평등한 법문화—아리스토텔레스 정의의 의미로 말한다면 평균적 정의에 따른 법—가 잠시 존재하기도 했지만 주류를 이루었던 유교적 법문화는 유별(有別)적 법문화—이는 배분적 정의에 따른 법—라고 할 수 있다. 서구가 로마시대 이후 사법(私法) 위주의 법이 발달하여 온 반면에 동아시아에서는 주로 공법 위주로 법이 발달

했다는 점에도 여러 이유들이 있을 것이다.

동양 전통법의 전제가 되는 예(禮)는 인간관계에 있어서 신분이나 역할에 따른 구분을 규정한 것이다. 이러한 예는 인간관계에서 자신의 존재감을 살리면서 상대방의 지위나 신분에 맞는 대우를 하는 것이라 하겠다(이재룡, 1998: 284). 따라서 상대방에 따라 요구되는 행동규범은 다를 수밖에 없다. 예에 의하면 국가와 백성 간의 관계에서도 재화를 분배할 때 왕에게는 왕으로서 위엄과 지위를 유지할 정도로 주어지고, 성의 문지기도 또한 자신의 삶을 영위할 정도로 분배되도록 해야 한다. 토지의 분배에 있어서도 맹자(孟子)에 의하면 장정[정남(丁男)] 한 사람에게 100묘(약 3,000평)의 농토를 분배하는 것을 기준으로 삼는 것과 같이 지위가 높은 관료 중심의 분배가 아니라 농사일을 직접 하는 자가 생활 가능한 정도의 토지를 분배하는 것을 기준으로 삼고 있다. 그리고 스스로 일할 수 없는 자들은 관청에서 보호하여 살아갈 수 있도록 해 주고, 특히 홀아비, 과부, 고아, 자녀 없는 노인(이들 네 부류의 사람들을 환과고독(鰥寡孤獨)이라 한다) 등에 대한 보호는 국가의 중요 과업이기도 하였다.

유가의 성현들은 국가의 문제는 얼마나 생산하는가보다 어떻게 분배하는가가 더 중요하다고 보았다.[16] 생산량이 많더라도 분배가 왜곡되면 굶는 자가 있을 것이고, 생산량이 적더라도 제대로 분배된다면 불만 없이 살아간다는 것이다. 이러한 생산자와 극빈자를 배려하는 재화의 분배원리는 오히려 오늘날 복지국가에서 그 의미가 크다고 생각한다.

동양의 법은 인간관계를 보호하고자 한다. 특히 가장 근본이 되는 인간관계인 가족 간의 경우는 국가의 규범이 이를 보호하는 데 주저하지 않는다. 서구법의 전통은 가장에게 무한한 권한을 주고 있다. 로마법에서 가족의 생사여탈권을 가장에게 인정한 것이나, 게르만 전통법에서 가족에 대한

16)『論語』「季氏」"丘也聞有國有家者, 不患寡而患不均, 不患貧而患不安。蓋均無貧, 和無寡, 安無傾。"

체벌을 가장의 당연한 권리로 규정하고 있는 것이 그것이다. 하지만 동양의 경우는 그러한 행위를 지양하고 있다. 유교적 가부장이 가지는 이점이라 하면 부인이 남편에게 상해를 가한 경우 일반인에 비해서 가중처벌되고, 남편의 경우는 감경한다는 정도이지, 서구의 전통법처럼 남편에게 면책권을 인정하지 않는다. 가족구성원이 범죄를 고발하는 것보다는 고발하지 않는 것이 당연한 가족의 정리이며, 심지어는 국사범이 아닌 경우에는 도피처를 마련해 주거나 수사정보를 제공해 주는 것도 혈연적 관계에 따라서는 처벌을 하지 않고 있다.

이러한 국가법의 규정은 동양의 전통법이 혈연이나 가족이라는 가치를 얼마나 보호하고자 하는지를 잘 보여준다고 할 것이다(진희권, 2008). 사회의 최소 구성단위는 가족이라 할 수 있다. 가족은 사회의 구성원이 양육되고 예비 사회인으로서 교육받는 가장 기초적인 단위이다. 하지만 현대의 법은 그 가치를 제대로 보호하지 못하고 있는 것도 사실이다.

서구의 근대법이 추구하는 가장 중요한 가치는 인간존엄이다. 서구법에서 말하는 인간존엄의 영역은 개인의 영역과 사회구성원으로서의 영역으로 나누어 볼 수 있는데 특히 자유주의 법규범이 보호하고자 하는 가치는 인간존엄을 위한 개인의 생명 · 신체 · 재산이다. 독립적이고 개별적 인간으로서 개인의 자유와 안전을 보호하고자 하는 것이다.

하지만 법이 보호하고자 하는 목표가 또한 사회라고 한다면 개인보호와 더불어 인관관계에 대한 보호가 있어야 할 것이다. 인간관계의 가장 기본이 되는 것은 가족이다. 가족이라는 가치는 더구나 오늘날 산업사회에서 일어나는 소외와 범죄의 문제를 해소할 수 있는 하나의 방안이라 할 수 있다. 지금까지 국가가 가족의 문제에 방관했다면 좀 더 적극적으로 가족이 가지는 자연스러운 삶의 방식을 보호하고 그에 대해 관심을 가져야 한다. 왜곡되고 어려움에 처한 가족의 문제에 대하여 방관자가 아니라 적극적으로 문제해결에 임해야 할 것이다.

제 10 장

동양사회사상과 사회변동

| 정성원(한국사회상담연구소) |

여기서는 아래의 네 가지 물음을 던지고, 조선에서 근·현대에 이르는 한국사회를 대상으로 주로 동양사회사상 · 문화 등을 연구해 온 사회학자들, 특히 『동양사회사상』(2013년 이후 『사회사상과 문화』로 제호 변경됨)에 게재된 대표적인 논의들에서 이에 어떻게 답하고 있는지를 살펴볼 것이다. 그 질문은, '사회변동이 한 방향으로 계속 이루어지는가, 아니면 방향을 바꾸어 되풀이되는가?', '왜 사회변동이 일어나는가?', '누가 사회변동을 주도하는가?', '근대성은 무엇인가?' 등이다. 이 네 가지 질문에 대한 대답은 서로 깊이 이어져 있지만, 편의상 각각 나누어서 서술할 것이다.

1. 변동의 방향

이와 관련하여 크게 두 가지 관점이 있다. 변동이 한 방향으로 진행되는지, 아니면 반복되는지? 앞의 논의를 진화론, 뒤의 그것을 순환론이라고 한다. 그런데 기존의 분류방식을 좀 더 잘게 나누어 범주화시킬 필요가 있다. 현실에서 보이는 사회변동의 방향과 관련된 경우의 수를 이 두 가지 논의가 다 포섭하지 못하기 때문이다. 우리는 진화론을, 끊임없이 시간적으로 이어진다고 보는 논의, 즉 '연속적 진화론'과 그리고 그 불연속성에 주목하는 논의, 즉 '단절적 진화론'으로 나눌 것이다. 순환론도 시간적으로 단순 반복된다는 '동위적(同位的) 순환론'뿐만 아니라, 시간에 따라 그 순환의 위상이 상승 · 하강하면서 되풀이된다는 '비동위적(非同位的) 순환론'으로 분류할 것이다. 기존의 분류방식에 하나를 더 보탠 것이, 진화적 관점과 순환적 관점의 통합으로서의 '진화-순환 동시론'이다.

1) 진화론

진화론은 퇴행/반동을 고려하지 않는 직선적 발전/진보에 관한 생각과 이어져 있다. 이와 관련된 논의를 진화론이라고만 이름 붙인다면 놓치는 경우의 수가 있을 것이다. 연구자에 따라 어떤 한 시대를 발전/진보의 연속선상에서 넣고 빼는 경우, 연속적 진화론과 단절적 진화론이 동시에 존재할 수 있기 때문이다. 이를테면, 지금—여기서 문제가 되고 있는 이승만/박정희 시대에 대한 평가 부분이다. 장기적으로는 진화적 관점에 서 있지만, 한편에서는 발전의 연속선상에서 그 시대를 자리매김하고, 다른 한편에서는 그 시대의 반동을 강조하기 때문이다(허수열, 2013 참조). 이러한 의미에서 진화론을 그 연속성과 단절성에 따라 두 가지 관점으로 잘게 나누는 것이 좀 더 적확한 분류로 보인다. 따라서 진화론을 발전/진보와 퇴행/반동을 중심으로, 단절 없이 시간의 흐름에 따라 직선적 발전/진보가 이루어지고 있다는 논의를 연속적 진화론, 반면에 장기적으로는 발전/진보의 흐름이지만 일정 시기에서는 퇴보/반동이나 정체가 발생하는 경우를 단절적 진화론이라고 이름 붙일 수 있을 것이다.

(1) 연속적 진화론

이러한 관점의 대표적인 본보기는 동서양 모두에서 보인다. 동양의 경우 이를테면, “중국 주대의 법가는, 사회는 능력 있는 사람이 무능력한 사람을 지배하는 약육강식의 과정을 통해 발전한다고 본다. 유가의 하휴(下休)는 공자 당대의 세상을 그 종착점으로, 쇠란(衰亂)→승평(丞平)→태평(太平)으로 계속 발전해 왔다고 주장한다. 당대의 유종원(柳宗元)도 봉건론을 통해 지방분권으로부터 중앙집권으로 진행하는 권력 집중화의 발전과정을 말하고 있다. 두우(杜佑)는 중국 미개부족의 생활상을 통해 시간이 흐르면서 생활도 풍족해지고, 인구도 증가한다고 본다. 왕부지(王夫之)는 300년에 작게 변하고, 1500년에 크게 변하는 과정을 거쳐 사회가 발전한다고 주장한다(조혜인, 1998: 6-7).”

서구에서도 근대 이전부터 진화적 관점이 제시되고 있다. 역사적으로 서구는 시간의 맥락에서 인간 · 자연 · 우주를 이해하고, 그 위에서 역사 과정을 직선적 또는 진보적 맥락에서 인식하는 경향이 강하다(강영한, 2001: 82). 이를테면, 아우구스티누스(A. Augustinus)는 그 과정을 타락한 세상에서 신의 세상으로 올라가는 것으로 상정한다(조혜인, 1998: 7). 서구의 경우 근대에 이르러서야 많은 고전 사회학자들을 중심으로 진화적 관점이 본격적으로 표출된다. 우리는 이들의 관점을 연속적 진화론으로 분류할 수 있을 것이다. 왜냐하면 이들은 변동방향과 관련하여 서구사회가 직선적으로 단절 없이 발전/진보해 왔다고 주장하기 때문이다. 서구사회 변동의 방향과 관련하여 연속적 진화론을 대표하는 사회학자들의 관점은 아래와 같다(Macionis, 2010 참조).

이를테면, 스펜서(H. Spencer)는 서구사회가 분화(differentiation), 즉 전문화된 사회적 역할과 제도의 창출을 통한 사회구조의 복합성의 증가로 인해 비일관적인 동질성으로부터 일관적인 이질성으로 변동한다고 본다. 퇴니스(F. Toennies)는, 공동집단(Gemeinschaft)의 전통적 유대가 본질적으로 연합적인 공동체 구성원들을 결속시키지만, 근대성이 사회를 변화시키면서 사람들은 본질적으로 분산적이 되는 이익집단(Gesellschaft)으로 변동한다고 본다. 뒤르켐(E. Durkheim)은 근대화를 분업(the division of labor) 또는 특별한 경제활동의 증대로 정의하면서 이러한 분업과 유대에 기초한 전근대사회는 기계적 유대(mechanical solidarity), 즉 공통적인 도덕적 감정에 기반한 사회적 결속에 의해 지탱된다고 본다. 반면에 근대화가 진행되어 분업이 더욱더 근본적인 것이 되면서 근대사회는 유기적 유대(organic solidarity), 즉 특별한 노동에 종사하는 사람들 간의 상호의존이라는 결속을 통해 유지된다는 것이다. 베버(M. Weber)에게 있어 근대성은 전통적 세계관을 합리적 사고방식으로 서서히 대체하는 것으로, 전근대사회에서 전통은 끊임없이 변동을 제동하는 기능을 한다. 반면에 근대인들은 진리를 심사숙고하는 계산이라는 좀 더 개인문제로 간주한다는 것이다. 마르크스(K. Marx)는 자본주의가 농촌과 소도시에서 인구를 끌어내어 도시에 집중된 영속적–팽창적 시장체계로 편입시킨다는 것이다. 또 전문화는 공장의 효율적인 기반이 될 뿐만 아니라 자본가의 냉혹한 이윤추구가 합리성의 본보기라는 것이다. 그는 자본주의 사회체계 내부의 갈등이 혁명적인 사회변동의 씨앗을 뿌려 궁극적으로는 평등한 사회주의를 초래할 것이라고 믿는다.

서구 학자들의 연속적 진화론의 입장에 터해, 일본 식민지 이후 한국사회의 변동의 방향을 직선적 발전으로 파악하는 대표적인 관점이 식민지 근대화론과 조국 근대화론이다. 교과서포럼의 『대안교과서 한국 근현대사』의 필자들은 식민지 근대화론을 "(식민지 시기에) 오늘날 한국 현대 문명의 제도적 기초가 그 과정에서 닦였음을 강조"(박찬승, 2008: 322에서 재인용)하고 있다. 조국 근대화론과 관련하여, 이를테면 김일영은 "적어도 경험적으로는 산업화 초기 단계에서 발전 지향적 권위주의 체제와 자본주의적 경제발전 사이에 선택적 친화력이 있다"(장상환, 2008: 32에서 재인용)고 하며, 박정희 개발독재 긍정론을 펴고 있다. 일본 식민지 시대와 박정희 시대의 발전과 관련하여 국민호의 연구(2002) 또한 위의 연장선상에 있다고 보인다. 그는 동아시아 발전론에서 거론되는 산업화의 역사적 단절문제를 논의하면서, 일제 식민지 시대에 산업화가 급성장하였고, 이 경험이 이후 한국의 산업화에 영향을 주었다고 하여 연속적인 직선적 발전을 주장한다. 이러한 논의는 한국사회의 변동의 방향과

[그림 1] 연속적 진화론

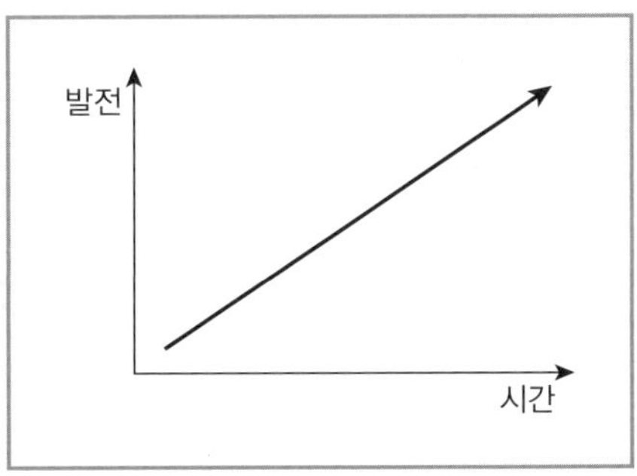

관련하여 하나의 중요한 지점이라고 할 수 있는 식민지/박정희 시대를 발전/진보의 단절보다는 그 연속선상에서 파악하고 있다. 이러한 의미에서 이러한 논의를 연속적 진화론이라고 부를 수 있을 것이다. 이를 도식화하면 앞의 [그림 1]과 같다.

(2) 단절적 진화론

근대 이후 식민지와 독재의 경험이 있는 한국사회의 경우, 그 방향과 관련하여 연속적 진화론과는 다른 진화적 관점을 상정해야 한다. 그 식민지와 독재의 경험에 대한 상반된 논의가 존재하기 때문이다. 앞서 언급한 바와 같이 일본 식민지 시대와 이승만/박정희 시대에 대한 평가가 극단적으로 갈린다. 그 시대를 발전/진보의 단절로 인식하면, 장기적 차원에서는 진화적 관점에 터하면서도 단기적으로는 퇴행/반동으로 규정하기 때문에 그 논의를 기존의 진화론과 구별해 다른 이름으로 불러야 할 필요가 있다.

우리는 그 퇴행/반동의 방향성을 규정하는 한 요인으로 유교에 주목한다. 유교가 한국사회의 발전/진보에서 긍정적인 역할을 수행하든, 아니면 그 반대이든 간에 양자는 공통적으로 진화론의 불연속성을 상정한다. 유교의 부정적 차원을 주장하는 관점에서는 변동의 방해물로서의 유교 때문에 사회발전/진보의 공백이 생길 수밖에 없다. 유교의 긍정적 역할을 주장하는 연구에서도 그 장기적 차원에서 일본 식민지 시대는 한 공백이다. 따라서 그 역할을 긍정하든 부정하든 간에 양자를 단절적 진화론으로 부를 수 있을 것이다. 한쪽에서는 유교의 폐해로 인해 사회발전/진보의 단절이 생기고, 다른 한쪽에서는 일본의 식민지나 박정희 개발독재로 그 발전/진보의 단절이 생기기 때문이다.

유교의 폐해로 인한 부정적 단절의 대표적인 보기는 유교를 지배 이데올로기로 접근하는 근대주의적 입장이다. 최종렬(2006: 163)에 의하면, 이들은 유교를 한국사회의 발전/진보를 위해 청산되어야 할 전근대적인 잔재, 좀 더 구체적으로는 가족주의의 원흉(박영신, 1987), 권위주의 이데올로기의 토대(김호기, 1992) 등으로 규정한다. 유교로 인해 한국사회에서 발전/진보의 단절이 생기고 있다는 의미에서 이들은 기본적으로 진화론의 입장에 서 있지만, 유교가 직선적 진화를 왜곡하고 있다는 점에서 이들의 관점을 단절적 진화론이라고 규정할 수 있을 것이다.

또한 유교의 긍정적 차원에 주목하는 논의도 단절적 진화론에 포함시킬 수 있을 것이다. 이러한 논의는, 유교가 한국사회에서 단절적이지만 발전/진보를 가능하게 한 요인으로 작동한다고 주장하기 때문이다. "유교가 사회발전/진보, 좀 더 범위를 좁히면 경제발전에 대한 미친 영향은 한 사회 내에서도 역사적 경험과 국내외적인 상황 변화에 따라 다르게 나타난다. 이를테면, 전근대 동양사회에서의 유교는 경제발전에 부정적으로 작동했으나, 20세기 중반의 산업화과정에서는 긍정적으로 작용했으며, 개방이 가속화된 1980년대 이후에는 큰 역할을 하지 못한다"(국민호, 1997: 29)는 것이다. 이러한 설명은 전형적인 단절적 진화론이다. 물론 경제발전과 유교의 역할에 국한된 것이기는 하지만, 그 역할에 따라 직선적 발전/진보의 가능과 불가능에 주목한 것이기 때문이다. 위의 논의를 도식화하면 [그림 2]와 같다.

[그림 2] 단절적 진화론

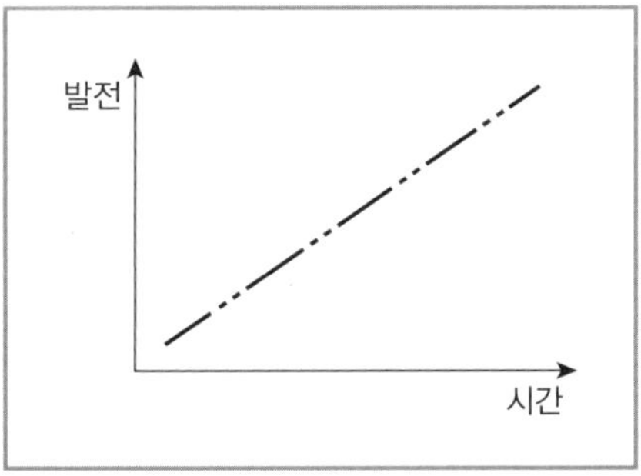

2) 순환론

변동의 방향이 되풀이된다는 논의 또한 진화론처럼 잘게 나누어 규정할 필요가 있다. 이론이나 실천의 차원에서 단순 반복된다는 논의와, 그 위상에 있어 상승 또는 하강을 하면서 반복된다는 논의로 나눌 필요가 있기 때문이다. 기존의 순환론이 그 순환의 위상을 고려하지 않았다면, 우리는 동일한 위상에서의 순환과, 그리고 그 위상을 달리하는 순환을 구별할 것이다. 우리는 전자의 순환론을 동위적 순환론으로, 후자를 비동위적 순환론으로 부를 것이다.

(1) 동위적 순환론

사회변동이 하나의 방향으로 진행할 것이라는 진화론과 달리, 주어진 한 사회와 문화는 성장-쇠퇴가 반복된다는 순환론, 우리의 분류라면 동위적 순환론이 있다. 이와 관련하여 동양에서는 동위적 순환론이 지배적이다. 그 대표적인 본보기가 음양사상이다. 양이 다하면 음이 시작되고, 음이 다하면 양이 시작된다는 생각이다. 아랍 출신의 이븐 할둔(Ibn Khaldun)은 정착민에 대한 유목민의 정복과정에 있어 약 3세대 간격으로 되풀이되는 흥망의 과정을 통해 사회변동의 순환론을 주장한다. 서양에도 이러한 논의가 있다. 이를테면, 슈펭글러(O. Spengler)는 사회를 생물체로 간주하여 각 사회의 변동과정을 출생-아동기-성숙기-사망으로 이어지는 생물체의 일생으로 서술한다. 서구문화도 다른 문화들처럼 생물체와 같이 생장병사(生長病死)를 하는 생애를 따를 뿐이라고 전제하고, 그 문화도 이제 그 삶의 내리막길로 접어들었다고 주장한다(조혜인, 1998: 17). 이러한 음양사상, 이븐 할둔, 슈펭글러 등의 논의는 장기적 차원에서 사회의 변동방향이 순환한다고 보면서도 그 위상을 하나로 설명하고 있다는 점에서, 우리는 이를 동위적 순환론이라고 부를 수 있을 것이다. 이를 도식화하면 [그림 3]과 같다.

[그림 3] 동위적 순환론

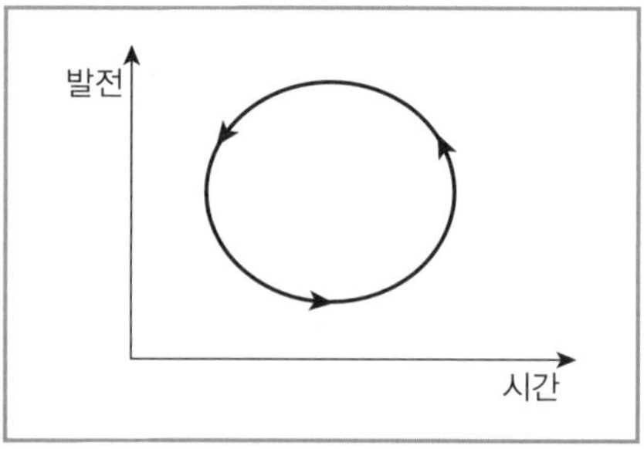

(2) 비동위적 순환론

동일한 위상에서의 순환론의 다른 한편에 그 위상을 달리하는 순환론을 생각할 수 있을 것이다. 순환이 되더라도 앞서의 위상과 다른 위상에서 순환이 이루어질 가능성이 있기 때문이다. 동양의 경우, 하늘의 명령에 따라 기존의 왕조가 멸망하고, 새로운 왕조가 들어선다는 역성혁명 개념이 정치적으로 표현된 대표적인 비동위적 순환론이라고 할 수 있다. 이를테면, 조선의 건국은 고려에 비해 그 순환의 위상이 상승하거나 하강한 상태에서의 순환의 출발일 수 있기 때문이다.

서양에서도 이러한 논의(조혜인, 1998: 19-22 참조)가 있다. 이를테면, 토인비(A. Toynbee)는 사회발전을 도전–대응이라는 순환적 과정으로 전제하면서, 이러한 순환을 더 높은 수준의 문명을 지향하는 진보로 간주한다. 소로킨(P. Sorokin)은, 주어진 사회에는 기본적인 문화유형이 존재하는데, 그 하나가 인간의 상호작용과 상징적 표현이 감각을 충족시키는 감각적(sensate) 유형이다. 감각적 예술은 회화적이고, 철학은 감각을 통해 학습 · 인식될 수 있는 것으로, 이 유형에서는 과학이 중요한 하나의 제도이다. 다른 하나는 마음이나 영혼 등에 호소하는 관념적(ideational) 유형이다. 관념적 예술은 추상적이고, 철학은 신앙이나 신념에 기반한 것으로, 종교가 중요한 하나의 제도이다. 이 둘이 섞여 있는 이상적(idealistic) 유형도 존재할 수도 있다. 소로킨은 모든 사회가 감각적 문화와 관념적 문화 사이에서 그 발전을 순환한다고 본다. 특히, 토인비의 순환론은 그 순환의 위상이 상승하는 경우이기 때문에, 이를 비동위적 순환론이라고 불러야 할 것이다.

최근에 동양사회사상 · 문화 연구자들의 논의에서도 비동위적 순환론이 보인다. 이를 크게 세 가지로 나누면, 첫째는 기존의 동양적 순환론을 재해석하는 것이고, 둘째는 한국사회의 장기적 변동과정에 적용하는 것이고, 마지막으로 순환론에 터해 근대사회의 한계를 극복하려는 논의 등이 있다.

첫째, 동양적 순환론에 대한 부정적 평가를 넘어, "이 순환이 항상 동일한 과정이거나 그 내용이 천편일률적이라는 것은 아니기 때문에, 그 과정은 창조적 순환이라고 할 수 있다"(강영한, 2001: 81)는 것이다. 여기서의 창조적 순환은 기존의 분류방식으로는 포섭되지 않는 용어이다. 왜냐하면 기존의 용어가 단순 반복적 순환론을 가리키고 있다면, 그 창조적 순환은 순환의 위상과 관련되어 있기 때문이다.

둘째, 사회학자 소로킨의 설명 틀에 따라 고려시대를 감각적 단계로, 조선시대를 관념적 단계로, 오늘날을 감각적 단계로 설명하는 논의(조혜인, 1998: 23)가 있는데, 이 또한 그 순환의 또 다른 위상과 관련된 것으로 볼 수 있다.

셋째, 유학(사상)이 탈근대사회의 중요한 사상적 자원(권상우, 2006; 이승연, 2004, 2007a; 이현지, 2013)이 될 수 있고, 그리고 유교를 서구 근대성과 근대서구의 과학적 사회학의 한계를 극복할 수 있는 한 대안으로 접근하는 논의(이영찬, 2001, 2003; 홍승표, 2005)와, 불교에서 현대사회의 한계를 극복할 수 있는 한 실마리를 찾는 논의(유승무, 2005a) 등을 비동위적 순환론이라고 부를 수 있을 것이다.

이를테면, "유학이 예악(禮樂)의 정신과 선양제(禪讓制)를 주장하여 유교의 계급성과 전제주의를 극복하고자 하였으나 그 목적을 달성한 적은 없었다"(권상우, 2006: 83)고 한 점에서 조선사회에만 국한시키면 그 순환의 위상은 낮은 것이다. 그러나 탈근대사회에서는, 유학이 차이성을 소통시켜 주는 소통적 이성을 추구할 수 있음을 주장하고 있다는 점에서 그 순환의 위상이 상승할 수 있음을 밝히고 있다. 그리고 이항로의 국가사상이 탈근대적 국가상과 합치될 수 있다고 주장하는 것 또한 그 사상의 순환 위상이 달라질 수 있음을 보여주는 것이다(이승연, 2004). 이영찬(2001)과 홍승표(2005)는 "유교를 재해석하여 탈근대적인 사회세계와 사회학에 이를 다시 되살리려는"(최종렬, 2006: 162) 작업을 하고 있다. 또한 현대사회가 욕망과 자본주의의 악순환 때문에 여러 가지 사회문제를 해결하지 못한다고 전제하면서, 탈근대성과 불교의 사상적 친화성을 바탕으로 불교의 중도와 탈근대적 진보의 선순환 모델을 모색하기도 한다(유승무, 2005a).

이 연구자들 논의의 핵심은 유교나 불교가 다시 부활하여 새로운 순환의 시작을 가능케 하는 하나의 동인이라는 점이다. 그럼에도 이전에는 유교나 불교가 그 본질을 다 펼쳐 보이지 못했지만, 향후에는 온전히 드러날 것이라는 생각은 그 순환의 위상이 상승할 것이라는 점에서 비동위적 순환론이라고 이름 붙일 수 있을 것이다. 이를 도식화하면 [그림 4]와 같다.

[그림 4] 비동위적 순환론

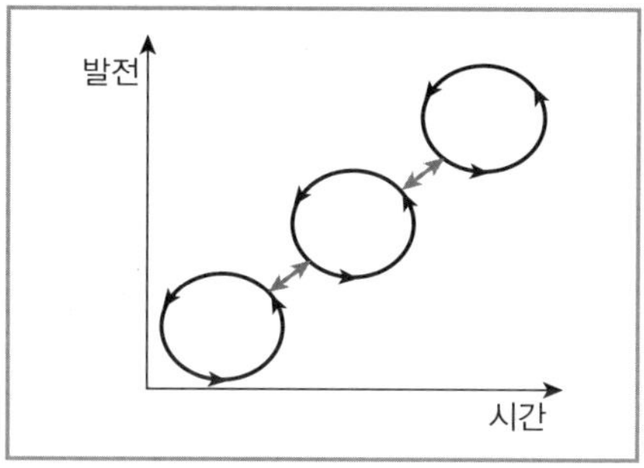

3) 진화-순환 동시론

동양사회사상의 핵심 가운데 하나가 조화인데, 사회변동의 방향과 관련해서도 진화-순환의 조화로운 상태가 가능할 수 있다. 이에 관련된 대표적인 논의가 주역의 변동이론이다. 이를테면, "주역의 변동이론은 교역(交易)과 변역(變易)의 개념을 통하여 공간적 변동과 시간적 변동을 상호존재의 조건을 인정함으로써 매우 입체적으로 변동을 설명할 수 있다. 주역적 변동은 진보적 변동과 순환적 변동, 직선적 진보와 반복적 순환이 통합된 나선적 진보의 형태를 취하고 있다"(이영찬, 1999: 93-96). 그가 말하는 나선적 진보는 우리의 분류에 의하면, 진화-순환 동시론으로 재규정할 수 있을 것이다.

근대서구에서도 이와 유사한 논의가 베버에서 발견된다. 앞서 언급했듯이 베버는 합리화 개념으로 근대(서구)사회의 변동의 방향을 연속적 진화론으로 설명하고 있다. 그런데 그의 카리스마(charisma) 개념은 순환적 차원을 보여주고 있다. "베버는 카리스마에 관한 한 하나의 순환론적 과정이 있음을 말한 바 있다. 카리스마적 지도자가 이후 그의 카리스마는 개인적인 자질로부터 제도 속으로 용해되는 과정이 자리 잡게 되는데 이것을 베버는 카리스마의 일상화(routinization of charisma)라고 불렀다. 그리하여 그것이 고착되면 다시 새로운 카리스마적 지도자가 그것을 혁파하는 과정이 나타난다고 본다. 카리스마적 지도자의 등장과 그 제도화의 순환과정이 반복될 수 있음을 말한 것이다" (조혜인, 1998: 15-16). 물론 베버가 진화론과 순환론을 각각 나누어서 설명하고 있지만, 우리의 분류에 의하면, 베버의 이러한 논의를 진화-순환 동시론으로 규정할 수 있을 것이다. 이를 도식화하면 [그림 5]와 같다.

[그림 5] 진화-순환 동시론

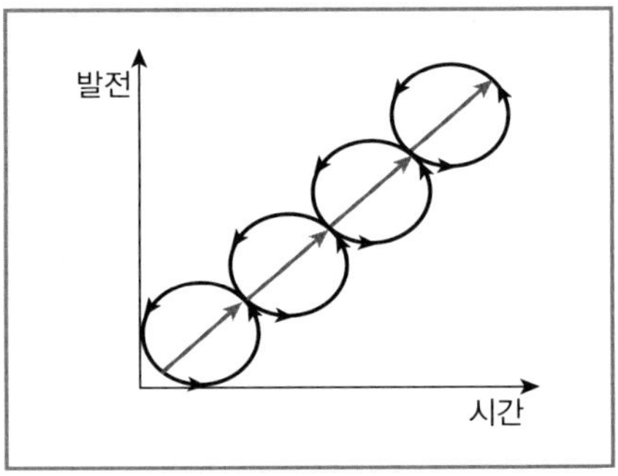

2. 변동의 원인

사회변동의 원인은 아주 다양하다. 우리는 변동의 원인으로 문화, 갈등, 종교, 지도력, 정치조직 등에 주목한다.

1) 문 화

문화는 새로운 요소들이 추가되면 기존의 요소들이 사라지는 하나의 역동적 체계이다(Macionis, 2010). 문화로 인한 변동에는 아래의 세 가지 원인이 작용할 수 있다. 첫째, 발명은 새로운 물건, 생각, 사회유형 등을 만들어 낸다. 둘째, 발견은 사람들이 세계의 어떤 요소들을 면밀히 관찰하거나 새로운 방식으로 그 요소들을 학습할 때 이루어지게 된다. 셋째, 확산은 무역, 이동, 전 세계에 걸친 문화요소들을 확장시키는 매스 커뮤니케이션의 변동 등을 초래한다.

여기서는 동양사회사상 · 문화 연구자들이 주로 논의해 온 확산을 중심으로 살펴볼 것이다. 이는 발명과 발견에 관한 연구가 양적 · 질적으로 미흡하다는 의미이다. 이는 향후 연구과제이기도 하다. 조선시대 이후 한국사회의 변동의 한 원인으로 작동한 확산은 크게 세 가지로 나누어 볼 수 있을 것이다. 그것은 중국 성리학의 수입(김충열, 2003; 손미정, 2003), 서구의 충격(신용하, 1998; 정성원, 2002), 한류(김성환, 2007; 이동인, 2007; 최석만, 2007) 등이다. 첫 번째와 관련해서는, 이를테면 원나라 성리학자인 오징(吳澄) 철학이 조선 초 성리학의 체계를 세운 권근(權近) 철학에 영향을 미쳤다는 연구(손미정, 2003)가 있다. 두 번째와 관련해서는, 이를테면 서구의 충격으로 구한말의 성리학자들이 이에 어떻게 대응하고 있는지를 살펴본 연구(정성원, 2002)가 있다. 외부로의 확산에 관한 논의도 있다. 이를테면, 한류에 대한 기존의 일방적 문화전파론의 한계를 지적하면서, 한류는 문화의 상호소통 관점에서 볼 때 정상적 문화현상으로, "아주 오래된 문화소통의 한 흐름으로 문화사적 재현성, 즉 차이를 가진 문화의 소통이라는 문맥에서 유구한 문화현상으로 끊임없이 재현"(김성환, 2007: 87)된 것으로 본다.

2) 갈 등

주어진 한 사회 내에서의 긴장과 갈등 또한 변동을 초래한다(Macionis, 2010). 마르크스는 계급갈등이 하나의 역사시대를 다른 시대로 변화시키는 엔진이 된다고 본다. 산업-자본주의 사회에 있어 자본가와 노동자 간의 투쟁이 그 사회를 사회주의적 생산체계로 이행시킬 것이라고 주장한다. 물론 그 모델이 사회변동을 지나치게 단순화시켰다는 비판을 받지만 사회계급, 성, 인종 간의 불평등에서 야기되는 사회적 갈등이 사회변동을 초래한다는 점은 정확하게 지적했다.

조선시대 이래로 계급갈등을 사회변동의 한 원인으로 지적하는 논의는 적지 않다. 그 대표적인 논쟁이 내재론 대 정체론, 식민지 근대화론 대 식민지 수탈론 등이다. 이러한 논의는 기본적으로 자본가 대 임노동자의 갈등이 한국사회의 변동을 초래한 것으로 본다. 물론 자본가의 성격을 둘러싸고는 서로 다른 의견을 보인다. 또한 종교갈등이 사회변동을 초래한다는 연구(박병진 · 김병수, 2013; 유승무, 2009)도 있다.

기본적으로 유교 그 자체를 변동의 한 원인으로 간주하지 않는 논의가 있다. 유교의 보수성과 정체성(停滯性) 때문에 한 사회 내에서 긴장과 갈등을 초래하지 않는다고 본다. 유교에 덧씌워진 이러한 혐의를 반박하면서, 그것의 다양한 동태성과 다면적 체계성으로 변동을 설명하는 논의(이승연, 2007b; 최우영, 2003, 2009)가 있다. 이를테면, "유교의 내적 긴장 요인들이 구체적 현실과 결합하면서 정치 사회적 갈등의 주요한 배경으로 작용하고 있다. 이러한 요인들은, 역사적 차원에서는 원시 유가들의 비판적 재야성과 권력에의 의지라는 상반된 긴장을 초래하고, 이론적 차원에서는 성리학으로부터 평등과 불평등, 정의성과 공공성, 종교성과 정치성 사이의 존재론적 긴장들을 초래한다. 이러한 긴장들이 유교를 현실과 치열하게 마주치게 한 결정적 통로"(최우영, 2003: 97)라는 것이다. 다시 말해 유교의 역사적 · 이론적 차원에서의 긴장과 갈등이 변동을 초래할 수 있다고 보는 것이다.

3) 종 교

많은 형태의 종교적 신념과 관습은, 특히 전통적 가치와 의식을 고수하려고 할 경우에는 변동의 방해물로 작용하는 반면에, 어떤 종교적 신념은 변동의 압력을 결집시키는 역할을 수행하기도 한다(기든스, 2011: 124). 이에 우리는 조선시대 이래로 현대에 이르기까지 '유교/불교가 변동의 보수적 힘인가, 아니면 혁신적 힘인가?' 라는 물음에 연구자들이 어떻게 답하고 있는지를 살펴볼 것이다.

유교의 역할과 관련하여, 최종렬(2006: 161-162)에 의하면, "베버의 전통에 따라 유교가 자본주의 발전에 어떠한 역할을 수행하는지 초점을 맞추는 흐름이 있다. 이는 다시 둘로 갈리는데, 유교는 프로테스탄트 윤리 중 세속적 금욕주의에 해당하는 윤리가 없어 자본주의를 추동하는 금욕적 노동관을 만들지 못하였다는 주장이 있고, 이를 뒤집어 유교에서 프로테스탄트 윤리의 세속적 금욕주의의 기능적 등가물을 찾아 동아시아 경제발전을 설명하는 연구"(국민호, 2007; 김석근, 1999; 유석춘 · 최우영 · 왕혜숙, 2005; 최석만, 2012)도 있다.

물론 유교의 보수성과 정체성에 주목하여 유교 자본주의론과 유교 민주주의론을 비판하거나 유교의 역할에 대해 부정적인 논의들(이상익, 2001; 장현근, 2008; 전상인, 2000; 정성원, 2013)도 적지 않지만, 기본적으로 후자의 연구들은 유교와 자본주의의 결합이 사회변동에 일정 정도 기여했다고 본다. 이를테면, "유교의 현세 지향적 성격과 질서 의식, 가족에 대한 헌신과 차별적 인간관, 자기 수양 및 교육에 대한 강조와 그에 따른 극단적인 도덕주의적 가치관, 사회적 관계의 중시와 연고주의, 집단 지향적 성격 등이 독특한 아시아적 가치관을 창출하였는데, 이러한 가치관이 자본주의 체제와 결합되어 예기치 못한 결과로서 급속한 경제성장을 가져왔다"(국민호, 2007: 183)고 주장한다. 또한 유교의 종교적 의미, 즉 효(孝)에서 한국 자본주의 발전에 깊이 연계된 거시적 사회변동의 심층지반을 찾기도 한다(유석춘 · 최우영 · 왕혜숙, 2005). 구체적으로 기업경영과 관련하여, 주자학적 경영방식이 현대 기업경영이 표방하는 장기적 이익과 유사성을 가지고 있다고 주장한다(권상우, 2007). 후자의 논의에서도 약간의 차이는 있다. 이를테면, 기능적 등가물에 대해서는 부정하면서도 유교의 덕목, 다시 말해 베버가 말한 유교의 현세에 대한 합리적인 적응으로 동아시아 경제발전을 설명한다(김석근, 1999).

뿐만 아니라 유교/불교와 민주주의 결합을 사회변동의 차원에서 접근하는 연구(유승무, 2005b; 이황직, 2013; 최석만, 1999)도 있다. 이를테면, 유교의 지성적 · 비판적 전통을 계승한 4·19혁명 과정의 대의의 관념과 실천이 유교가 민주화와 민주주의 정치에 기여할 수 있음을 입증한 모범적 사례라고 본다(이황직, 2013). 또한 불교의 정치문화 전통, 즉 연기법의 가치지향성과 승가의 의사결정방식 속에서 민주주의적 요소들을 발굴하고, 나아가 그 탈현대적 함의를 도출하기도 한다(유승무, 2005b).

양비론의 입장에서 유교가 한국사회 변동의 원인으로 작동하고 있지 않다는 점을 밝히는 연구도 있다. 이를테면, 이러한 연구는 "문화적 전통과 민주주의와의 관계에 관하여 근대화론자들의 주장처럼 전통을 타파해야 정치적 근대화가 이루어진다거나, 아시아적 가치론에서처럼 민주주의 자체를 서구에 특수한 것만으로 간주하고 비민주적 전통만을 부각하는 두 가지 입장에 모두 반대한다. 한국사회의 대표적 전통인 유교 혹은 민간신앙과 민주주의 간의 관계에 대해 단선적 가정을 넘어 전통과 민주주의 간에 다층적인 관계가 존재한다. 요컨대, 전통적 가치와 민주주의와의 관계는 단편적이거나, 단선적이지 않다"(신광영 · 정철희, 2002: 109)는 것이다.

4) 지도력

기든스(2011: 125)는 사회변동을 초래하는 한 요인으로 지도력을 들고 있다. 개별 지도자, 이를테면 단지 위대한 종교적 인물, 정치적이고 군사적인 지도자, 혹은 과학이나 철학에서의 혁신 등이 세계 역사에 엄청난 영향을 미쳤다. 역동적인 정책을 추구해 대중의 추종을 이끌어낼 수 있는 지도자, 혹은 구태의연한 사고방식을 급진적으로 변화시킬 수 있는 사람들은 기존의 질서를 전복할 수 있다. 베버는 사회변동에서 카리스마적 지도자의 역할에 대해 고찰했다.

이와 관련하여 한국사회의 변동에 있어 여러 가지 형태의 지도력이 있지만, 여기서는 대표적인 인물인 조선시대의 영·정조와 박정희를 중심으로 살펴볼 것이다. 영·정조 또는 박정희의 지도력이 한국사회 변동에 기여한 바가 무엇인가? 먼저 영·정조의 지도력(김백철, 2010; 김성윤, 1998; 박광용, 1998; 박현모, 2000, 2003; 정옥자, 1991; 정석종, 1994; 한영우, 1997)과 관련하여, 이를테면 17세기 붕당정치의 시기에서 18세기 탕평정치로 이행되는 과정에 영조의 지도력이 작동하여 사회 전반의 운영체제나 정치사상의 인식구조 등 패러다임의 총체적 변화가 있었다고 보는 주장이 있다(김백철, 2010: 36). 찬성과 반대의 논의를 동시에 펴는 연구(박현모, 2000, 2003)도 있다. 이를테면, 변동에서 그 지도력을 인정하는 논의와 관련하여, "정조는 붕당정치의 폐단을 깊이 인식하고, 시비 판명자이자 분쟁의 중재로서, 그리고 명실상부한 정치의 주체로서 국왕의 역할을 강조하였다"는 것이다. 반면에 "국왕의 직접적인 국정 개입은 공론정치를 더욱 취약하게 만들고, 관료들의 책임과 소명의식을 약화"(박현모, 2000: 45)시키기도 한다는 것이다.

변동의 한 원인으로서의 박정희의 지도력과 관련된 연구(김일영, 2005; 손호철, 1997; 이병천, 2007; 정일준, 2011; 조희연, 2010; 한국정치연구회 편,

1998; 한홍구, 2005; 홍윤기, 2003)는 적지 않다. 그 지도력을 인정하는 대표적인 논리는 산업화 초기 단계에서 자본주의적 경제발전과 권위주의적 발전국가 사이에 선택적 친화성이 있음을 인정하는 것이다(김일영, 2005). 이러한 주장과 달리 그 요인뿐만 아니라 다른 요인들로 한국사회 변동을 설명하기도 한다. 이를테면, "경제성장에 기여한 숱한 인적 · 물적 · 제도적 선행조건들, 미국의 제 세계 변형전략으로서의 근대화 프로젝트, 그리고 아시아의 냉전구조 등 박정희 개인이나 박정희 정권을 뛰어넘는 헤아릴 수 없이 많은 변수들이 각기 다른 시점에 다른 정도로 결합하여 다른 경로를 만들었다"(정일준, 2011: 88)는 논의이다.

5) 정치조직

정치조직이 주어진 한 사회의 발전과정에 영향을 미칠 수 있다(기든스, 2011: 126). 유교 자본주의(국민호, 2007), 사회구조적 조건(전태국, 2003), 가족제도와 규범(왕혜숙, 2013)과 관련지어 정치조직이 사회변동의 한 원인이 된다는 논의가 있다. 먼저 유교 자본주의와 정치조직을 관련지어 변동의 원인을 설명하는 논의가 있다. 이를테면, "한국사회에서 유교문화와 자본주의 제도의 결합이 경제발전에 긍정적인 결과를 이룩한 것은 사회 전반에 정치적 민주화와 경제적 자유화가 본격적으로 실시되기 시작한 1980년대 후반 이전의 시기였다. 즉, 경제적으로 산업화 초기이고 동시에 정치적 민주화가 이룩되기 이전의 과도기로서 국가가 상대적으로 강한 힘을 갖고 있던 시기에 급속한 산업화 및 경제성장이 이루어졌다고 볼 수 있다. 이 시기는 아직 정치적 민주화가 이루어지기 전으로, 국가에 의해서 사회 전반에 대한 강력한 압박과 통제가 가능한 강한 국가 시기였다"(국민호, 2007: 183)는 것이다.

또한 넓은 의미의 사회구조적 조건을 사회변동의 한 원인으로 설명하기도 한다. 이러한 논의는 기본적으로 발전을 순전히 문화로부터 설명하는 것을 문제 삼고 있다. 이를테면, "전통적 사회의 제도적 틀을 파괴한 정치적 격변과 제도적 개혁이 전통적 사회에서는 질식되었던 발전의 충동을 풀어놓았다. 한 문화가 발전을 방해하느냐 촉진하느냐는 사회구조적 조건에 좌우된다"(전태국, 2003: 40)는 것이다. 가족제도와 규범의 변동에 있어 정치적 맥락에 주목하기도 한다. 이를테면, "가족은 각 사회가 처한 사회적 · 정치적 환경에 따라 지속적으로 재구성되는 문화적 산물이기 때문에, 중국 유교라는 동일한 역사적 유산이 한국과 대만 각 사회의 특수한 정치적 맥락에 따라 근대적 수용과 변용과정이 달라진다"(왕혜숙, 2013: 351)는 것이다.

3. 변동의 주체

변동의 주체와 관련하여 동양과 근대서구의 사유가 다르다. 이를테면, "주역의 변동론은 변동의 주체와 객체를 통합한다. … 주희의 일음일양(一陰一陽)으로서의 변동은 대립하는 존재를 전제로 하여 성립되는 변동이다. 다시 말해 서로 반대되는 것이 서로를 이루어준다는 상반상생(相反相生)의 논리로서의 일음일양론은 피(彼)의 존재를 아(我)의 존재를 위한 필수 불가결한 요소로 전제하는 동시에 이를 통하여 생생변화(生生變化)가 이루어진다는 것이다. 이러한 관점에서 변동의 주체는 명확히 드러나지 않으며, 따라서 변동의 주체와 객체는 구분되지 않는다"(이영찬, 1999: 95)는 것이다. 그럼에도 변동을 궁극적으로 표출해 내는 존재는 행위자로서의 인간인데, 이렇듯 변동의 주체가 되는 집단을 담지자(support, carrier, agent)라고 부른다(조혜인, 1998: 45). 이러한 담지자의 형태에는 계급, 엘리트, 지식인 등이 있다.

1) 계 급

마르크스는 경제적 생산관계에 따라 계급의 대립구도를 설정하는데, 새로운 사회는 종래 피지배계급이었던 집단의 세력이 부상하면서 그 집단이 자신의 이익에 맞는 체제를 도입함으로써 자리 잡게 된다(조혜인, 1998: 45).

이렇듯 계급을 변동의 주체로 설정하는 대표적인 논의가 조선 시대/일본식민지 시대/박정희 시대의 사회성격론이다. 먼저 조선사회, 특히 후기사회 성격론과 관련하여 자본가-임노동자 계급의 존재 유무를 놓고 열띤 논쟁이 있다. 즉, 정체론과 내재적/자생적 근대화론이다. 전자는 베버와 마르크스의 동양사회에 대한 관점과, 그리고 식민지 시대의 식민사관이 그 대표적인 논의이다.

기본적으로 베버와 마르크스의 동양 정체론에 대한 연구(최우영, 2012)의 반대편에 내재적/자생적 근대화론이 자리하고 있다. 이를테면, 농업부문의 경영형 부농(김용섭, 1995), 상·공업부문에서의 상업 · 산업자본가(강만길, 2000; 송찬식, 1997)를 변동의 한 주체로 설정한다. 이들은 그 존재 양태를 달리하지만 조선 후기에 자본을 축적하기 시작하는 자본가 계급의 등장을 확인하고 있다. 일반적으로 현대 서구사회에서 확인되는 자본가 계급은 상공업이나 농업에서 축적한 부를 기반으로 지배계급인 군주와 귀족들을 상대로 자신들의 법률적 권리를 요구하고, 쟁취하였다. 그러나 조선후기에 출현한 자본가 계급은 그러한 요구나 투쟁 대신에 양반 참칭, 매관매직, 허위족보 매입 등을 통해 지배계급에 편입하려는 시도를 한다. 뿐만 아니라 근대서구의 자본가 계급이 자신들의 문화적 정체성 구성을 위해 자체의 독특한 문화를 만들어 내었다면, 조선후기의 자본가 계급은 당시의 지배문화인 양반문화를 모방함으로써 그 정체성을 기존의 지배계급과 동일시하고 있다. 서구의 자본가 계급이 기존의 봉건적 신분질서를 무너뜨리는 데 주도적인 역할을 하였다면, 조선의 자본가 계급은 사농공상(士農工商)의 틀에서 벗어나지 못했던 것이다. 조선 후기의 사회변동과 관련하여 계급을 변동의 주체로 설정하는 데 있어, 그 이중적 성격을 읽을 수 있다.

일본 식민지시대의 자본가-임노동자 계급의 존재와 그 특성과 관련된 대표적인 논의가 식민지 근대화론(안병직, 1997)과 수탈론(신용하, 1997)이다. 전자는 일본의 식민지 지배로 서구적 의미의 근대가 이식된 것으로 본다. 이는 18세기에 토지 소유관계의 변화에서 확인되듯이 18세기에 근대 자본주의의 맹아가 싹텄다는 자생적 근대화론을 반박하는 논의이다. 식민지 근대화론에 의하면, 일본의 식민지배는 빛과 그림자라는 차원에서 양면적이다. 이를테면, 일본 식민지 시대의 한국 산업화의 주체로 자생적인 자본가 계급을 들고 있으며, 이 시기에 한국 특유의 국가와 기업과의 관계가 만들어지고, 자본가 계급과 일반 민중과의 관계도 정립된 것으로 보고 있다(국민호, 2002: 119). 반면에 자생적 근대화론에 의하면, 그 지배는 자생적 근대화의 길을 차단한 것으로 본다. 이 두 가지 논의는 일본 식민지시대의 성격과 관련해서는 다른 입장이지만, 그 변동의 주체로서의 자본가-임노동자 계급에 대해서는 관점을 같이하고 있다.

2) 엘리트

변동의 주체와 관련하여, 파레토(V. Pareto; 이하 조혜인, 1998: 46)는 정치적 지배의 차원에서 권력 보유집단으로서의 지배 엘리트(elite)에 초점을 맞춘다. 그는 엘리트를 정치적 지배의 재능이 있느냐, 그에 걸맞은 자리를 차지하고 있느냐에 따라 실제적 엘리트와 잠재적 엘리트로 나눈다. 사회체계가 새로 구성되면 잠재적 엘리트와 실제적 엘리트가 나누어지지 않지만 시간이 흐르면 양자의 분리가 이루어진다. 이로 인해 지배집단이 잠재적 엘리트를 포섭하지 못하게 되면서 불만이 누적, 심화된다. 이들이 평등주의 아래 대중들을 선동하면 실제로 지배능력이 없는 자들로 구성된 기존의 지배 엘리트는 이에 제대로 대응하지 못한다. 이 경우 혁명이 성공하면 다시 잠재적 엘리트=실제적 엘리트의 구도가 자리 잡는다. 이후에 앞서의 과정이 다시 반복된다는 것이다. 이러한 일련의 과정에서 엘리트가 변동의 주체로 역할을 수행한다.

조선시대의 정치 엘리트들의 순환으로 변동의 주체를 설명하는 논의들이 있다. 그 대표적인 연구가 훈구정치-사림정치/붕당정치-탕평정치-세도정치, 특히 환국(換局)에 관한 논의이다. 물론 범주 설정과 관해서는 서로 다른 관점을 보이고 있다. 이를테면, 이재룡(2009: 148-149)에 의하면, 붕당정치와 사림정치의 범주를 구분해야 한다는 주장과 그렇지 않다는 주장으로 나뉜다. 전자는 붕당정치를 하나의 정치형태로 인정할 수 없다는 입장이다. 왜냐하면 "붕당공존은 단지 집권세력이 상대세력의 정치적 반대의견을 허용하는, 즉 재야 정치세력의 비판을 어느 정도 수용함으로써 정치적 안정을 도모하고자 한 것에 불과하다는 입장"이기 때문이다. 그래서 이들은 "붕당정치 대신에 사림정치가 조선조 후기의 독특한 정치형태라는 점에 의견의 접근을 보이고 있다. 사림정치는 권력의 배분에 의한 정치의 안정, 정치이론의 정립을 바탕으로 한 정치 지향점에 대한 확립, 부정부패의 방지를 통한 정계의 청신한 기풍진작을 전제로 했기 때문에 정치라는 용어를 사용할 수 있다는 설명과 함께 사림정치는 영조 대의 탕평정치의 실시와 함께 끝남에도 불구하고 붕당은 조선조 말까지 지속된다는 점에서 차이가 있다"는 것이다.

붕당정치와 사림정치를 구별할 수 없다는 논의는, "사림들의 중앙 정치무대에서의 활동은 영조 대에 완전히 끝난 것은 아니었으며 이후로도 정도의 차이는 있을지언정 지속성을 나타내고 있다. … 붕당과 사림의 관계는 그렇게 분명한 구별을 허용하지 않는 것이다. … 결국 성리학의 이념을 공유하고 있으나 정치적으로 갈등을 겪을 수밖에 없는 구조를 붕당이라는 특수한 정치적 형태로 소화하면서 사림이 서로의 공존을 모색하는 정치적 화해와 타협의 모습이 바로 붕당정치라고 할 수 있다"는 것이다. 범주 설정과 관련하여 일정 정도의 편차를 보이고 있지만, 이러한 정치의 변화는 결국 엘리트의 순환으로 볼 수 있다는 점에서 우리는 엘리트를 변동의 한 주체로 설정해야 한다고 보는 것이다.

3) 지식인

사실 경제적 구분인 계급이 커다란 비중을 차지하기 전, 인류의 많은 사회에서는 일반적으로 지식인 집단이 변동의 한 주체로 일정 정도의 역할을 수행한다(조혜인, 1998: 47). 이와 관련된 대표적인 논의는 조선시대의 사림의 역할(최우영, 2012)에 관한 것이고, 그 이후의 사회운동의 한 축으로 활동한 지식인, 특히 (대)학생들에 관한 연구이다.

이와 관련하여 특정 시기에 국한된 논의이기는 하지만, 이를테면 이승연(2008)의 논의는 시사적이다. "조선에 있어 주자학의 서민화 내지 민중화는 정권으로부터 소외된 재지 사림들에 의해 수행되고, 이들에게 일종의 시대적 과제를 부여하고, 그것이 또한 주자학이 조선의 지배이념이 될 수 있는 한 원인"(이승연, 2008: 209-210)이라는 것이다. 유교 지식인에게서 (탈)근대사회로의 발전의 실마리를 찾으려는 연구 또한 이들을 변동의 한 주체로 설정하려는 것이다. 이재룡(2009)은 유교 지식인들의 도학적 정치 이상에 기반한 조선 후기의 붕당정치를 현대 한국사회의 정당정치에 원용할 수 있음을 논의하고 있으며, 이승연(2004)은 이항로의 국가사상에서 탈근대적 국가상을 모색하고 있다. 그리고 이황직(2013)은 유교적 가치라는 내면적 동기 아래 결집된 유교 계열의 지식인들의 네트워크가 4·9혁명의 전개 과정과 결과에서 매우 중요한 역할을 수행한 것으로 보고 있다.

4. 근대성

한국에서 근대국가와 근대사회, 그리고 근대인은 언제 출현했는가? 한마디로 말해 근대성에 관한 물음이다. 이는 변동과 관련된 여러 논의들 가운데 또 하나 우리의 관심을 끄는 질문이다. 위에서 언급한 변동의 주체와 곧바로 이어져 있는 의문이다. 이에 대해서는 이미 여러 진술이 제출되어 있다. 이를테면, 정체성론 대 자본주의 맹아론, 식민지 근대화론 대 식민지 수탈론, 조국근대화론 대 개발독재론, 단선진화론 대 중층근대성론 등이다.

여기서는 최근의 중층근대성론과 관련된 논의를 중심으로 근대성에 대해 살펴볼 것이다. 우선 우리의 관심을 끄는 것은 모던(modern)의 한국적 개념화를 시도한 연구이다. 이를테면, 신종화(2013)는 『조선왕조실록』을 분석의 대상으로 삼아 모던(modern)의 번역어로서 사용되어 온 근대(近代)와 관련 용어들을 해석적으로 이해하고 있다. 이를 통해 500년 이상 지속된 조선의 행정계급(왕, 관료, 사대부 등)의 역사인식을 살펴보고 있다. 요컨대, "조선의 행정계급에게 근(近)/금(今)은 당대의 문제를 인식하고 그 문제를 해결하는 데 필요한 언어적 기능을 수행하였다. 이 기능은 추가적으로 고(古) 개념의 활용과 더불어 진행되었다. 이러한 관찰을 바탕으로 조선시대의 행정계급이 문화적으로 갖고 있었던 '당대'에 대한 진지한 문제의식과 해결 노력의 흔적을 확인하고"(신종화, 2013: 6) 있다.

이론적 · 역사적 차원에서의 중층근대성에 관한 대표적 논의는 김상준의 연구(2007)이다. 그에 의하면, 근대성=서구성, 근대화=서구화라는 등식을 부정하면서, 근대성이 오랜 역사의 흐름 속에서 중층적으로 형성되었다고 주장한다. 구체적으로 초월성과 세계성이라는 근대성의 원형적 계기인 원형 근대성은 여러 문명권에서 동시적으로 자본주의 이전 단계의 초기 근대로 나타난다는 것이다. 이러한 시대를 이어 출현한 것이 본격 근대인데, 이를테면 서유럽의 경우 다른 문명권의 문화 수용·발전과 더불어 식민 지배를 매개로 이에 진입한 것이다. 이어 나타난 것이 지구 근대성이다. 이는 원형적 근대성과 식민-피식민의 복합적 구성을 기반으로 전개된다. 그런데 이러한 초기 근대, 본격 근대, 지구 근대성은 기존의 논의처럼 단선적 발전 과정과는 다르다. 왜냐하면 그 과정은 상호 연동, 침투, 교직하는 다양한 경로와 양상을 서로 다른 문명권 속에서 그 모습을 드러내기 때문이다. 김상준은, 모든 사회는 독자적인 근대성에 대한 역사와 전개 과정의 양상을 가지게 되며, 조선 후기 사회에서도 역사적 근대의 발전을 찾을 수 있다고 주장한다.

이와는 좀 다른 각도에서 한국사회의 근대성에 접근한 연구도 있다. 이를테면, 공론장의 구조변동에 관한 하버마스에 연구에 기대어 19세기 중반 이후의 근대성을 논의하고 있는 송호근의 연구(2013)가 이에 해당된다. 그에 의하면, 1860년대에 이르러 문자 해독력을 갖춘 문해인민(文解人民)이 주체의식과 존재론적 자각을 갖게 된 자각인민으로 진화하면서, 양반 공론장이 쇠퇴하고, 평민 공론장이 확대된다. 이어 갑오 정권에서 대한제국에 이르는 근대 이행기에 조정 담론장의 영향력이 쇠퇴하고, 양반 공론장을 이은 지식인 공론장이 형성된다. 아울러 동학에서 기인한 종교적 평민 공론장이 세속적 평민 공론장으로 부활하면서 지식인 공론장과 평민 공론장이 상호 연대, 공명한다는 것이다. 요컨대 자각인민이 근대적 개인을 거쳐 시민으로 등장하는 과정을 통해 근대성에 접근하고 있다. 근대적 개인이 사회를 구성하는 주체라면, 개인과 사회가 근대성을 획득해 가는 과정에서 개인은 시민으로 발전한다고 본다. 이를 통해 한국 근대 기원론을 주장하고 있다.

5. 연구과제

물론 동양사회사상이나 문화적 차원에서 변동을 다룬 연구가 있기는 하지만, 대체로 사회변동에 관한 논의가 미흡한 편이다. 이는 아마도 한국 사회학계의 이에 대한 관심 부족과 그 궤를 같이하고 있다고 보인다. 그럼에도 사회변동에 관한 향후 연구의 지평을 확대, 심화시켰으면 하는 바람에서 몇 가지 점을 지적할 것이다.

첫째, 방법론에 있어 기본적으로 사회변동은 통시적 접근이 필요한데, 이에 기반한 연구가 별로 눈에 띄지 않는다. 물론 몇몇 연구자(이를테면, 김상준, 신종화 등)의 성과가 돋보이지만, 역사사회학적 접근이 기대된다.

둘째, 좀 극적으로 말하자면 어떤 의미에서 사회변동론은 사회학적 연구의 출발점이자 완결이라고 할 수 있다. 최근의 연구 분위기는 이와는 다른 방향으로 진행되고 있는 것처럼 보인다. 그럼에도 동양사회사상 · 문화 연구의 질적 수준을 높이기 위해서는 그 출발점과 완결로서의 사회변동론에 대한 연구자들의 관심이 필수적이다.

셋째, 앞서 서술한 바와 같이 개별 연구주제에 대한 연구가 기본적으로 양적으로 확대될 필요가 있다. 변동의 한 원인으로서의 문화와 관련하여 발명, 발견이 중요한 요인임에도 불구하고 이에 대한 동양사회사상 · 문화 연구자들의 논의는 거의 없다. 또한 변동의 주체로서의 엘리트에 대한 연구도 미흡한 편이다. 이를 보완할 때, 한국사회의 변동론의 지평이 넓어질 것이다.

마지막으로 연구주제도 확장되었으면 한다. 이를테면, 변동의 원인으로서의 인구 요인은 중요하다고 생각한다. 왜냐하면 인구 성장은 자연환경의 수요를 점진적으로 증가시킬 뿐만 아니라 문화유형을 변화시키기 때문이다. 물론 조선시대 전반에 걸쳐 급격한 인구 증가는 보이지 않지만, 후기로 올수록 이 요인은 사회변동에 일정 기여한 것으로 보인다. 또한 물리적 환경이 종종 사회조직이 발전하는 데 영향을 미치기도 한다. 향후 이와 관련된 연구를 기대해 본다.

보론

현대사회에서 노장사상이 갖는 의미

| 김영주(초당대 경영정보학과) |

| 정　륜(군산대 철학학과) |

■ 노자사상과 장자사상

중국사상에는 유가와 도가라는 두 개의 거대한 산맥이 있고, 법가와 묵가라는 두 개의 작은 산맥이 있다. 유가를 친친이존존(親親而尊尊) · 도가를 비친이비존(非親而非尊) · 묵가를 친친이비존(親親而非尊) · 법가를 비친이존존(非親而尊尊)이라고 간단하게 정리해서 동서남북에 자리를 잡아보면, 유가와 도가가 서로 정반대여서 동쪽과 서쪽에 놓고, 묵가와 법가가 서로 정반대여서 남쪽과 북쪽에 놓을 수 있겠다.

도가계열의 사상가들만 좀 더 구체적으로 말해 보자. 유소감(劉笑敢)은 "노자사상은 약(弱)으로써 강(强)을 이기고 패배를 돌려서 승리를 구하는 도(道)로서, 그의 무위(無爲)는 그 모순된 모습이 자연적으로 전화(轉化)하기를 기다린다는 것이다. 장자사상은 현실을 벗어나서 자유스러운 곳을 찾아가는 것이며, 그래서 그의 무위(無爲)는 소요무위(逍遙無爲)인데 무심무정자아도취(無心無情 自我陶醉)이다. … 황로학은 현실정치에 구체적으로 관심을 돌린 데에서 나온 부산물로서 그들이 말하는 무위(無爲)는 항상 통치술과 관련된다. … 노자가 말한 것은 주로 성인무위(聖人無爲)이고, 장자가 말한 것은 주로 지인무위(至人無爲)이며, 황로파가 말한 것은 주로 군주무위(君主無爲)이다"라고 하였다. 박원재는 "선진(先秦)도가의 각 흐름을 직선으로 배열한다면 "장자학파 – (양주학파 – 아나키스트) – 노자 – 황로도가의 순서로 배열된다고 볼 수 있다. 여기서 왼쪽은 탈(脫)정치적 경향성이 강한 방향이며, 오른쪽은 그 반대이다.… 큰 흐름만 주목한다면, 선진도가의 지형도는 크게 노자라는 봉우리와 그 봉우리에서 발원하여 서로 반대되는 방향으로 뻗어가는 두 흐름, 즉 장자학파와 황로도가라는 두 개의 산맥으로 다시 정리될 수 있다"고 말한다. 이에 따르면, 양주사상은 노자사상과 장자사상의 중간쯤에서 아나키즘이라고 할 수 있다. 회남자는 법가라고 말하기 어렵고, 왕필은 유가에서 강한 비판을 받고 있어서, 도가 쪽에서 두루 아우르는 경향이 있다. 그러나 도가라고 부르기엔 조금 멀리 자리하고 있어선지, 회남자는 잡가라고 부르기도 하고, 왕필은 노자주석으로 워낙 유명해서 도가로 부르긴 해도 설왕설래가 있다.

1. 현대사회에서 노자사상이 갖는 의미[1]

노자사상이 가지고 있는 사회사상적 의미를 살펴봄에는, 중국사상의 양대산맥이라고 할 수 있는 공자의 도(道)와 노자의 도(道)를 서로 비교하면서 살펴보는 게 매우 의미 있다.

1) 공자사상과 노자사상은 정반대이다

공자에게 도(道)는 천(天)과 귀신을 공경하고 제사를 지내면서도 그 의식과 절차에 그치는 것이 아니라, '귀족 서열주의'로 권분(勸分)의 서열에 따라 그 제도와 생활관습을 반듯하게 세워서 각자에게 주어진 위치에 따라 주어진 직분을 충실[정명(正名)]하며, 인간은 다른 생명체와는 달리 그 인의 예지를 굳건히 지키고 사회질서를 세우며 다른 생명체에 대한 '인간 우월주의' 그리고 나아가서 그 중국문명으로 다른 인종을 오랑캐로 여기는 중화주의를 갖는다. 그래서 천(天)이나 천지(天地)를 공자사상은 '귀족 서열주의'라는 관점에서 세상만물이 이렇게 존재하도록 주재하는 가장 높은 서열의 주체로서 공경하고 제사 지내는 '신분의 권분에 따른 서열적 절대주의'를 상징하는 대상으로 해석된다.

노자에게 도(道)는 무신론이라는 관점에서 천(天)과 귀신을 공경하고 제사를 지내는 것이나 그 의식과 절차라는 그 서열적인 상징을 제거해 버림

---

1) 1. 현대사회에서 노자사상이 갖는 의미 부분은 김영주 교수가 쓴 글임.

으로써 '만민 평등주의'로 인간들 사이의 평등함을 주장하며, 이에 그치지 않고 천지(天地) 사이의 만물 그리고 그 틈새에서 살아가는 '인간과 인종 그리고 다른 생명체들이 모두 평등하다'는 '만물 평등주의'를 주장한다(無爲自然). 그래서 천(天)이나 천지(天地)를 노자사상은 세상만물의 다양한 모습(有無 難易 長短 高下 音聲 前後)이 서로 교류(相生 相成 相較 相傾 相和 相隨)하면서 만물을 낳고, 그 만물이 부음이포양(負陰而抱陽)하여 마침내는 충기이위화(沖氣而爲和)한다는 상호관계를 강조함으로써 '대대유행(待對流行)에 따른 평등적 상대주의'를 상징하는 대상으로 해석된다.

그래서 도(道)의 개념에 대한 공자의 견해와 노자의 견해도 전혀 다르다. 공자든 노자든 자기가 살던 시대상이 잘못된 원인을 유위조작하는 문명세상의 '지나친 탐욕'으로 보았다. 그러나 그걸 개혁하려는 방향은 서로 정반대이다. 공자의 '귀족 서열주의'는 '인간 우월주의'에 의한 인문주의로 나아감에 반하여, 노자의 '만민 평등주의'는 '만물 평등주의'에 의한 자연주의로 나아가게 되어서 그 추구하는 관점이 서로 정반대 쪽이다.

2) 천지지도 · 성인지도 · 치세지도로 본 노자사상

노자사상에 대한 '해석학적인 논쟁'의 갈래를 다양하게 말하고 있지만, 유소감(劉笑敢)의 견해가 가장 간결하고 설득력 있다. 유소감은 그동안 중국 학계에서 노자사상에 관한 해석을 호적(胡適)과 풍우란(馮友蘭)을 대표로 절대다수의 중국학자들이 동조하는 본체원리론(本體原理論), 본체원리론을 다양하게 폭 넓힌 방동미(方東美)와 진고응(陳鼓應)의 종합해석론(綜合解釋論), 본체원리론와 종합해석론을 강하게 비판하면서 현실정치론을 매우 강조하는 모종삼(牟宗三)의 주관경계론(主觀境界論), 모종삼처럼 현실정치론을 강조하면서도 본체원리론을 '형이상학적 기초원리'쯤으로 인정해야 한다는 원보신(袁保新)의 관통해석론(貫通解釋論)이라는 네 갈래로 나누어 소개하였다.

필자는 노자사상을 천지지도 · 성인지도 · 치세지도(天地之道 · 聖人之道 · 治世之道)로 나누어서 접근하여 해석한다. 필자가 노자사상을 이러한 관점으로 접근하여 해석하는 것은 다음과 같이 기존의 견해와는 색다른 두 가지 관점에서 출발한다. 하나, 『노자』의 첫 글귀 "道可道 非常道, 名可名 非常名"을 기존의 글풀이와는 매우 다르게 "道를 可道인댄 非常道요, 名을 可名인댄 非常名이라"라고 현토하여 "도(道)를 (*다른 제자백가들이) 가(可)히 도(道)라며 떠들어댈진댄 (*내가 말하려는) 상도(常道)가 아니며, 명(名)을 (*다른 제자백가들이) 가(可)히 명(名)이라며 떠들어댈진댄 (*내가 말하려는) 상명(常名)이 아니다"라고 글풀이한다. 둘, 『노자』 1장은 노자사상의 '기준개념과 핵심개념'을 보여주며, 2장의 첫 번째 구절은 천지지도를 말하고, 2장의 두 번째 구절은 성인지도를 말하고, 3장은 치세지도를 말하며, 4장은 앞의 천지지도 · 성인지도 · 치세지도를 모두 포괄하여 담아내는 포괄지도(包括之道)를 말하고 있다. 그리고 이러한 『노자』 1장 · 2장 · 3장 · 4장은 기(起) · 승(承) · 전(轉) · 결(結)로 노자사상을 총괄해서 함축하여 보여주는 '한 묶음의 『노자』 머리글'이다. 이렇게 해서 『노자』에는 (인간세상을 제외한) 세상만물이 천지 사이에서 주어진 상황에 따라 생로병사하면서 그대로 그렇게 흐르고 흐르며 서로 기대어 이어지고 이어지는 천지지도로 말하는 6개 장구가 있고, 인간세상에서 노자의 이상향으로서 성인이 그 경지에 도달하거나 또는 그 경지에서 벗어나지 않도록 유지하려면 갖추어야 할 성인지도(→무위(無爲))로 말하는 55개 장구가 있으며, 인간세상에서 성인이 자기 혼자만 그 이상향의 경지에서 노니는 것에 그치는 게 아니라 다른 사람들(벼슬아치 · 지식인 · 서민)도 그 이상향에 가까이 다가갈 수 있도록 이끌어 다스리거나 가르치는 치세지도(→ 무불위(無不爲))로 말하는 24개 장구가 있다.

[그림 1] 천지지도

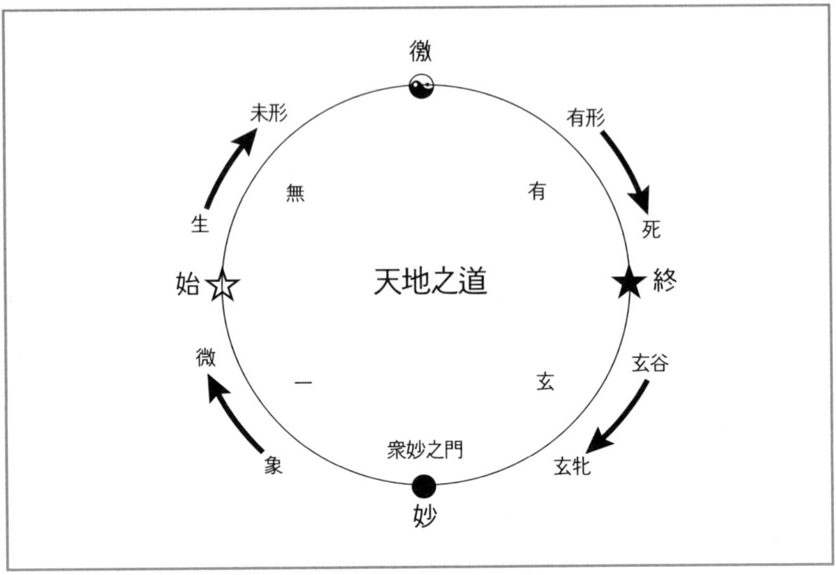

[그림 2] 성인지도와 치세지도

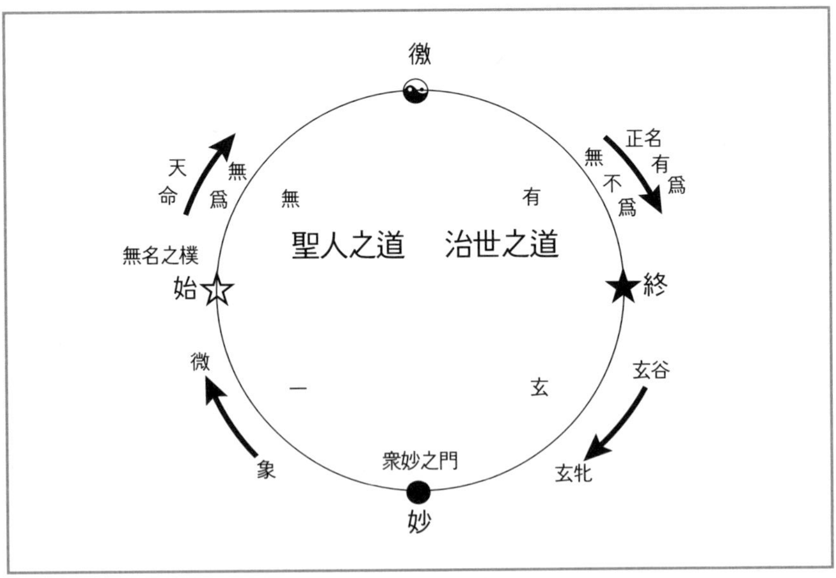

그래서 위에서 유소감이 말한 네 갈래 계열을 필자의 천지지도 · 성인지도 · 치세지도로 다시 정리해 보면, 본체원리론과 종합해석론은 천지지도에 무게중심을 두는 쪽이고, 모종삼과 원보신의 견해는 성인지도와 치세지도에 무게중심을 두는 쪽이다. 원보신과 모종삼의 견해 쪽이므로, 노자사상의 중심은 성인지도로서 무위(無爲)와 치세지도로서 무불위(無不爲)라고 보며, 천지지도는 성인지도와 치세지도를 강조하고 합리화하는 부차적인 개념이라고 본다.(모종삼과 원보신 중에서는, 필자는 원보신 쪽에 더 가깝다. 만약 노자사상을 해석하는 관점이 본체론이나 종합해석론이라면, 논지를 필자와는 다르게 펼쳐 갈 것이다.)

노자가 말한 성인지도와 치세지도의 핵심은 "성인은 소국과민(小國寡民)에게 소박한 무(無)로 무위지사(無爲之事)와 불언지교(不言之教)라는 모범(無爲)을 보이고, 그 무위자연 속에서 백성은 소박한 유(有)를 생산하고 소비하며 자화 자정 자부 자박(自化 自正 自富 自樸)으로 만족[무불위(無不爲)]하고 살아가도록 한다"에 의한 무위이무불위(無爲而無不爲)이다. 그러므로 성인지도는 성인이나 군주 또는 관료의 무위정치이고, 치세지도는 백성의 무불위생활이다.

『노자』 80장에 따르면 노자가 이상적으로 추구하는 나라는 소국과민의 촌장과 촌민들로 이루어져 있다. 그 마을나라들은 이웃나라를 이틀 사흘을 걸어가야 겨우 만나는 정도이고, 몇몇 물건을 제외하고는 거의 대부분을 자급자족하는 농업사회이며, 씨족으로 모여 살지만 부부를 중심으로 한 가족단위이다. 촌장이 행하는 소박한 무(無)는 마을광장 · 마을회관 · 마을우물 · 마을창고 · 마을길 · 마을다리 · 마을관리 · 마을회의 · 마을축제 품앗이이고, 이런 물건과 건물이나 그 업무를 잘 관리하고 잘 이끌어가는 모습이 무위지사(無爲之事)와 불언지교(不言之教)이다. 이에 소국과민의 촌장은 『노자』에 나오는 수많은 성인지도의 말씀을 잘 새기고 익혀서 그 뜻에 어긋나지 않도록 항상 조심하고 삼간다. 촌민의 소박한 유(有)는 부부를 중심으로 한 가족마다 필요한 기본 의식주를 거의 자급자족하여 자화 자정 자부 자박(自化 自正 自富 自樸)으로 만족하고 살아간다. 이렇게 "촌민은 촌장의 소박한 리더십을 잘 따르고 모범으로 삼아서 자기 가족을 배불리 먹이며 조촐하고 정겹게 살아간다"는 모습이 촌장의 무위와 촌민의 무불위가 함께 어우러지는 무위이무불위(無爲而無不爲)이다.

그런데 이러한 소국과민의 촌장과 촌민이 노자가 주장하는 것처럼 살아간다는 게 현실세상에서는 매우 어렵다. 우선 촌락 내부에서 촌장의 잘못이나 촌민의 잘못으로 무위이무불위(無爲而無不爲)가 무너지는 일들이 나타난다. 게다가 촌락 외부의 변화에 영향을 받아 무너지는 경우도 허다하다. 그 좋고 나쁨 또는 옳고 그름을 떠나서, 문제는 인류가 3000년 전쯤에 철기문명이 일어나고 글자생활이 널리 퍼져가면서 물산이 풍부해지고 인구가 증가하며 씨족마을이 부족국가로 거대국가로 커져 가는 것이다. 이에 이웃마을과 이웃국가를 침략하고 전쟁하는 일이 빈번해진다. 이른바 미개사회에서 문명사회로의 전환이다. 지금 21세기에도 아마존강 유역의 조에족이나 아프리카 초원지대의 부시맨처럼 도시에서 멀리 떨어진 어느 깊은 시골마을에는 노자가 말한 소국과민과 비슷한 생활모습이 아직 남아 있기도 하지만, 강대국이나 휘황찬란한 도회지를 가까이 둔 나라나 마을에게는 『노자』 80장에서 말하는 소국과민은 너무 한가롭게 뜬구름 잡는 이야기로 들린다. 노자사상은 내세(來世)나 영생(永生)을 약속하지도 않고 행운이나 수호를 주는 은총을 말하지도 않는다. 흔히 말하는 종교나 신앙도 아니고 거창하게 고담준론(高談峻論)하는 게 아니라, 소국과민이 조촐하면서도 소박하고 정겨운 생활을 어떻게 잘 유지해 갈 것인가를 말하는 사회사상이다.

『노자』 80장처럼 소국과민이 노자의 이상향이기는 하지만, 『노자』 57장처럼 노자가 3000년 전쯤부터 불기 시작한 문명의 바람을 모른 게 아니라 여실하게 경험하였고 그 폐해를 통탄하였다. 노자가 현실세상의 참혹한 시대상을 외면하고 그저 뜬구름 잡는 듯한 소국과민의 이상향만을 꿈꾼 게 아니라, '상류 서열주의 및 인간 우월주의'로 빚어진 문명세상의 참혹한 시대상을 여실하게 경험하고 그 폐해를 통탄하며 (공자처럼 '상류 서열주의 및 인간 우월주의'에 미련을 갖지 말고) 그런 잘못된 수렁을 벗어나서 '만민 평등주의 및 만물 평등주의'를 만들어야 한다는 뜻을 보여주고 있다. 그래서 "내가 무위(無爲)하면 백성들이 자화(自化)하고, 내가 호정(好靜)하면 백성들이 자정(自正)하고, 내가 무사(無事)하면 백성들이 자부(自富)하고, 내가 무욕(無欲)하면 백성들이 자박(自樸)한다"고 하였다.

3) 현대사회에서 노자사상이 갖는 의미

이러한 성인지도로서 무위와 치세지도로서 백성들의 무불위를 요즘 세태로 바꾸어 말해 보자. 세상인심이 이토록 각박하고 황폐해지는 것은 사람들이 높은 자리나 억만장자 · 1등 · 금메달 · 천재 · 탤런트 · 일류학교 · 호화주택 · 명품 옷 · 고급 자동차 · 고급 향수 … 에만 지나치게 매달리고 열광하며, 평범한 사람 · 학교평균화 · 지역균형 · 일상생활 · 생활용품들의 평범함을 소중하게 여기지 않고 흔해 빠진 걸로 소홀히 여기거나 암암리에 멸시하고 구박하는 세상으로 내달려가기 때문이라고 본 것이다. 노자는 '찬란하고 고상하며 우쭐하게 떵떵거리는 상류의식'을 비난하고 '정겹고 소박하며 조촐하고 가난하게 사는 서민생활'을 강조한다. 그러나 노자가 주장한 것처럼, 찬란하고 고상한 상류의식을 가벼이 버리고 초라하고 가난한 서민의식을 굳이 일부러 추구하며 살아간다는 게, 인간에게 그리 쉬운 일은 아니다. 평범한 사람이야 평범할 수밖에 없으니 그대로 살아간다지만, 상류층으로 갈 수도 있는데 그걸 버리고 평범한 서민으로 살아간다는 것은 너무나 어려운 일이다. 게다가 '잘못된 죽림칠현(竹林七賢)'처럼 자칫 자기를 미화하는 위선이나 위장으로 흐를 수도 있기에 더욱 어렵다. 군주 또는 관료나 지식인들도 평범하고 조촐한 생활을 당연하게 여기며 개의치 않아야 하고, 백성들도 그에 따라 마땅히 그러해야 한다. 그걸 개인적인 마음수양으로 이루어내기에는 한계가 있다. 그리하려면 사회구조 자체가 상류층과 하류층 사이에 권력과 빈부의 차이가 별로 없어야 한다는 것이다. 그런데 인간 세상을 사회구조적으로 권력과 빈부의 차이가 별로 없는 세상으로 만든다는 게 얼마나 어려운 일인가! 노자는 권력과 빈부의 차이를 줄이는 쪽으로 분투노력하고 그걸 줄이지 못하더라도 자기 자신이라도 '평범하고 조촐한 생활' 을 하라는 것이다. 인간이 노자의 주장처럼 살아가는 게 그토록 어려운 이유는, 인간 세상을 사회구조적으로 권력과 빈부의 차이가 별로 없는 세상으로 만든다는 게 너무나 어렵기 때문이기도 하지만, 인간 자체가 다른 동물과 유달리도 색다른 특징을 가지고 태어났기 때문이기도 하다. 노자는 그 색다른 모습을 '만물의 영장' 이라고 찬양한 게 아니라 '만물의 암세포' 라고 비난하면서, "인간에게서 '지나친 탐욕' 이라는 그 색다른 모습을 제거하여 다른 동물과 비슷하게 '주어진 자연환경에 발맞추어 최소한의 재화를 소비하는 모습' 으로 살아가야 한다" 고 주장하였다.

그러므로 성인지도로서 무위정치와 치세지도로서 무불위하는 생활태도로 이루어지는 세상은 다음과 같다. 소박한 무(無)로 마을국가를 이루고 거의 자급자족으로 살아가니, 아주 특별한 일이 없으면 다른 마을로 오고 가는 일도 거의 없고 관심도 없으며 전쟁은 더욱이 없다. 그 마을에서 태어나 그 마을에서 살다가 그 마을에서 죽어 그 뒷산에 묻힌다. 소박한 유(有)만을 생산하고 소비하고 살아간다는 것은 자기집 식구들이 겨우 생존하는 정도만 생산하고 소비하는 모습이다. 유(有)라는 것은 공동소유가 아니라 사적소유이다. 집집마다 그 사적소유가 조금 더 많아서 부유한 집도 있고 조금 더 적어서 가난한 집도 있지만, 그 차이라는 게 '도토리 키재기' 에 지나지 않으므로, 부유하다고 자랑할 일도 없고 가난하다고 주눅들 일도 없다. 그 유(有)라는 게 소박한 유(有)의 조촐한 물건들이니 더욱 그러하다.

그러나 오늘날 이렇게 MBC다큐 「아마존의 눈물」에서의 '조에족' 이나 영화 「부시맨」처럼 자연 속에 깊이 묻혀서 살아가는 종족들은 거의 무너져 가고 있고, 그 어느 나라도 이런 약소미개국을 추구하는 나라는 없다. 우리 인류사회가 노자가 추구하는 사상에 발맞추어 살아간다는 것은 인간이 감당할 수 없을 정도로 엄청난 재앙이 덮치지 않는 한 공상이나 망상에 지나지 않는다. 설사 지구를 박살내는 그 어떤 재앙을 예비하기 위하여 어떤 사람이 노자가 추구하는 자연마을을 앞장서서 주창한다고 하더라도, 어느 한 사람 어느 한 지역 어느 한 나라만 그런 세상을 추구해선 안 되고, 모든 사람 모든 지역 모든 나라가 동시에 함께 추구해야만 그나마 가능하게 된다. 과연 모든 사람 모든 지역 모든 나라가 동시에 노자가 추구하는 자연마을을 추구하는 날이 올 수 있을까? 인류가 엄청난 재앙에 회생하기 어려울 정도로 무너져 내리는 천벌을 받지 않고서는 '그런 날은 오지 않을 것이다' 라고 필자는 생각한다. 그럼 오늘날 21세기의 우리에게 노자사상은 아무런 의미가 없는 공상(空想)에 지나지 않는 걸까?

그렇지 않다. '그런 날' 은 오지 않더라도, 오늘날 21세기의 우리에게 노자사상은 의미가 있다. 공자의 말씀은 서열주의로서 오늘날 엘리트주의의 '노블레스 오블리제' 를 실현함에 매우 중요한 교훈을 담고 있음에 반하여, 노자의 말씀은 평등주의로서 오늘날 민주주의의 '다양한 개성의 자아존중' 을 실현함에 매우 중요한 교훈을 담고 있다. 이른바 '이상적인 민주주의' 를 향한 꿈이다. '1789년 프랑스혁명' 이래로 우리는 '이상적인 민주주의' 를 꿈꾸어 왔으나, 그 이상향에 가까이 다가간 나라도 없지 않지만 아직은 많은 나라가 그 이상향에서 멀리 떨어져 있다. 인류의 긴 발자취를 되돌아볼 때 그 '이상적인 민주주의' 를 그나마 꿈꾸며 가꾸어 온 세월은 너무나 짧다. 게다가 그 이상에 가까이 다가간 나라도 언제 어떤 이유로 다시 무너지게 될지 누가 알겠나? 그리고 서양에서 온 '이상적인 민주주의' 는 상공업사회를 전제로 한 민주주의이다. 노자의 만민 평등주의는 인간들끼리의 평등만을 추구하는 게 아니라 만물의 평등까지 추구하는 농수산업 사회를 전제로 한 민주주의 사상이다. 인간들만의 민주주의인 서양의 민주주의와는 다르다. 인간들끼리의 민주주의뿐만 아니라 인간 이외의 생명체와 그 자연환경까지도 모두 함께 평등하게 보듬어 담는 이른바 '생태 민주주의' 이다.

공자와 노자가 살던 춘추전국시대에 비교하면, 오늘날 21세기는 너무나도 다르다. 오늘날 "인간들이 지구를 짓밟고 깨부수고 있다"는 생태주의와 "인간들은 더욱 세련된 지혜로 지구를 관리하고 경영해야 한다"는 성장주의가 갈등하고 있다. 지난 300여 년 동안 유럽의 근대문명은 지구촌을 온통 휩쓸었다. 그것은 '기계론적 세계관' 에서 비롯된 근대 과학문명이다. 이 근대 문명은 산업혁명으로 깃발을 드높이면서 '계몽' 이라는 낱말로 자부심에 넘쳤고, '발전' 이라는 낱말로 '희망찬 낙관' 의 미래를 호기롭게 내세웠다. 그러나 20세기에 들어서서 근대 과학문명의 어둠이 짙어지면서 자연자원과 자연환경의 황폐화를 걱정하기 시작했고, 20세기 후반에 이르러서는 그 걱정이 두려움으로 깊어지면서 '발전' 이라는 '희망찬 낙관' 이 '지구의 황폐화' 라는 '불길한 탄식' 으로 변하여 이른바 '생태운동' 을 외치기 시작하였다. 근대 기계문명이 오늘날 지구를 이토록 황폐하게 만들었다고 보기 때문에 그 비판의 표적은 당연히 서양 과학문명의 뿌리인 '뉴튼-데카르트의 패러다임' 으로 향하게 된다. 이러한 '뉴튼-데카르트 패러다임' 을 비판하는 생태담론에는 세 갈래 흐름이 있다. 새로운 자연학의 모색에 의한 생태담론, 포스트모더니즘이라는 현대사상에 의한 생태담론, 노장사상이나 불교사상이라는 동양사상에 기댄 생태담론이다. 인간과 자연이 함께하는 '생태 민주주의' 를 외치는 사람은 스콧 니어링부터 틱낫한 스님에서 촘스키까지 무수히 많다. 여기에 그들의 수많은 생태담론을 엿볼 수 있다. 그동안 노자연구들이 지나치게 고담준론 쪽으로 해석해 온 것이, 노자사상과 관련된 생태담론에 그대로 반영되어서 고담준론에 기댄 연구들이 많았다. 노자사상을 생태담론에 연결짓는 해석에 새로운 접근이 필요하다. 성장주의는 아직도 기세등등하고 생태주의는 아직 미약하지만 조금씩 활발해지고 있다. 노자는 생태 민주주의에 매우 중요한 교훈을 말하고 있다. 그 어떤 사상보다도 뛰어나다. '생태 민주주의'를 추구하는 사람들에게 금과옥조 같은 말씀이 담겨 있다.

2. 현대사회에서 장자사상이 갖는 의미[2)]

오늘날 많은 책들이 논리적이고 체계적이다. 처음부터 끝까지 추리소설 읽듯이 읽어내야 한다. 중간에 읽거나 나중을 먼저 읽으면 전혀 이해를 할 수 없다. 반면, 『장자』는 우화집 같다. 저자 또한 장자다. 우화는 누가 읽어도 재미있다. 남녀노소 각자 자신의 관점에 따라 해석한다. 자신의 역량만큼 얻어낸다. 그래서 장자의 내용은 세상 모든 일에 적용할 수 있다. 어떤 방향에서 어떤 관점에서 읽어도 의미가 있다. 토막토막 잘라서 읽어도 되고 심지어는 거꾸로 읽어도 된다. 장자의 각 편이나 세세한 구절들은 제 각각 독립된 가치를 지닌다. 장자라는 하나의 거대한 생명 속에 크거나 작은 생명들이 무수히 꿈틀거린다. 여기에는 통찰이 있고 해학이 있고 해방과 자유가 있다. 동시에 저항과 분노의 장중함, 조롱과 멸시의 통쾌함도 있다. 이 모든 것들은 하나로 녹아 있다. 장자를 말하는 사람들은 많지만 본래 뜻을 아는 사람들은 많지 않다. 어떤 사람은 비참한 현실에서 상상의 세계로만 초월하려는 관념론이라고 한다. 어떤 사람은 기득권의 모든 도그마를 타파한 귀재의 철학이라고도 한다. 같은 동화를 읽어도 연령과 성별에 따라, 직업과 사회적 지위에 따라 다른 의미를 뽑아낸다. 2천년 이상 장

2) 2. 현대사회에서 장자사상이 갖는 의미 부분은 정륜 교수가 쓴 글임.

자를 읽었던 사람들은 각자 자신의 관점에 따라 해석했던 것이다. 그런데 오늘날 장자를 연구하는 사람들은 대부분 과거에 장자를 주석했던 사람들의 견해를 모범으로 삼는다. 비판으로부터 안전한 지점에 머물고 싶어 하기 때문이다. 현실에 대한 자각이 부족하여 장자를 현실로 불러내지도 못한다. 장자만큼 자아와 세상과 자연에 대해 철저한 문제의식을 가진 철학자는 드물다. 장자를 이해하는 일과 현실적 문제의식을 갖는 일이 동시적이어야 한다.

1) 『장자』, 1%를 비아냥대는 장대한 상상력의 보고(寶庫)

사람들은 으레 자기나 가족, 직장이나 종교, 종족이나 국가를 중심으로 두고 생각한다. 못난이들은 여기에다 신분차별에 장애인 차별까지 해댄다. 자신이나 자신이 소속된 집단의 우월감과 그에 상응하는 보상을 받기 위해서다. 하지만, 과정은 타자와의 무한 경쟁이고 결말은 자타 공멸일 따름이다. 눈앞의 이익이나 권력에 집착하다 자신의 터전까지 망가트리고 마는 셈이다. 무지의 참극이다. 장자는 이미 2천여 년 전에 이런 한계를 넘어선다. 자아는 물론, 인간주의적 신념도 허구라 선언하고 인간과 자연의 장벽조차 훌쩍 뛰어넘는다. 사람들이 좋아하는 이유이기도 하다. 역대 지배자들은 장자를 별로 좋아하지 않았다. 이들은 중심과 주변을 나누고 자신이 중심이 되어 주변을 지배하려 들었기 때문이다. 장자를 수용하는 경우도 비판적 색채를 완전히 배제하고 개인의 안심입명이나 환상적 자유 부분만을 강조하는 한도 내에서일 따름이었다. 종래의 사상가들도 이러한 역사적 한계를 벗어나지 못하는 경우가 대부분이었다. 사실, 장자는 지배계급의 위선을 철저히 폭로했다. 당대의 소외된 사람들이 오히려 도인이나 현자의 반열에 오른다. 농부, 어부, 맹인, 여자, 어린이, 불구자 심지어는 범죄자까지도 말이다. 이들이 소위 성인이나 군자라는 사람들의 가면을 벗겨 도의 경지로 인도하는 사람들이다. 장자에게 이들 지배층은 사실상 천민으로 전락해 버린다. 오늘날은 거꾸로 99%가 소외된 주변인이 되어 버린 세상이다. 장자는 각자가 새롭게 중심으로 설 수 있는 가치 전도의 철학적 기반을 제공한다. 새로운 중심은 '중심을 넘어선 중심'이다. 각자의 중심이 서로에게 열린 세상으로 향한다. 영원과 무한을 추구하는 장자철학에서 해방구를 마련할 기회를 갖는 것도 의미 있는 일이다.

현대인은 대부분 가난하다. 가난을 자신의 무능으로 생각하고 숨기려 한다. 역전이 없고 대물림까지 된다. 빈곤의 악순환이다. 소수의 자본과 권력이 지배하는 세상의 모순을 파헤칠 능력도 없다. 장자의 시대는 부귀를 누리는 자들이 천하를 소유했고 백성들은 그런 수탈제도를 당연한 것이라 여겼다. 자기가 생산한 재화를 타인이 약탈해 가는 데도 할 말이 없었다. 죽음으로 모는 가난은 전쟁의 참화에 버금가는 것이었다. 지혜가 없었다. 아니 지혜를 가져서도 안 되는 세상이었다. 지금도 본질은 마찬가지다. 장자는 이들 지배층에게 한방을 크게 먹인다. 스스로 가난을 택했다. 얼마든지 부귀를 누릴 수도 있었다. 남들이 부러워하는 영화를 추구하기보다는 자신의 역량을 축적하고 확대하는 데 힘을 기울였다. 부귀를 얻어 노예가 되기보다는 도(道)를 터득하여 자유인이 되는 길을 선택했다. 왕이 재상을 맡아달라고 부탁을 해도 단호히 거절했다. 넘치는 노예의 굴종보다는 모자란 주인의 자유가 더 좋다고 생각했기 때문이다. 혜시가 자신의 지위를 보전할 목적으로 장자를 질투하여 죽이려고 한 적이 있다. 장자는 재상 자리란 게 '썩은 쥐새끼'에 불과하다고 여겼고, 이에 집착하는 혜시는 '속 좁은 올빼미'라고 놀려댄다. 반면, 자신은 우주를 나는 원추로 올라선다. 노는 데가 창공이고 먹는 물이 감로수다. 오동나무가 아니면 쉬지도 않는다. 우주적 자유[소요유(逍遙遊)]를 누린다. 올빼미가 썩은 쥐새끼를 탐내는 일 따위에는 관심조차 없다. 혜시는 부끄러워 할 말을 잃는다. 요즘은 부끄러워하는 혜시도 없고 거대한 자유를 누리는 장자도 없다. 그저 썩은 쥐새끼가

탐나고 속 좁은 올빼미가 부럽기만 하다. 한 생각만 돌려도 역량은 부쩍 늘어나는데 말이다. 노예는 외물(外物)이 부럽고 주인은 자신에게 당당하다. 부러우면 부자라도 초라하고 당당하면 가난해도 여유롭다. 분명한 건 경지가 높아져야 선택지도 많아진다는 사실이다.

앞으로는 창조적 인재가 필요하다고들 한다. 그동안 산업사회에서는 복제품을 대량으로 만들어 내는 데 열중했다. 이른바 소품종 대량생산의 시대였다. 생산물이 넘쳐나자 획일적인 편이성보다는 다양한 예술성을 중시하게 되었다. 그렇지 않으면 자본가는 상품의 판로를 잃어 망하게 된다는 이유에서다. 어딜 가나 창조적 아이디어가 없이는 살아남을 수 없다고들 아우성이다. 하지만 자본의 품 안에 갇힌 독창성에 지나지 않는다. 질곡은 단단하고 모순과 갈등은 날로 확산되고 있다. 사실, 침몰해 가는 배 위에서 서로들 잘났다고 으스대는 꼴이다. 경계 너머의 창조성은 나올 수 없다. 혁명적 성찰은 아예 무엄한 짓이다. 전체보다는 부분에, 근원보다는 말단에 매달려 있기 때문이다. 자본주의는 다양한 이념 중 하나일 따름이다. 세상은 어떤 사회로도 열려 있다는 점을 알아야 한다. 장자는 기존의 상식과 통념을 완전히 뒤집는다. 현실사회는 물론이고, 유무(有無)나 진위(眞僞) 선악(善惡)까지도 과감하게 뒤집는다. 반대로 뒤집을 뿐 아니라 전적으로 다른 패러다임을 제시한다. 나아가 인간 중심적 사고로부터 자연 중심이나 우주 중심으로 확장한다. 아니, 그 모든 중심이 강요하는 강포한 맹신을 타파한다. 심지어는 자신의 철학으로부터도 벗어나버린다. 인류 역사상 자신의 제일 전제마저 벗어나버리는 철학은 거의 찾아볼 수 없다. 소요유(逍遙遊)가 그렇고 제물론(齊物論)이 그렇다. 대종사(大宗師)가 그렇다. 나머지는 이에 덧붙여 설명한다. 한 가지 예만 들어보자. 장자는 '나비의 꿈(胡蝶夢)'으로 유명하다. 장자가 꿈을 꾸었다. 그런데 장자의 꿈에 나비가 되었는지, 나비의 꿈에 장자가 되었는지 알 수가 없다. 이것은 화두(話頭)다. 사람들은 장자의 꿈에 나비가 되었다고만 생각할 것이다. 하지만 장자는 나비의 꿈에 장자가 되었을지도 모른다고 한다. 상식의 울타리를 벗어난다. 인간과 사물의 경계선을 지워버린다. 나아가 현실과 몽상의 장벽까지도 무너뜨려버린다. 장자는 이를 물화(物化)라 한다. 현실 속의 사람과 그림 속의 신선이 술을 같이 마신다는 이야기도 사실은 물화의 한 예다. 현실과 판타지가 대치하는 철조망 너머에 실상의 세계가 있다는 점을 암시한다. 현대인의 상상력은 장자를 따라가지 못한다. 장자와 유사한 상상력을 발휘해도 유치하고 황당하다. 근원과 무한의 차원까지 가지 못한다. 무지해서 그렇고 자본의 노예가 되어서 그렇다. 자신과 현실이 어떤 패러다임 안에서 움직이고 있는지를 알아차리지 못한다. 그러기에 이들의 창조성은 자립성과 혁명성이 없다. 노예의 잔재주에 불과할 따름이다. 장자의 일갈(一喝)에 경청해야 할 시점이다.

2) 『장자』, '우물 안 개구리'를 벗어난 드높은 창공의 대붕(大鵬)

역사적으로 가장 잔인한 게 종교전쟁이다. 이 전쟁은 지금도 계속되고 있고 도처에서 학살이 자행되고 있다. 이들에게 제삼의 심판자는 없다. 어이없게도 학살자가 심판자를 자처한다. 따라서 휴전협정도 포로교환도 없다. 세속의 인간보다 성스럽다는 종교인들이 더 살기가 등등하다. 현대 제국주의 침략전쟁도 이러한 종교전쟁의 속성을 갖고 있다. 침략자는 자신이 정의의 천사라 생각한다. 당하는 민족이나 국가는 불의를 저지르는 악마여야만 한다. 유엔도 국제법도 아무런 힘이 없다. 장자가 살았을 때 기독교는 생겨나지도 않았고 불교는 전래되지도 않았다. 이슬람의 무함마드는 아예 장자보다 천년 가까이 후배다. 모든 종교는 시공에 제약된 문화적 속성에 따라 달라진다. 특정 종교가 여타 종교를 말살해야 하는 절대적 진리란 없다. 다만 그 안에서 진리라 여겨질 따름이다. 밖으로 나올 땐 상대적인 신념에 불과하다. 장자는 어떤 이념이나 신앙도 절대적일 수 없다고 한다. 좁은 범위에서 전체를 판단하는 일은 '우물 안 개구리'의 시각이다. 전체로 나올 때, 우주로 나올 때 비로소 모든 독단과 광신으로부터 해방될 수 있다. 그래서 장자는 시공을 넘어 시공을 포용하는 도(道)를 제시한다. 이른바 맹목적 신앙체계는 모두 도 안에서 해체되고 용해된다. 각 종교에서 절대적이라 생각하는 선악의 기준도 상대적인 잣대에 불과할 따름이다. 한쪽에서 선이 다른 쪽에서는 악이 되고, 다른 쪽의 악은 한쪽의 선이 되기도 한다. 선악의 피안을 보지 않으면 종교적 신념으로 무장한 약탈이나 전쟁을 피할 수 없다. 현실의 종교는 민족적인 마음이나 국가적인 마음 수준에 머물러 있다. 아주 잘해야 인간적인 마음 수준이다. 하지만 장자에게는 우주적인 마음이다. 이 경지는 모든 것을 다 감싸 안는다. 유신론이나 무신론도 이 안에서 녹아버린다. 천사와 악마도 사라진다. 생생한 평화와 자유만 있을 따름이다.

요즘도 어떤 사람들은 툭하면 색깔논쟁을 벌인다. 없던 일도 있던 일로 조작하고 있던 일도 다른 일로 둔갑을 시킨다. 과거가 떳떳치 못한 사람들이 맘에 안 드는 사람들을 옭아맬 때 쓰는 수법들이다. 이들은 스스로 최면을 건다. 절대적 진리를 실현한다는 비장한 자부심까지도 보인다. 실상은 중상모략과 권모술수만 부린다. 진실을 감추려고 온갖 수단과 방법을 다 동원한다. 그래도 종말은 비극일 따름이다. 문제는 여기서 끝나지 않는다는 데 있다. 이들의 신념이 이미 근원적 실재가 되어 있기 때문이다. 살기 위해 자신들이 믿는 종교나 철학이 절대적이어야 한다. 문자 하나하나가 금과옥조고 절대무오류다. 이런 문자주의 근본주의는 폭력적이다. 지혜와 성찰이 부족한 사람들의 소행이다. 이들은 자신의 신념이 어떤 근거를 갖고 있는지 살피지 못한다. 아예 그러고 싶지도 않다. 잘못을 하고도 잘못인 줄도 모른다. 장자는 사람들이 갖고 있는 신념[성견(成見)]들이 상대적이라는 점을 밝히고 그 원인이 사회 문화적 제약에 있다고 한다. 신념은 허울에 불과하고 자신이 바로 몸통이다. 그렇다고 자신도 실체가 있는 게 아니다. 이른바 무기(無己)다. 각자는 자연의 일시적인 모습에 불과하다. 자기 신념을 절대시하는 일은 무지의 소산일 따름이다. 그걸 타자에게 강요하면 폭력으로 둔갑한다. 사랑을 외치면서 전쟁을 하는 이유가 여기에 있다. 장자는 인간의 울타리를 깨고 자연의 뿌리인 우주적 차원까지 보라고 한다. 스케일이 완전 다르다. 심지어, 우주에 시초가 있다느니 없다느니 하는 다툼까지도 녹여버린다. 이른바 그 시초에 대한 유무(有無)논쟁이다. 도(道)는 양자를 넘어서고 포용한다. 그래서 '비유비무(非有非無)' 다. 유와 무의 한계를 넘어서는 것이 바로 도다. 우주의 근원이다. 형이상학적 문제라 말들이 많다. 어찌 됐든, 언어란 실상을 표현하는 방편에 불과하다. 불교식으로 하면 '달을 가리키는 손가락' 이다. 달을 보아야지 손가락에 집착하면 안 되는 일과 같다. 이것도 장자의 말에서 왔다. '고기를 잡으면 통발을 잊고, 의미가 통하면 언어를 잊는 법이다.' 언어의 역설을 넘어 존재의 역전까지 기획하지 않으면 안 될 시점이다. 이쯤 되면, 장자 앞에서 색깔논쟁 따위가 얼마나 유치한 일인지 알 수 있다.

3) 『장자』, 현대사회에서 갖는 의미

지식 경쟁은 현대사회의 거부할 수 없는 신앙으로 굳어 있다. 지식은 자아의 능력을 확장하고 경쟁은 상대를 제압하는 게 목적이다. 어릴 적부터 남보다 많은 지식을 확보하려 안달을 한다. 1%에 들어가기 위하여 무한 경쟁에 목숨까지 건다. 무의미한 일이다. 한 명 뽑는 데 백 명이 나서는 어리석음을 저지르고 있다. 시작부터 잘못이다. 99% 인간만 참담해진다. 사실상 1%도 불행하다. 언제 그 자리에서 쫓겨날지 모르기 때문이다. 말로만 전인교육이고 액자로만 '지덕체(智德體)' 다. 사실, 경쟁은 대자본의 이윤추구를 위한 기본 전략이다. 일부러 그러는지 교육마저 경쟁을 신앙으로 삼는다. 제국의 지배에 알아서 복종하고 그들의 성과에 덩달아 경배한다. 유능한 노예가 목표는 아닌지 반성할 때다. 장자 역시 지식을 습득하여 남을 밟고 출세하는 일이 목표가 되는 시대에 살았다. 지식은 영리함을 넘어 교활함으로, 경쟁은 음모를 넘어 지배의 수단으로 변해버렸다. 장자의 이에 대한 태도는 확고하다. 지식과 경쟁을 둘로 나누지도 않는다. 장자는 인간세의 지식이란 아예 경쟁의 무기라는 입장이다. 그것도 '흉기'라 한다. 공동체를 망쳐놓기 때문이다. 심지어는 선(善)을 가지고 경쟁을 해서도 안 된다. 도덕적 위계 역시 사람을 질식하게 만들기 때문이다. 그렇다면 어떤 방식이 필요할까. 지식을 넘어 지혜를 얻어야 한다. 지혜는 사물에 대한 잡다한 지식을 넘어 인간과 세계를 하나로 통찰하는 능력이다. 장자는 하나를 보면 만사에 통할 수 있어야 한다고 말한다. 그 방법으론 일단 두 가지가 있다. 우선 대붕(大鵬)처럼 우주적 차원에서 지상을 내려다보는 것이다. 위로 올라갈 수 없으면 아래로 내려와도 된다. 너울거리는 물결위에서 심연으로 내려와 바닥에서 위를 통째로 바라보는 방법이다. 둘 다 좁은 울타리를 깨는 초월이다. 위로 올라가 넘어서는 일이나 아래로 내려와 위를 감싸안는 일이나 동일한 사건이다. 도(道)는 위아래가 없기 때문이다. 현실적으로는 후자의 경우가 용이하다. 내가 하늘로 오르는 경험보다 물속에 들어가는 경험이 더 익숙해서 그렇다. 심연에서는 잔물결들을 하나로 연결하여 바라볼 수 있다. 낱낱이 흩어진 구슬들이 금실을 만나 보배가 되는 경우와 비슷하다. 이 방식을 사용하면, 전체로 통하는 지혜를 얻어 잡다한 지식을 조정하는 능력을 얻을 수 있다. 요즘 '융복합'이 유행이다. 장자에는 '통섭의 원리'가 다양한 방식으로 나타난다. 현실적인 문제에 접목시킬 필요가 있다.

여기에 지혜를 강화할 수 있는 방법이 있어야 한다. 장자는 그걸 '염정(恬靜)'이라 한다. 좀 어려운 용어라 생각될 것이다. 쉽게 말해 편안하고 맑은 마음의 경지를 가리킨다. 염정을 얻는 일은 요즘 식으로 명상이라 생각하면 된다. 현대인에게서 청정하고 평화로운 마음은 찾아보기 어렵다. 그럼에도 교육과정에는 명상 과목조차 없다. 안목 있는 학교에서나 선택과목으로 가르치는 형편이다. 불안하고 초조한 사람들은 세계적으로 유명한 명상가의 말을 들으려 인산인해를 이룬다. 명상은 특별한 장소로 가서 위대한 스승을 만나야만 가능한 일이 아니다. 요점만 알면 시간과 장소를 불문하고 누구라도 할 수 있다. 장자는 '밀어냄'(外)이나 '잊음(忘)'이라는 방법론을 제시한다. 양자는 서로 다른 것이 아니다. 자신에게 있던 것을 밖으로 밀어내는 것도 아니고 대상을 기억 속에서 지워버리는 일도 아니다. 배제하려는 대상과 분리되어 진위나 선악의 이분법에 떨어지기 때문이다. 그 본질은 자기 안에 있던 욕망 대상으로부터 해방되고 분리되어 갈등하던 존재와 합일하는 데 있다. 여기서는 앞부분과 연결지어 해석한다. 욕망에 사로잡히고 대상과 갈등하는 자신의 모습을 표층으로 띄워 올린다. 이 사태를 느끼고 바라보는 연습을 한다. 띄워 올린 만큼 심층으로 내려간다. 세계와 무한한 연관을 맺고 다양한 교감을 나누는 자신을 바라본다. 내려갈수록 올려보는 시야도 그만큼 넓어진다. 무심으로 관찰하면 자아와 관련된 영역이 넓어지고 타자와의 경계선도 희미해지는 걸 알 수 있다. 마침내는 영역과 경계 자체도 사라진다. 이는 자신을 해방시키는 일이면서 동시에 무수한 타자와 소통하는 일이다. 이때 표층의 불안했던 자아는 심층으로 내려와 무게중심을 잡고 평화를 얻는다. 동시에 혼탁했던 마음도 맑은 모습을 되찾는다. 일시적이고 유한한 자아가 영원하고 무한한 존재로 변한다. 독단적 자아는 사라지고 만다. 파도에 튕겨난 물방울이 본래의 바다에 하나 되듯이 말이다. 염정은 지혜를 끊임없이 송출하는 발전소와 같다. 염정 없는 지혜는 조만간에 고갈되고 지혜 없는 염정은 존재할 이유도 없다. 양자는 심연과 물결처럼 원래부터 하나로 작동한다.

인생의 심층을 모르는 사람들은 역시 사물의 겉모습만 바라본다. '차이'로만 인식한다는 말이다. 자아와 타자가 다르고 인간과 자연이 다르고 존재와 당위가 다르다고만 한다. 이런 이분법을 신봉하는 사람은 형식논리를 무기로 삼아 자기와 다른 사상을 갖고 있는 사람들을 공격한다. 어떤 영역을 막론하고 무조건적으로 논리의 칼을 들이댄다. 심한 경우, 장자를 비롯한 동양철학 전체를 정서주의로 매도하면서 철학의 영역에서 없애려고 한 적도 있다. 공감이나 침잠의 능력이 없기 때문이다. 겉모습만 보고 속마음은 모르는 바와 같다. 사실, 논리는 어떤 경우에나 통용되는 수단이 아니다. 분별의 상황에서만 적용가능하다. 사건과 사물의 차이를 전제할 때만 유용한 수단이라는 말이다. 논리학의 동일률 · 배중률 · 모순율이 어떤 본질을 갖고 있는가. 요점은 이것과 저것이 다르다는 데 있지 않은가. 합일이나 수행의 경지는 역설의 향연을 관통한다. 논리의 칼날이 녹아버린다. 논리는 이 경지의 표층에 있을 따름이다. 바다로 말하면 심층을 벗어난 물결 수준의 담론이다. 심층으로 들어가는 순간 논리를 내려놓지 않으면 안 된다. 합일과 수행은 차이의 세계를 넘어선다. 이후 차이 역시 수용한다. 원래는 선후도 없다. 본래 하나다. 그렇기 때문에 일자(一者)와 다자(多者)에 걸림이 없다. 다자의 경우에야 비로소 논리가 힘을 발휘한다. 언어와 침묵 사이에도 모순이 없다. 이점을 모르고서는 장자를 알았다 할 수 없다. 바다에서 표층과 심층은 하나다. 분리될 수 없다. 합일과 수행은 심층이고 분별과 논리는 표층이다. 전자는 염정을 통해서, 후자는 지혜를 통해서 드러난다. 염정은 무위(無爲)에 닿아 있고 지혜는 무불위(無不爲)의 디딤돌이다. 염정에 이르면 마치 하는 일이 없는 것처럼 한가하고, 지혜를 발휘하면 다종다양한 사건에 제대로 대응한다. 결과는 거칠 일이 없게 된다. 이렇게 장자는 전 우주적 스케일을 지향한다. 반면, 논리는 인간의 언어적 측면에 국한된다. 달리 말하면, 선물의 포장지 수준이다. 포장지는 없어도 된다. 있으면 더 나을 따름이다. 포장지만 간직하고 선물을 버릴 사람은 없다.

노동은 인간적 삶의 기초다. 노동을 하지 않으면 인간이라 할 수 없다. 노동은 자신의 능력을 개발하고 세계를 인식하는 중추다. 인간은 노동을 통해 자립할 수 있고 타자를 살릴 수 있다. 노동을 폄하하고 무시하는 사람은 이미 인간의 세계에 발을 들일 자격이 없다. 노동은 인간이 인간답게 사는 가장 근원적인 기능이다. 오늘날은 노동의 시간이 즐겁지 않다. 어쩔 수 없이 해야 하고 쉬는 날에도 불안하다. 장자에게 노동은 임금을 위한 것이 아니라 자신을 완성하는 수단이다. 장인이나 농부는 기계나 곡식만을 위해 일하지 않는다. 도를 터득하기 위한 과정이다. 아니, 그 자체가 도의 실현이다. 노동은 몰입이다. 몰입은 집착이 아니다. 몰입의 순간을 보라. 자신은 대상과 하나 되어 흐르고, 변화상 자체를 여실하게 관찰한다. 노동은 우주적 사건이다. 하는 일마다 완전성을 기하기 때문이다. 개별적 존재가 우주적 존재로 확장될 때 매 순간 만사는 성스러운 일이 된다. 밭 갈고 고기 잡는 데도 도가 있다는 말이다. 각자 서로 다른 분야라 해도 다 같이 우주적 사건이다. 바다의 물결들이 제각각 다르지만 이들 모두가 바다의 드러난 모습인 바와 마찬가지다. 몰입은 과거에 집착하거나 미래를 걱정하지 않는다. '지금 여기' 에 과거나 미래, 이곳이나 저곳이 응축되어 있다. 반대로 언제, 무엇으로도 열려 있다. 소라고 말하면 소가 되고 말이라고 하면 말이 된다. 남이 소나 말이라 욕을 해도 흔들리지 않는다. 소가 되어서 잠재력을 다지고 말이 되어서 창조성을 기른다. 노동자가 자신의 역량을 키우지 못하면 절대로 세상을 바꿀 수 없다. 자본가는 차별이 진리라 한다. 노동자를 경쟁으로 몰아 자신에게 충성을 강요하기 위해서다. 이들 사이에 파벌을 조장하고 적대감까지 부추긴다. 지배논리다. 노동자는 서로 분열하지 말아야 한다. 오히려 자신의 능력을 개발하여 동료와 상생하는 데 써야 한다. 서로에게 열려 있어야 한다. 함께 가야 한다. 물아일체(物我一體)가 공감과 소통의 원천이라는 점을 알아야 한다.

어떤 지자체 중학생들 중 절반이 자살을 생각해 봤단다. 성인의 경우는 더 이상 말할 필요도 없겠다. 과거는 대체로 나이가 들어 죽음을 맞이했다. 지금은 예기치 못한 사고나 질병 등으로 언제든지 죽음과 마주하는 세상이 되었다. 한데, 세상은 온통 살아남는 훈련만 시킨다. 죽음에 대한 성찰은 거의 찾아볼 수 없다. 죽음을 통해 우리는 사회적 존재에서 생물학적 존재로 물리화학적 존재로 환원된다. 여기서 경계는 사라지고 평등해진다. 물방울이 바다에 떨어지듯이 말이다. 삶의 다양한 모습은 제각각 서로 다른 사회적 관계를 형성한다. 갈등과 경쟁의 과정 속에서 차이는 차별로 둔갑을 한다. 다름의 철학이나 차별의 종교가 생길 수밖에 없는 이유이기도 하다. 삶에만 치중하는 철학이나 종교는 외눈박이 철학이거나 절름발이 종교에 불과하다. 죽음 뒤에도 우리는 바람으로 물로 흙으로 존재한다. 이들이 우리의 다른 모습들이라는 점을 깨달아야 한다. 삶에만 집착하면 안 된다. 전체로 확장하면 무수한 모습으로 영원히 존재한다. 어찌 보면 애초에 태어난 적도 없다. 그러니 죽을 일도 없다. 본래부터 우주와 하나일 따름이다. 물아일체의 경지는 주변의 존재가 우리의 다른 모습이라는 점을 자각하면서 드러나기 시작한다. 바람과 물과 흙은 물론, 꽃과 나무도 우리의 모습이고 심지어 달과 별조차 우리의 다른 모습이라는 점을 알아야 한다. 이해를 넘어 확증이 되면, 장자처럼 기왓장이나 벽돌에도 도(道)가 있다고 할 것이다. 인간 역시 원래부터 도와 하나였다. '순간'에 '영원'이 있음은 물론이다. 내세에 목숨을 걸 이유가 없어진다. 개인의 영혼이 사후에도 존재해야만 죽음의 공포로부터 벗어날 수 있다고들 한다. 장자가 보기엔 편견에 불과하다. 자기만 고집하면 절대로 도를 터득할 수 없기 때문이다. 기(氣)가 모이면 삶이고 흩어지면 죽음이다. 양자는 분리할 수 없다는 말이다. 분리해서 집착할 때만 불안이고 공포다. "한쪽만 털어도, 생사(生死)가 하나다!"는 말을 화두로 삼을 필요가 있다.

이성과 논리는 인생에서 빙산의 일각일 따름이다. 수면 아래 태도와 정서에 대한 근원적인 성찰이 있어야 한다. 자아와 타자에 대해 어떤 입장을 취할 때, 가장 평화롭고 자유로울 수 있는지를 우선적으로 검토해야 한다. 요즘은 비정규직이 절반을 넘고 자영업자가 수백만이다. 1%의 탐욕이 세상을 절망으로 몰아가고 있다. 『분노하라』는 책조차 베스트셀러가 된다. 장자는 불의를 보고도 분노를 억제해야 한다고 하지 않는다. 분노 없는 사람은 사람이 아니다. 하지만 분노는 자연스러워야 한다. 이것은 '분노가 없는 분노'이다. 하나 됨에 바탕을 두고 있기 때문이다. 포용 속의 비판이다. 자애로우면서도 분노할 줄 알아야 한다. 양자가 한 뿌리라는 점을 자각하면 된다. 자애만으로는 불의를 지나치고 분노만으로는 인심을 잃는다. 한쪽만을 고집하면 일을 그르치기 쉽다. 장자를 바라보는 시각은 천차만별이다. 필자의 관점도 하나의 시각에 불과하다. 중요한 건 자신의 문제의식만큼 책이 보이고 세상이 보인다는 점이다. 진정한 도인(道人)은 도를 터득했다는 자부심도 갖지 않는다는 거다.

참고문헌

머리말

최석만. 2007. “한류 : 전통문화의 재해석.”『동양사회사상』15 : 5-34.

———. 2012. “세계화 시대에서의 한국 자본주의의 성격: 다중적 현대화와 문화의 역할.”『동양사회사상』26: 325-344.

최석만 외. 2006.『유교적 사회질서와 문화, 민주주의』. 전남대학교 출판부.

———. 2007.『탈현대와 유교』. 전남대학교 출판부.

최석만 · 이태훈. 2006. “보편적 세계인식 원리로서의 가(家).”『동양사회사상』13: 5-52.

헌팅턴, 새뮤얼(Huntington, S.). 1997.『문명의 충돌』. 이희재 옮김. 김영사.

De Garis, Hugo. 2011. “Globa: Accelerating Technologies Will Create a Global State by 2050.” http://www.kurzweilai.net/essays.

Harari, Yuval Noah. 2012. *From Animals into Gods: A Brief History of Humankind*. CreateSpace Independent Publishing Platform.

Kurzweil, Ray. 2006. *The Singularity Is Near: When Humans Transcend Biology*. Penguin Books.

서론

강신주. 2009.『상처받지 않을 권리』. 서울: 웅진씽크빅.

기든스, 앤소니(Giddens, Anthony). 1991.『포스트 모더니티』. 이윤희 외 옮김. 민영사.

————————————. 1997.『현대성과 자아정체성』. 권기돈 역. 새

물결.

——————————————. 2003.『현대사회의 성 · 사랑 · 에로티시즘』. 배은경 · 황정미 옮김. 새물결.

김기현. 2009.『선비』. 서울: 민음사.

니체, 프리드리히(Nitze, F. W.). 2006.『짜라투스트라는 이렇게 말했다』. 사순옥 역. 서울: 홍신문화사.

문옥표. 2011.1.28. 동아일보 시론 "이혼잡지까지 등장하는 사회."

바우만, 지그문트(Bauman, Zygmunt). 2005,『액체근대』. 이일수 옮김. 도서출판 강.

——————————————. 2013.『사랑하지 않을 권리 리퀴드 러브: 현대의 우울과 고통의 원천에 대하여』. 권태우 외 역. 새물결.

벡, 울리히 · 엘리자베트 벡-게른스하임(Beck, U. and E. Beck-Gernsheim). 2006.『사랑은 지독한 그러나 너무나 정상적인 혼란』. 강수영 외 역, 서울: 새물결.

벡, 울리히 외(Beck, U. *et al*.). 2010.『위험에 처한 세계와 가족의 미래』. 한상진 외 편저. 서울: 새물결.

선스타인, 캐스(Sunstein, Cass R.). 2009.『루머: 인터넷시대에 던지는 신문명비판』. 이기동 역 · 윤평준 해제. 프리뷰.

成百曉. 2009.『懸吐完譯 論語集註(개정증보판)』. 서울: 전통문화연구회.

솔로브, 다니엘(Solove, Daniel J.). 2008.『인터넷 세상과 평판의 미래』. 이승훈 역. 비즈니스랩.

송종현. 2007. "소원함의 폐기와 친밀성의 증대."『소문』창간호. 민음사.

정학섭. 2011. "친밀성의 구조변동과 Friendship." 후기사회학대회 발표문. 한국사회학회.

———. 2012.9.24. "과학기술과 인간욕망의 변주곡, 휴대폰." 새전북신문.

———. 2013.1.14. "혼자 살다 혼자 죽는 사회의 자화상, 고독사(孤獨死)." 새전북신문.

———. 2013.5.6. "인터넷 여론몰이의 위험성, 편향동화(偏向同化)." 새전북신문.

———. 2013.8.26. "막말과 자아도취의 정치, 진영(陣營) 함몰의 비극." 새전북신문.

———. 2013.11.18. "정치의 과잉과 고함(高喊) 민주주의." 새전북신문.

———. 2013.12.20. "위험사회. SNS와 스마트폰 사회의 불안, 안전 및 친밀성의

지향: 사회학적 지평의 확대." 후기사회학대회 발표문, 한국사회학회.

조선일보. 2009.3.28. "결혼은 이제 선택 가능한 디저트다." BOOKS 서평.

최인호. 2011. "산중일기." 『주부생활』 11월호. 서울: 주부생활사.

쿤츠, 스테파니(Kuntz, S.). 2009. 『진화하는 결혼』. 김승욱 옮김. 작가정신.

클라이넨버그, 에릭(Klinenberg, Eric). 2013. 『고잉 솔로: 싱글턴이 온다』. 안진이 옮김. 더 퀘스트.

페스트라이시, 임마누엘. 2013.7.11. "주자학의 재발견." 조선일보 조선칼럼.

Bauman, Zygmunt. 2011. *Collateral Damage: Social Inqualities in a Global Age*. Cambridge: Polity Press.

Bell, Sandra and Simon Coleman(ed). 1999. *The Anthropology of Friendship*. New York: Berg.

Chambers, Deborah. 2006. *New Social Ties: Contemporary Connections in a Fragmented Society*. New York: Palgrave Macmillan.

Cook, Karen S.(ed.). 2001. *Trust in Society*. New York: Russell Sage Foundation.

Derlega, Valerian J.(ed.). 1984. *Communication, Intimacy, and Close Relationships*. London: Academic Press.

Fischer, William F. 1970. *Theories of Anxiety*. New York: Harper & Row Publishers.

Goodwin, Robin. 2009. *Changing Relations: Achieving Intimacy in a Time of Social Transition*. New York: Cambridge University Press.

Lin, Nan. 2001. *Social Capital: A Theory of Social Structure and Action*. New York: Cambridge University Press.

Luhmann, Niklas. 2010. *Love: A Sketch*. Cambridge: Polity Press.

『大學』.

『中庸』.

『論語』.

『孟子』.

『朱子書節要』.

『退溪全書』.

제1장

곽신환. 1990. 『주역의 이해』. 서광사.
굴드너, 앨빈(Gouldner, Alvin W.). 1982. 『현대사회학의 위기』. 김쾌상 역. 한길사.
金景芳 · 呂紹綱. 1993. 『易의 철학』. 한국철학사상연구회 옮김. 예문지.
김수중. 1997. "유가의 인간관." 『인간이란 무엇인가』. 민음사.
니담, 조셉(Needham, J.). 1988. 『중국의 과학과 문명 Ⅲ』. 이석호 외 역. 을유문화사.
박이문. 1997. 『문명의 미래와 생태학적 세계관』. 당대.
사이어, 제임스(Sire, James W.). 1993. 『기독교 세계관과 현대사상』. 김현수 옮김. 한국기독교학생회출판부.
사우웰, 토마스(Sowell, Thomas). 1990. 『세계관의 갈등』. 이구재 옮김. 인간사랑.
성균관대학교 유학과 교재편찬위원회. 1998. 『유학사상』. 성균관대학출판부.
슈미트-코바르칙, W.(Schmied-Kowarzik, W.). 1994. 『자연에 관한 철학적 탐구』. 이종관 옮김. 철학과 현실사.
馮友蘭, 1999. 『중국철학사』, 박성규 옮김. 까치.
최재목. 1997. 『나의 유교 읽기』. 소강.

『論語』.
『孟子』.
『中庸』.
『周易』.
『朱子語類』.
『張子全書』.
『二程遺書』.

제2장

김종욱. 2001. "하이데거와 불교의 만남." 『불교평론』 3(4). 불교평론사.

김홍중. 2009. 『마음의 사회학』. 문학동네.

———. 2013a. “사회적인 것의 합정성을 찾아서.” 『사회와 이론』. 이론사회학회.

———. 2013b. “사회로 변신한 신과 행위자의 가면을 쓴 메시아의 전투.” 『한국사회학』 47(5). 한국사회학회.

루만, 니클라스(Luhmann, Niklas). 2007a. 『사회체계이론 1』. 박여성 역. 한길사.

———. 2007b. 『사회체계이론 2』. 박여성 역. 한길사.

———. 2012a. 『사회의 사회 1』. 장춘익 역. 새물결.

———. 2012b. 『사회의 사회 2』. 장춘익 역. 새물결.

메이시, 조애너(Macy, Joanna). 2004. 『불교와 일반체계이론』. 이중표 역. 불교시대사.

무젤리스, 니코스(Mouzelis, Nicos). 2013. 『사회학 이론 무엇이 문제인가』. 정헌주 옮김. 아카넷.

미 산. 2009. “변화무쌍한 마음을 어떻게 바로잡아야 하는가?” 『마음』. 운주사.

바렐라, 프란시스코 외(Varela, Francisco J., Evan T. Thompson, and Eleanor Rosch). 2013. 『몸의 인지과학』. 석봉래 옮김. 김영사.

알렉산더, 제프리(Alexander, Jeffrey). 1993. 『현대 사회이론의 흐름』. 이윤희 옮김. 민영사.

요아스, 한스(Joas, Hans). 2002. 『행위의 창조성』. 신진욱 옮김. 한울.

요코야마 코이치(横山紘一). 1996. 『唯識이란 무엇인가』. 장순용 옮김. 세계사.

월 암. 2013. “괴로움의 뿌리인 번뇌가 곧 보리.” 『괴로움』. 운주사.

유승무. 2010. 『불교사회학』. 박종철출판사.

———. 2013. “동양사회 내재적 종교성과 베버의 동양사회론.” 『현대사회와 베버패러다임』. 나남.

유승무 · 박수호 · 신종화. 2013. “마음의 재발견과 합심의 소통행위이론적 이해.” 『사회사상과 문화』. 동양사회사상학회.

윤원철. 2009. “마음을 가져와라.” 『마음』. 운주사.

이 철. 2011. “구조/행위 대립 극복으로서 루만의 커뮤니케이션 체계.” 『한국사회학』. 45(5), 한국사회학회.

———. 2013. “(작동하는)사회의 (관찰하는)사회.” 『한국사회학』 47(5). 한국사회학회.

전성우. 2013. 『막스 베버 사회학』. 나남.

정태석. 2002. 『사회이론의 구성』. 한울.

조윤호. 2001. "화엄의 세계와 사이버세계의 구조비교." 『불교평론』 3(4). 불교평론사.

초츠, 폴커(Zotz, Volker). 1997. 『붓다』. 김경연 역. 한길사.

최종석. 1999. "연기와 공의 종교신학적 이해에 대한 고찰." 『공과 연기의 현대적 조명』. 고려대장경연구소.

추 자오후아. 2011. "순자: 정감과 가치." 『유교 · 도교 · 불교의 감성이론』. 경인문화사.

츠앙, 까르마(Chang, Garma C.C.). 1998. 『화엄철학』. 이찬수 역. 경서원.

콜린스, 랜들(Collins, Randall). 2009. 『사회적 삶의 에너지』. 진수미 옮김. 한울.

쿡, 프란시스(Cook, Francis H.). 1995. 『화엄불교의 세계』. 문찬주 역. 불교시대사.

크네어, 게오르그 · 아민 낫세이(Kneer, G. and A. Nassehi). 2002. 『니클라스 루만으로의 초대』. 정성훈 역. 갈무리.

킨처, 존(Kinch, John W.). 1982. 『사회심리학』. 이동원 옮김. 하나의학사.

한자경. 2009. "마음활동의 두 층위." 『마음』. 운주사.

———. 2013. "고통은 어디에서 오는가?" 『괴로움』. 운주사.

『대정장(大正藏)』.

『조선왕조실록』.

『中庸』 成百曉 譯註. 2003.

제3장

블레이크, 윌리엄(Blake, William). 1974. 『天國과 地獄의 結婚』. 김종철 역. 민음사.

에머슨, 랄프 왈도(Emerson, Ralph Waldo). 1973. 『에머슨 隨想錄』. 이창배 역. 서문당.

이현지. 2001. "음양론의 여성학적 함의." 『東洋社會思想』 4: 255-275.

———. 2007. "동양사회사상과 새로운 세계관의 모색." 『東洋社會思想』 16: 15-32.

———. 2009. 『동양사상과 탈현대의 발견』. 한국학술정보.
———. 2012a. “「논어」에서의 덕(德), 도(道) 그리고 마음공부의 탈현대적 함의.” 『東洋社會思想』 26: 5-32.
———. 2012b. “「주역」 시중사상의 탈현대적 함의.” 『유학연구』 27: 281-303.
정재걸. 2001. 『만두모형의 교육관』. 교육신문사.
———. 2005. “복기초(復其初)의 의미에 대한 일 고찰.” 『東洋社會思想』 11: 35-57.
———. 2007. “나는 누구인가?: ‘唯識 30頌’ 의 경우.” 『교육철학』 32: 245-273.
———. 2008. “불교와 죽음 그리고 죽음교육.” 『東洋哲學研究』 55: 105-136.
———. 2009. “한국 전통사상과 수행과 낙도로서의 노동.” 『한국학논집』 38: 145-169.
———. 2010a. 『삶의 완성을 위한 죽음교육』. 지식의 날개.
———. 2010b. 『오래된 미래교육』. 살림터.
정재걸 외. 2010. 『동양사상과 탈현대의 죽음』. 계명대학교출판부.
최봉영. 1998. “‘사회’ 개념에 전제된 개체와 전체의 관계와 유형.” 『東洋社會思想』 1: 79-104.
———. 1999. “성리학적 인간관과 인본주의.” 『東洋社會思想』 2: 31-77.
최석만. 2002. “공(公)과 사(私).” 『東洋社會思想』 5: 5-21.
최영진. 1991. “주역의 자연관과 인간관에 대한 체계적 구성.” 『철학과 현실』 9: 320-324.
홍승표. 2002. 『깨달음의 사회학』. 예문서원.
———. 2003. 『존재의 아름다움』. 예문서원.
———. 2005a. 『동양 사상과 탈현대』. 예문서원.
———. 2005b. “對待的 對立觀의 탈현대적 의미.” 『철학논총』 40(2): 389-404.
———. 2007. 『노인혁명』. 예문서원.
———. 2008. “동양 사상과 탈현대 대안사회의 구성.” 『東洋社會思想』 17: 59-84.
———. 2009. “통일체적 세계관과 인간적 노동의 구현.” 『東洋社會思想』 19: 5-20.
———. 2010. 『동양 사상과 새로운 유토피아』. 계명대학교출판부.
———. 2011a. “동양 사상과 존재 혁명.” 『철학논총』 63(1): 145-162.
———. 2011b. 『동양 사상과 탈현대적 삶』. 계명대학교출판부.
———. 2012. 『탈현대와 동양사상의 재발견』. 계명대학교출판부.
홍승표 외. 2006. 『동양 사상과 탈현대의 여가』. 계명대학교출판부.

———. 2010. 『한국전통사상과 새로운 노동관』. 계명대학교출판부.

제4장

김성배. 1995. 『한국의 민속』. 서울: 집문당(1980 초판).

金晟煥. 2008. 『黃老道探源』. 北京: 中國社會科學出版社.

박원길. 1996. 『몽골의 문화와 자연지리』. 서울: 두솔.

우실하. 1997. 『오리엔탈리즘의 해체와 우리 문화 바로 읽기』. 서울: 소나무.

———. 1998. 『전통문화의 구성원리』. 서울: 소나무.

———. 2000. "동북아시아 모태문화와 '3수 분화의 세계관'." 『문화와 사람』 창간호: 225-255.

———. 2003. "최초의 태극 관념은 음양태극이 아니라 삼태극/삼원태극이었다." 『동양사회사상』 8: 5-37.

———. 2004a. 『전통음악의 구조와 원리』. 서울: 소나무.

———. 2004b. "동북아 샤머니즘의 성수(聖數 : 3.7.9.81)의 기원에 대하여." 『단군학연구』 10: 205-240.

———. 2006a. "도교와 민족종교에 보이는 '3수 분화의 세계관'." 『도교문화연구』 24: 99-133.

———. 2006b. "구구가(九九歌), 구구소한도(九九消寒圖)의 기원과 '3수 분화의 세계관'." 『동양사회사상』 13: 347-379.

———. 2006c. "삼태극(三太極)/삼원태극(三元太極) 문양의 기원에 대하여." 『정신문화연구』 29(2), 통권 103호(여름호): 205-237.

———. 2006d. "「천부경」, 「삼일신고」의 수리체계와 '3수 분화의 세계관(1-3-9-81)'." 『선도문화』 1: 35-101.

———. 2008. "몽골문화와 '3수 분화의 세계관(1-3-9-81)'," 『단군학연구』 18: 307-345.

———. 2009a. "몽골문화와 '3수 분화의 세계관(1-3-9-81)' – Ⅱ: 9 · 9의 상징성을 중심으로." 『몽골학』 27: 87-118.

———. 2009b. "한국문화의 심층구조 '3수 분화의 세계관(1-3-9-81)'." 『한민족 연구』 9: 137-164.

———. 2011a. "'3수 분화의 세계관(1-3-9-81)' 의 기원과 홍산문화: 홍산문화에 보이는 성수(聖數) 3, 9, 81을 중심으로." 『비교민속학』 44: 11-63.

———. 2011b. "홍산문화 옥저룡(玉猪龍) · 쌍수수황형기(雙獸首璜形器) · 쌍수수삼공기(雙獸首三孔器)의 상징적 의미와 '환일(幻日: Sundog)' 현상." 『동아시아고대학』 24: 63-133.

———. 2012. 『3수 분화의 세계관』. 서울: 소나무.

———. 2013. "북유럽 신화와 '3수 분화의 세계관(1-3-9-81)'." 『몽골학』 35: 81-112.

임헌규. 2005a. "사암(思庵), 율곡 태극논변과 율곡의 태극론." 『한국사상과 문화』 29: 169-196.

———. 2005b. "주, 육태극논변(朱陸太極論辨)과 형이상학." 『한국철학논집』 17: 369-398.

張君房. 2009. 『雲笈七籤: 上, 中, 下』. 臺北: 自由出版社(影印本).

장윤수. 1997. "한국 성리학에서 '무극태극' 논쟁." 『철학연구』 61: 169-188.

조철수. 1996. 『수메르 신화: Ⅰ』. 서울: 서해문집.

체렌소드놈, D.(Tserensodnom, D.). 2001, 『몽골 민간 신화』. 이평래 옮김. 서울: 대원사.

홍태한. 1998. 『서사무가 바리공주 연구』. 서울: 민속원.

『高麗史』.

『朝鮮王朝實錄』.

제5장

기든스, 앤소니(Giddens, A.). 1996. "Sociology." 『현대사회학』. 김미숙 외 역. 을유문화사.

김경동. 1982. 『현대의 사회학』. 박영사.

김신열. 2009. "율곡의 향약을 통해 본 지역사회복지 실천의 의미." 『유교사상연구』 37.

박수호. 2009. "노동과 여가의 통합적 이해 : 불교적 관점과 '좋은 노동'." 『동양사회사상』 19.

브레넌, 제임스(Brennan, James F.). 1988.『심리학의 역사와 체계』. 홍대식 역. 박영사.

성백효. 1992.『동몽선습 · 격몽요결』. 전통문화연구회.

신종화. 2006. "탈현대성 담론의 재해석 : 탈현대시대의 현대성 발현을 위한 유교적 관점에서."『동양사회사상』 13.

에릭슨, 에릭 H.(Erikson, Erik H.). 2014.『유년기와 사회』. 송제훈 역. 연암서가.

유가효. 1997. "한국인의 생장론."『새 시대의 가정교육을 위한 탐색적 연구』. 한국정신문화연구원 사회과학연구실 편. 한국정신문화연구원.

유승무. 2010.『불교사회학』. 박종철출판사.

———. 2014. "상즉상입의 불교사회학."『동양사회사상』 10.

유장림. 2009. "장자의 행복과 여가."『동양사회사상』 20.

이영찬. 2001.『유교사회학』. 예문서원.

———. 2007. "'몸'에 대한 유교적 인식-유교사회학 정립을 위한 예비적 논의."『동양사회사상』 15.

———. 2008.『유교사회학의 패러다임과 사회이론』. 예문서원.

이재룡. 2004. "조선왕조 법제도에서의 국가관."『동양사회사상』 11.

이현지. 2009. "「주역」과 행복한 가족론."『동양사회사상』 20.

———. 2011. "새로운 가족이론 구성을 위한 시론-주역을 바탕으로."『동양사회사상』 24.

전홍석. 2014.『독일 계몽주의의 유학적 기초』. 살림.

정재걸. 1999. "유가 교육사상의 탈근대적 의미."『동양사회사상』 2.

———. 2008a. "산수몽괘의 재해석."『동양사회사상』 17.

———. 2008b. "산풍고괘의 재해석."『동양사회사상』 18.

정재걸 외. 2014.『동양사상과 마음교육』. 살림터.

조주현. 2001. "한국의 섹슈얼리티와 성규범."『탈근대세계의 사회학』. 우리사회학회 편. 정림사.

최봉영. 2002. "본과 보기 구조와 문화이해."『동양사회사상』 5.

최우영. 2006. "종친회의 역사·문화와 현실 : '기억'과 '재현'의 논리를 중심으로."『동양사회사상』 13.

한국산업사회학회. 2004.『사회학』. 한울아카데미.

한완상 · 한균자. 2012.『인간과 사회』. 한국방송통신대학교출판부.

허 준. 2002. 『동의보감』 내경편. 동의과학연구소 편. 휴머니스트.
홍승표. 2012. "「주역」과 탈현대 문명 건설의 원칙." 『동양사회사상』 25.

제6장

김미경. 2008. "경쟁적 노동사회의 소비적 여가의 인간화 – 유럽의 '좋은 노동' 논의의 한국적 시사점을 중심으로." 『한독사회과학논총』 18(1): 137-158.
———. 2009. "율려문화와 한국적 '좋은 노동' 의 가능성." 『노동과 여가에 대한 새로운 담론: 동양사회사상과 '좋은 노동' 』. 2009 동양사회사상학회 기획학술대회 발표논문집.
———. 2012. "보편적 복지로서 여성복지를 위한 방법론적 접근." 『여성노동시대』. 나눔의집 출판사.
김석진. 1997. 『주역전의대전역해』. 대유학당.
박수호. 2002. "정보사회의 가족 관계 변화와 불교적 가족가치관의 검토." 『동양사회사상』 6: 47-79.
———. 2009. "노동과 여가의 통합적 이해: 불교적 관점과 '좋은 노동' ." 『동양사회사상』 19: 21-50.
박승희. 2007. "가족의 다양성담론에 대한 성찰적 검토." 『경제와 사회』 79: 215-236.
신성현. 2002. "불교경전에 나타난 효." 『부처님이 들려주는 효 이야기』. 월운 외. 동국역경원.
월 운. 2002. "불설대보부은중경 강화." 『부처님이 들려주는 효 이야기』. 월운 외. 동국역경원.
유승무. 2009. " '좋은 노동을 위한 발상의 전환." 『노동과 여가에 대한 새로운 담론: 동양사회사상과 '좋은 노동' 』. 2009 동양사회사상학회 기획학술대회 발표논문집.
이승연. 2000. " '개個' 와 '가家' – 「주자가례」의 출현을 중심으로." 『동양사회사상』 3: 179-209.
———. 2003. "종법(宗法)과 공사론(公私論)–주자의 종법 사상을 중심으로." 『동양사회사상』 7: 153-184.

이태훈. 1999. “유교적 가족관과 시민적 가족관.” 『동양사회사상』 2: 163-195.

이현지. 2001. “음양론의 여성학적 함의.” 『동양사회사상』 4: 255-275.

———. 2004. “유교적 가족관계관, 현대 가족위기의 대안인가.” 『유교사상연구』 20: 97-119.

———. 2005. “남녀 속의 유교.” 『오늘의 동양사상』 12: 155-170.

———. 2006. “탈현대적 가족여가를 위한 구상.” 『동양사회사상』 12: 161-181.

———. 2007. “對待的 對立觀과 사회생태학의 새로운 패러다임.” 『철학논총』 49(3): 277-289.

———. 2011. “새로운 가족이론 구성을 위한 시론.” 『동양사회사상』 24: 97-127.

이혜경 외. 2003. “성통합적 복지국가재편 논의를 위한 여성주의적 비판.” 『사회보장연구』 19(1): 161-189.

조 은. 1986. “가족사회학의 새로운 연구동향과 이론적 쟁점.” 『한국사회학』 20: 103-118.

최석만 · 이태훈. 2006. “보편적 세계인식 원리로서의 가(家).” 『동양사회사상』 13: 5-52.

최영진. 2003. 『유교사상의 본질과 현재성』. 성균관대학교 동아시아학술원.

한국가족문화원. 2009. 『가족과 한국사회』. 경문사.

한국가족상담교육연구소. 2010. 『변화하는 사회의 가족학』. (주)교문사.

홍승표. 2005. “對待的 對立觀의 탈현대적 함의.” 『철학논총』 40(2): 389-404.

———. 2009. “통일체적 세계관과 인간적 노동의 구현.” 『동양사회사상』 19: 5-20.

KBS NEWS. 2013년 2월 21일자. “원정출산은 ‘교육보험’? … 법망 피한 상술 극성.”

제7장

고수현. 2004. “불교의 사회복지 사상에 관한 연구.” 『복지행정논총』 제14집.

권경임. 2000. 『현대 불교사회복지론』. 나남출판.

———. 2007. “불교사회복지의 현황과 과제.” 『종교학보』 제4집.

김교빈. 2006. “죽음에 대한 유교의 이해.” 『철학연구』 75권.

———. 2007. “돌봄과 치유에 대한 유가 정서의 철학적 기초.” 『의철학연구』 4: 3-

18.

김노은. 2012. "불교계 사회복지의 연구동향: 학위논문을 중심으로." 『한국불교학』 64.

김미경. 2008. "경쟁적 노동사회의 소비적 여가의 인간화-유럽의 '좋은 노동' 논의의 한국적 시사점을 중심으로." 『한국사회과학논총』 18(1).

———. 2013. 『보편복지로서 생태복지 정립을 위한 시론: 동양사회사상적 관점에서 본 '노동의 미래'를 중심으로』. 2013년 전기 한국사회학대회 발표논문집.

김학주 · 임정원. 2011. "불교사회복지의 현황 및 과제: 조계종과 천태종을 중심으로." 『한국교수불자연합학회지』.

박규상. 1999. 『불교사회경제학』. 경서원.

박수호. 2009. "노동과 여가의 통합적 이해: 불교적 관점과 '좋은 노동'." 『동양사회사상』 19.

박승희. 1999. "사서에 나타난 유교의 사회복지사상." 『한국사회복지학』 제38호.

———. 2007. "유교적 관점에서 바라본 스웨덴 사회복지." 『유교사상연구』 제29집.

———. 2008. "율곡의 사회복지 사상." 『동양철학연구』 제55집.

슈마허, 에른스트(Schumacher, E. F.). 1999. 『작은 것이 아름답다』. 김진욱 역. 범우사.

오세근. 2003. "전前자본제 사회에서 동양과 서양의 복지 사상 특성에 관한 고찰: 한국과 영국의 구빈정책을 중심으로." 『동양사회사상』 제7집.

———. 2011. "현대 복지국가의 돌봄 위기에 대응하는 유교사상의 정책담론 도출에 관한 연구: 노인에 대한 좋은 돌봄의 이념 구상을 중심으로." 『동양사회사상』 제24집.

오세근 외. 2009. 『불교복지, 행복과 대화하다』. 학지사.

유승무. 2009. "'좋은 노동'을 위한 발상의 전환." 『노동과 여가에 대한 새로운 담론: 동양사회사상과 '좋은 노동'』. 2009 동양사회사상학회 기획학술대회 발표논문집.

이명희. 2001. "유교사회의 연복지 문화에 관한 미시적 고찰." 『한국사상과 문화』 14권.

이상익. 2001. 『유가 사회철학연구』. 심산.

이소영. 2013. "생태담론과 생명운동의 정치적 합의." 『동양사회사상』 제26집.

임해영. 2006. "저출산, 고령사회 이행과 불교사회복지 대응 방안." 『불교사회복지연구』 제1호. 대한불교조계종 사회복지재단.

정기문. 2001. "불교의 욕망관과 경제문제의 인식." 『불교평론』 9호.

정재걸. 2007. "노인을 위한 죽음준비 교육 프로그램 개발연구." 『동양사회사상』 16.

리프킨, 제레미(Rifkin, Jeremy). 2005. 『노동의 종말』. 이영호 옮김. 민음사.

한국불교사회복지총람 편찬위원회. 1999. 『한국불교사회복지총람』. 대한불교조계종 사회복지재단.

홍승표. 2005. "통일체적 세계관과 새로운 여가관의 모색." 『동양사회사상』 제12집.

———. 2007. 『노인혁명』. 예문서원.

———. 2009a. "통일체적 세계관과 인간적 노동의 구현." 『동양사회사상』 제19집.

———. 2009b. "동양사상과 복지 주체로서의 노인." 『사회과학논총』 제28집.

Gorz, A. 2000. *Arbeit zwischen Misere und Utopie*. Frankfurt a.M.: Suhrkamp.

제8장

가네오까 수우(金岡秀友). 1978. 『佛教의 國家觀』, 김희오 역. 總和閣.

디사나야케, 피아세나(Dissanyake, Piyasena). 1987. 『불교의 정치사상』. 정승석 역. 대원정사.

류인희. 1991, "공자를 통해서 본 경제와 정의의 문제." 『철학과 현실』 통권 제9호.

미조구치 유조(溝口三雄) 편. 2011.『중국사상문화사전』. 김석근 · 김용천 · 박규태 역. 책과함께.

사중명(謝仲明). 1998. 『유학과 근대세계』. 김기현 역. 서광사.

샌델, 마이클(Sandel, Michael J.). 2010. 『정의란 무엇인가』. 이창신 역. 김영사.

스펠만, 존(Spellman, John W.). 2000. 『고대 인도의 정치이론』, 이광수 역. 아카넷.

오상무. 1996. "「노자」 '소국과민' 에 대한 새로운 이해." 『동양철학』 제7집.

윤세원. 1986. 『불타의 정치사상에 관한 연구-원시경전을 중심으로』. 중앙대학교 대학원 박사학위청구논문.

———. 2004. "한용운 자유개념의 철학적 토대와 논리구조에 관한 연구." 『동양사회사상』 제9집.

———. 2006. "전륜성왕의 정치사상적 의미에 관한 연구." 『불교학연구』 제14집.

———. 2008, "전륜성왕의 개념형성과 수용과정에 관한 연구." 『동양사회사상』 제17집.

전재성 역주. 1999. 『쌍윳따니까야』 제1권. 한국빠알리성전협회.

정석도. 2006. "노자의 자연주의 국가질서 체계에 대한 은유 분석." 『동양철학연구』 46: 203-236.

좌구명(左丘明). 2005. 『國語』. 허호구 등 역. 전통문화 연구소.

진입부(陳立夫). 1988. 『中國哲學의 人間學的 理解』. 鄭仁在 역. 민지사.

천성림. 2002. 『근대중국사상세계의 한 흐름-사조 · 논쟁 · 흐름-』. 신서원.

최진덕 외. 2000. "유학의 민본사상." 『민본주의를 넘어서』. 청계.

福永光司. 1968(昭和 43). 『老子』. 朝日新聞社.

中村 元. 1959. 『宗教와 社會倫理』. 岩波書店.

Basham, A. L. 1964. *Studies in Indian History and Culture*. Calcutta.

Ghoshal, U.N. 1959. *A History of Indian Political Ideas*. Oxford Univ. Press.

Rawls, John. 1973. *A Theory of Justice*. Cambrige, Massachusetts: Harvard Univ. Press.

Siddhi Butr-Indr. 1979. *The Social Philosophy of Buddhism*. Mahamakut Buddhist Uni. Bangkok.

Watkins, Frederik M. 1964. *The Age of Ideology-Political Thought, 1750 to the Present*. Englewood Cliffs, New Jersey: Prentice Hall, Inc.

『장아함경』「세기경」, 「소연경」, 「대루탄경」, 「자환희경」, 「구라단두경」

『中阿含經』.

『잡아함경』「발가리경」.

『增壹阿含經』.

『디가 니까야』「아간냐숫따」.

『맛지마 니까야』.

『상응부경전』「발가여」.

『소부경전』「경집」.

『律藏』
『四分律』「금색왕경」.
『논어』, 『禮記』, 『孟子』, 『中庸』, 『大學』, 『도덕경』.

제9장

이재룡. 1998. “유가의 자연법 사상.” 『법철학연구』, 제1권.
———. 1999. “인시제의와 법가적 법치.” 『법철학연구』, 제2권.
———. 2000. “조선시대의 법 제도와 유교적 민본주의.” 동양사회사상』, 제3집.
———. 2002. “유교사회사상에서의 자유와 평등.” 『법철학연구』, 제5권 제2호.
———. 2004. “도덕과 제도, 국가권력의 분산과 집중의 변주.” 『법철학연구』, 제7권 제2호.
진희권. 2000. “동서양의 법이해.” 『동양사회사상』 제3집.
———. 2002a. “십악을 통해서 본 유교적 형벌관.” 『법철학연구』 제5권 제1호.
———. 2002b. “유교사상과 조선조형사절차.” 『동양사회사상』 제6집.
———. 2003a. “유교적 형벌규정의 현재와 미래.” 『동양사회사상』 제8집.
———. 2003b. “조선의 국가이념에 대한 소고.” 『법철학연구』 제6권 제2호.
———. 2005. “조선에서의 여성의 법적 지위에 대한 소고.” 『법철학연구』 제8권 2호.
———. 2008. “합목적성에 대한 일고찰.” 『안암법학』 제27호.
———. 2010. “예기의 월령에 나타난 유교의 자연질서와 자연법.” 『동양사회사상』 제21집.

제10장

강만길. 2000. 『한국 자본주의의 역사』. 역사비평사.
강영한. 2001. “동양의 순환적 사유와 그 배경.” 『동양사회사상』 4: 81-110.
국민호. 1997. “동아시아 경제발전과 유교.” 『한국사회학』 31: 29-59.
———. 2002. “일제 식민지 시기 한국의 산업화와 유제.” 『동양사회사상』 5: 119-146.

———. 2007. “동아시아 발전과 아시아적 가치–한국의 사례를 중심으로.” 『동양사회사상』 15: 183-221.

권상우. 2006. “근대, 탈현대 그리고 유학.” 『동양사회사상』 14: 83-105.

———. 2007. “기업의 사회적 책임에 대한 주자학적 접근–기업경영에서 사익과 공익은 양립 가능한가?” 『동양사회사상』 15: 253-278.

기든스, 앤소니(Giddens, Anthony). 2011. 『현대사회학』. 김미숙 외 옮김. 을유문화사.

김백철. 2010. “영조의 義理明辯書 「闡義昭鑑」 편찬과 정국변화: 堯舜의 두 가지 얼굴, 탕평군주와 전제군주의 경계.” 『정신문화연구』 33(4): 7-40.

김상준. 2007. “중층근대성, 대안적 근대성 이론의 개요.” 『한국사회학』 41(4): 242-279.

김석근. 1999. “유교 윤리와 자본주의 정신?– ‘베버 테제’ 의 재음미.” 『동양사회사상』 2:197-228.

김성윤. 1998. 『조선후기 탕평정치 연구』. 지식산업사.

김성환. 2007. “오래된 한류, 한류의 미래–어디든 내리는 ‘비’ 와 한류의 문화사적 재현성.” 『동양사회사상』 15: 87-108.

김용섭. 1995. 『조선후기농업사연구』. 일조각.

김일영. 2005. “박정희시대 연구의 쟁점과 과제.” 정성화 편. 『박정희시대 연구의 쟁점과 과제』. 선인. 11-45.

김충열. 2003. “성리학의 동점 과정: 주자학 持入을 기점으로.” 『남명학연구논총』 12: 1-52.

김호기. 1992. “동아시아 자본주의 발전과 유교의 역할.” 유석춘 편. 『막스 베버와 동양사회』. 나남. 335-357.

박광용. 1998. 『영조와 정조의 나라』. 푸른역사.

박병진 · 김병수. 2013. “사회균열의 축으로서의 종교–종교 간 가치 및 태도의 차이를 중심으로.” 『동양사회사상』 27: 221-252.

박영신. 1987. 『역사와 사회변동』. 민영사.

박찬승. 2008. “식민지 근대화론에 매몰된 식민지 시기 서술.” 『역사비평』 83: 321-334.

박현모. 2000. “정조의 탕평정치 연구 : 성왕론의 이념과 한계.” 『한국정치학회보』 34(1): 45-62.

———. 2003. "정조의 탕평정치 연구 2 : '醫國論' 의 관점에서 본 정조의 리더." 『정신문화연구』 26(1): 153-175.

손미정. 2003. "오징(吳澄)과 한국 주자학의 심학적 특성-권근(權近)을 중심으로." 『동양사회사상』 7: 185-210.

손호철. 1997. "박정희 정권의 재평가: 개발독재 바람직했나?" 『현대 한국정치: 이론과 역사』. 사회평론사. 246-269.

송찬식. 1997. 『조선후기사회경제사의 연구』. 일조각.

송호근. 2013. 『시민의 탄생: 조선의 근대와 공론장의 지각변동』. 민음사.

신광영 · 정철희. 2002. "한국사회의 전통과 민주주의." 『한국사회학』 36(3): 109-130.

신용하. 1997. "식민지 근대화론 재정립시도에 대한 비판." 『창작과비평』 98: 8-38.

———. 1998. "서구의 충격과 개국론의 대두: 개국론의 대두와 개화사상의 형성." 『동양학』 28: 37-56.

신종화. 2013. "'모던modern' 의 한국적 개념화에 대한 탐색적 연구- '근대近代' 에 관한 『조선왕조실록』의 언어적 용례를 중심으로." 『동양사회사상』 27: 5-48.

안병직. 1997. "한국근현대사연구의 새로운 패러다임." 『창작과비평』 98: 39-58.

왕혜숙. 2013. "동아시아 가족의 다양성-한국과 대만의 가족제도와 규범 비교 연구." 『동양사회사상』 27: 351-398.

유석춘 · 최우영 · 왕혜숙. 2005. "유교윤리와 한국 자본주의 정신: 효(孝)를 중심으로." 『한국사회학』 9(6): 52-86.

유승무. 2005a. "중도와 '또 다른 진보' 의 선순환 모델." 『동양사회사상』 11: 5-34.

———. 2005b. "불교의 정치문화 전통과 민주주의: 가치지향과 의사결정의 민주성을 매개로." 『한국학논집』 32: 149-178.

———. 2009. "2008년 범불교도대회를 통해서 본 한국사회의 종교 간 갈등: '총성 없는 전쟁'." 『동양사회사상』 19: 85-108.

이동인. 2007. "유교문화와 한류." 『동양사회사상』 15: 35-51.

이병천. 2007. "우리 시대 후발 '이중혁명' 에 대한 비판적 성찰: 산업화와 민주화의 한국적 길, 비교역사적 시각에서 본 그 특질과 결과." 『역사비평』 80: 111-148.

이상익. 2001. "유가의 경제사상과 유교자본주의론의 타당성 문제." 『철학』 66: 29-

52.

이승연. 2004. "화서 이항로의 도덕국가론-탈근대적 국가상을 위한 비판적 검토." 『동양사회사상』 9: 109-131.

———. 2007a. "주자의 예와 몽테스키외의 법-'근대성'과 '탈근대성'을 중심으로." 『동양사회사상』 16: 73-103.

———. 2007b. "주자 예학의 형식주의적 특성을 중심으로." 『동양사회사상』 15: 223-252.

———. 2008. "18세기 전후 주자학의 지역적 전개에 관한 일 고찰-정만양 · 정규양 형제의 『의례통고』를 중심으로." 『동양사회사상』 18: 209-243.

이영찬. 1999. "유교의 변동론." 『사회과학논총』 18(1): 81-97.

———. 2001. 『유교사회학』. 예문서원.

———. 2003. "리기론적 사회학 패러다임 시론." 『동양사회사상』 8: 39-74.

이재룡. 2009. "조선 후기 붕당정치의 역사적 의의-정당정치에의 원용가능성에 대한 시론적 고찰." 『동양사회사상』 9: 135-164.

이현지. 2013. "「주역」 정(鼎)괘를 통한 한국 다문화사회 문제해결 방안." 『동양사회사상』 27: 253 -279.

이황직. 2013. "4·19혁명 전후 유교 계열 지식인의 동향." 『동양사회사상』 27: 177-220.

장상환. 2008. "박정희 정권 조국근대화론의 공과." 『내일을 여는 역사』 34: 31-47.

장현근. 2008. "한국사회의 연고주의 담론과 유교와의 무관련성 연구." 『아태연구』 15(1): 105-124.

전상인. 2000. "자본주의 및 민주주의 발전과 아시아적 가치." 『연세경영연구』 37(2): 77-96.

전태국. 2003. "막스 베버의 유교 테제와 한국 사회." 『사회와 이론』 3: 39-84.

정석종. 1994. 『조선후기의 정치와 사상』. 한길사.

정성원. 2002. "척사위정파에 있어 '우리' / '그들'." 『동양사회사상』 5: 147-176.

———. 2013. "태교(胎教)에서 신(神位)까지, 총체적으로 과잉 교육화된 사회?" 『동양사회사상』 27: 281-316.

정옥자. 1991. 『조선후기 지성사』. 일지사.

정일준. 2011. "박정희 정권기 개발독재 비판-비교역사사회학적 접근." 『역사비평』 95: 68-92.

조혜인. 1998. 『사회변동론』. 서강대학교 공공정책대학원.

조희연. 2010. 『동원된 근대화: 박정희 개발동원체계의 정치사회적 이중성』. 후마니타스.

채석용. 2009. "유교의 근대성 및 탈근대성과 관련된 기존 연구에 대한 비판적 검토 -「동양철학연구」 게재 논문을 중심으로-." 『동양철학연구』 57: 137-161.

최석만. 1999. "유교 사상과 민주주의의 접합을 위한 이론 구성 및 방법론." 『동양사회사상』 2: 5-29.

———. 2007. "한류: 한국 전통문화의 재해석." 『동양사회사상』 15: 5-33.

———. 2012. "세계화 시대에서의 한국 자본주의의 성격: 다중적 현대화와 문화의 역할." 『동양사회사상』 26: 325-344.

최우영. 2003. "긴장과 갈등의 유교-유교적 갈등의 역사적, 존재론적 기원." 『동양사회사상』 7: 97-130.

———. 2009. "종교와 계약의 접합으로서의 유교정치." 『동양사회사상』 19: 51-83.

———. 2012. "오리엔탈리즘과 한국 전통사회 공공성의 가능성." 『동양사회사상』 26: 169-205.

최종렬. 2006. "상징체계로서의 유교와 탈현대." 『동양사회사상』 13: 161-204.

한국정치연구회 편. 1998. 『박정희를 넘어서』. 푸른숲.

한영우. 1997. 『다시 찾는 우리 역사』. 경세원.

한홍구. 2005. "2005년의 박정희, 박정희의 2005년-그를 이제 편안히 장사 지내주자." 『대한민국사 3: 야스쿠니의 악몽에서 간첩의 추억까지』. 한겨레출판. 15-28.

허수열. 2013. "상상과 사실-이영훈교수의 비평에 다시 답한다." 『경제사학』 54: 167-202.

홍승표. 2005. 『동양사상과 탈현대』. 예문서원.

홍윤기. 2003. "민주화시대의 '박정희': 박정희 신격화 담론과 일상적 파시즘 담론에 대한 비판적 고찰." 이병천 엮음. 『개발독재와 박정희시대』. 창비. 365-398.

Macionis, John J.. 2010. *Sociology*. Boston: Prentice Hall.

찾아보기

ㅇ

〔저 자 약 력〕

김미경(金美京)

• **약력** : 서강대 사회학과 및 동대학원 사회학과를 졸업하고 독일 Marburg대학 사회과학부에서 박사과정을 수료하였으며, Bochum대학 Ilse Lenz 교수 밑에서 사회구조분석, 사회정책, 여성노동을 주제로 박사학위(Dok. rer. Soz.)를 취득하였다. 귀국 후 한국여성개발원(현 한국여성정책연구원)에서 연구위원을 지냈으며 2003년 9월 광주대 사회복지대학원에 부임하였다. 주요 관심분야는 사회정책과 여성복지, 사회복지사상이며 최근에는 '한국적 복지국가 모델 정립' 을 위한 복지사상 연구에 주력하고 있다. 주요 저서로는『여성노동시대, 일가족 양립을 위한 여성주의 사회복지』(2012)가 2013년 대한민국 학술원 우수도서로 선정되었고,『여성주의적 유토피아, 그 대안적 미래』(2000)가 있다. 그 밖에 연구논문으로 "여가로서 수행의 의미: 노동사회의 소비적 여가를 넘어 수행문화의 복지사회를 위한 단상"(2010, 동양사회사상학회) 등이 있다.

• E-mail : mkkim@gwangju.ac.kr

김영주(金榮柱)

• **약력** : 전남대학교 법과대학 행정학과를 졸업하고 같은 대학교 대학원에서 경제학 석사 및 박사학위를 받았다. 현재 초당대학교 부교수이다. 주요 관심분야는 '동양사상과 서양사상의 새로운 만남' 을 위한 연결고리이다. 최근에는 노자사상의 사회사상적 의미를 주로 연구하고 있으며, 나아가서 노자 · 아담 스미스 · 존 롤즈 · 마이클 샌델의 관계를 연구하면서 '새로운 노자' 로 21세기의 '복지 민주주의' 와 '생태 민주주의' 이론을 개발하여 '21세기를 향한 새로운 사회인문학' 의 이론모델을 만들려고 한다. 주요 저서로는『시장주의, 그 신화와 환상』(1999) 등이 있다.

• E-mail : yjkim89102@hanmail.net

박수호(朴秀浩)

• **약력** : 고려대학교 사회학과에서 박사학위를 취득하였고, 현재 덕성여대 지식문화연구소 연구교수로 재직하고 있다. 종교사회학과 정보사회학을 주로 가르치고 있으며, 주요 연구관심은 사회현상에 대한 불교적 관점의 해석과 불교 현상의 사회학적 분석, 한국사회의 문화적 특수성 등이다. 주요 저서로는『21세기 종교사회학』(공저)(2013),『한국의 종교와 사회운동』(공저)(2010),『동양사상과 탈현대의 여가』(공저)(2006) 등이 있고, 논문은 "노동과 여가의 통합적 이해: 불교적 관점과 '좋은 노동'"『사회사상과 문화』19(2009), "종교정책을 통해 본 국가-종교간 관계: 한국 불교를 중심으로"『한국학논집』39(2009), "사회화 기관으로서의 인터넷과 소비자사회화"『문화경제연구』13-1(2010), "행복 요인으로서의 사회적 인정"『사회와 이론』23(2013), "'마음' 의 사회학적 재발견과 '합심(合心)' 의 소통행위론적 이해"『사회사상과 문화』28(2013) 등이 있다.

• E-mail : foramita@chol.com

오세근(吳世根)

- **약력** : 전남대학교 사회학과를 졸업하고 일본 히로시마 대학교에서 사회학 박사학위를 받았다. 현재 동신대학교 사회복지학과 교수로 재직 중이다. 관심 분야는 사회문제, 동양사회 사상, 사회복지 사상, 문화 등이다. 저서로 『불교복지 행복과 대화하다』(공저)(2009), 『지역사회와 복지』(공저)(2008), 『탈현대와 유교』(공저)(2007), 『유교적 사회질서와 문화, 민주주의』(공저)(2006), 『유교와 페미니즘』(공저)(2001)이 있다. 최근 논문으로는 "동원의 정치 리더십에서 감응의 정치 리더십으로의 프레임 전화: 유교적 정치 리더십 구상과 전망을 중심으로" 『사회사상과 문화』 제28집(2013), "현대 복지국가의 돌봄 위기에 대응하는 유교사상의 정책 담론 도출에 관한 연구" 『동양사회사상』 제24집(2011) 등이 있다.
- E-mail: 3303693@hanmail.net

우실하(禹實夏)

- **약력** : 연세대학교 사회학과 학사, 석사, 박사. 중국 요녕대학교 교수(2000~2002)를 거쳐 2005년부터 한국항공대학교 교양학과 교수로 재직하면서 한국 문화, 사상의 원류를 밝히는 연구를 해오고 있으며, 이 일환으로 최근에는 80년대 이후 새롭게 발견된 요하문명, 홍산문화의 사상과 문화에 대해 연구하고 있다. 『3수 분화의 세계관』(2012), 『동북공정 너머 요하문명론』(2007), 『전통 음악의 구조와 원리』(2004), 『한국 전통 문화의 구성 원리』(1998), 『오리엔탈리즘의 해체와 우리 문화 바로 읽기』(1997) 등 8권의 단독저서와 『한국인의 일상과 문화유전자』(2014), 『한국, 중국, 일본과 몽골』(2013), 『강과 동아시아 문명』(2012), 『고대에도 한류가 있었다』(2007) 등 12권의 공저가 있다.
- E-mail : woosilha@kau.ac.kr

유승무(柳承武)

- **약력** : 한양대학교 사회학과를 졸업하고 동대학원에서 박사학위를 취득하였으며, 현재는 중앙승가대학교 불교사회학부 교수로 재직하고 있다. 저서로는 『불교사회학』(2010)이 있으며, 공저로는 『현대사회와 베버 패러다임』(2013), 『한국민족주의의 종교적 기반』(2010), 『유교적 사회질서와 문화, 민주주의』(2005) 등이 있다.
- E-mail : smlew691@hanmail.net

윤세원(尹世遠)

- **약력** : 중앙대학교 정치외교학과를 졸업하고 동대학원에서 박사학위를 취득하였다. University of Mary에서 방문교수로 연구활동을 하였고, 현재는 인천대학교 사범대학 윤리교육학과에 재직 중이다. 주된 학문적 관심사인 연기론의 사회과학적 적용 가능성 탐색과 불교의 정치사회사상 연구에 주력하고 있다. 주요 연구업적으로는 "『삼국유사』 「요동성육왕탑」조에 관한 일고찰" 『신라문화제학술논문집』 35(2014), "불교의 정치사상과 법흥왕" 『동양정치사상사』 제12권 2호(2013), "4~5세기 동아시아의 사상적 동향과 정치사상으로서의 전륜성왕" 『동양정치사상사』 제11권 2호(2012), "현대사회의 병리적 작동원리와 불교의 역할" 『동양사회사상』 제25집,(2012), "상가와 왕권의 상호작용에 관한 연구" 『불교학연구』 25(2010), "전륜성왕의 개념형성과 수용과정에 관한 연구" 『동양사회사상』 제17집(2008), "전륜성왕의 정치철학적 의미에 관한 연구" 『불교학연구』 14

(2006), "한용운 자유개념의 철학적 토대와 논리구조에 관한 연구"『동양사회사상』 제9집 (2004), "원형적 관점에서 본 불교의 정치적 이상과 교육의 역할"『종교교육학연구』 (2002) 등이 있다.

• E-mail : jhysw@incheon.ac.kr

이영찬(李英燦)

• **약력** : 경북대학교에서 사회학과 학부, 대학원(석사, 박사과정)을 수료하고, 프랑스의 프랑쉬-꽁떼대학(U. de Franche-comte)에서 사회학 박사학위를 취득하였다. 현재 계명대학교 사회학과 교수로 재직 중이며, 주요 관심분야는 유교사회학이다. 근래에는 유교사상을 사회학 이론화하는 작업에 노력을 기울이고 있다. 저서로는『유교사회학의 패러다임과 사회이론』(2008),『유교사회학』(2001) 등이 있다.

• E-mail: lyc@kmu.ac.kr

이재룡(李在龍)

• **약력** : 고려대학교 문과대학 사회학과, 같은 대학 대학원 법학과에서 법학석사 및 법학박사학위를 취득한 후 2001년부터 충북대학교 법학대학 및 직제 개편된 법학전문대학원의 교수로 재직하고 있다. 법철학, 동양철학 및 동양 법제사, 동양 법사상사 등에 관심을 갖고 꾸준히 연구를 계속하고 있다. 저서로는『법과 국가 인간과 자연의 조화』(2013),『조선 예의 사상에서 법의 통치까지』(1995) 및 그 밖에 여러 권의 공저가 있고, "대학 격물치지 격물고"『고려법학』 69 고려대학교 법학연구원(2013), "원시유가의 사회사상과 사회생물학"『법학연구』 23-1 충북대학교 법학연구소(2012), "충서론의 현대적 이해"『법학연구』 22-1 충북대학교 법학연구소(2011), "주희 성리학에서의 소이연과 소당연의 도덕실재적 함의"『법학논총』 34-1 단국대학교 법학연구소(2010), "주역 법자연의 원리와 규범관"『법학연구』 19-1 충북대학교 법학연구소(2008), "주역 송괘를 통해 본 서주 시대의 소송"『법철학연구』 9-1 한국법철학회(2006) 등 다수의 논문이 있다.

• E-mail: jairyong@chungbuk.ac.kr

이현지(李炫知)

• **약력** : 계명대학교 사회학과에서 박사학위를 받고 중국 사회과학원에서 박사 후 연수를 하였다. 현재 계명대학교 교양교육대학에 재직하고 있으며, 주요 관심분야는 유교와 가족, 음양론, 마음공부, 한의철학 등이다. 대표 저서로『주역과 탈현대』(공저)(2014),『동양사상과 노인복지』(공저)(2013),『동양사상과 탈현대의 발견』(2009),『동아시아 전통의학의 현대화』(2008),『성, 가족, 문화 다르게 읽기』(2004) 등이 있고, 대표 논문으로는 "「주역」 정괘를 통한 한국 다문화사회 문제해결 방안"『동양사회사상』 27(2013), "유가적 삶의 탈현대적 함의"『유교사상문화연구』 54(2013) 등이 있다.

• E-mail: leehj@kmu.ac.kr

정 륜(鄭 崙)

- **약력** : 전북대학교 인문과학대학 철학과를 졸업하고 같은 대학교 대학원에서 문학석사 및 철학박사 학위를 받았다. 현재는 군산대학교 강사로 있다. 주요 관심사는 도가와 불교철학을 사회철학과 접목하는 데 있다. 요즘은 도가철학의 수행과 지혜, 불교철학과 공동체 문제를 주로 연구하고 있으며, 앞으로는 명상과 통찰의 상자성(相資性)을 바탕으로 동양철학의 요체를 진보진영의 사상과 연결하여 미래사회의 변혁이론을 구성하고자 한다. 주요 논저로는 『장자와 역설』(1999), 『당무유용의 현재성』(2013), 『개벽과 상생의 문화지대: 새만금』(공저)(2006) 등이 있다.
- E-mail : kulun@hanmail.net

정성원(鄭城源)

- **약력** : 서강대학교 대학원 사회학과에서 수학한 후, 서강대학교 공공정책대학원 대우교수와 한국사회상담연구소장으로 재직하면서 사회심리, 문화, 동양사회사상 분야 등의 연구에 주력해 왔다. 저서로는 『더럽혀진 성리학적 질서의 되살림』(2007) 등이 있고, 논문은 "조선사회의 '빨리빨리' 문화" 『사회사상과 문화』 29(2014), "태교에서 신위까지: 총체적으로 과잉 교육화된 사회" 『사회사상과 문화』 27(2013), "현대인들의 과시" 『담론201』 10-1(2007) 등이 있다.
- E-mail: swjung21@hanmail.net

정승안(鄭勝安)

- **약력** : 비판적 사회학의 맛에 흠뻑 빠져들었다가 대학원에서는 일상생활의 사회학과 사회사상에 관심을 두고 공부했다. 실증주의적 사회과학의 한계에 대한 대안적 인식을 동양사상에서 찾고자 하였다. 최근에는 주역을 중심으로 한 사서강독을 하며, 주역과 사회학의 만남 및 이론적 접합을 화두삼아 연구하며 나름대로의 대안적 실천을 도모하고 있다. 지금은 동명대 자율전공학부에서 교수로 재직 중이다. 논문으로는 "1980년대 불교청년운동의 전개와 특성: 정치사회적 발전의 맥락에서"(2014), "범어사의 건축공간에 대한 주역사회학적 분석"(2013), "관광의 의미에 대한 주역사회학적 접근"(2012)이 있으며 저서로는 『현대정치의 이해』(2014), 『정보사회와 미디어 그리고 문화』(2014)가 있다.
- E-mail : sovong@nate.com

정학섭(鄭鶴燮)

- **약력** : 서울대학교 학부 및 대학원에서 사회학을 전공하였으며, 1985년 이후 현재까지 전북대학교 사회학과 교수로 재직해 왔고 2004~06년 캐나다 UBC에 visiting scholar로 다녀오기도 했다. 2011년 8월부터 동양사회사상학회장을 맡고 있다. 관심 분야는 사회계층 · 계급론, 동양사회사상, 결혼과 가족의 사회학 등이며 『한국의 사회사상』(공저), 『사회학이론의 구조』(공역) 외에 최근 『유가사상 공부론과 수양론의 탐색』, 『심미의식과 도덕적 지향의 통합』, 『한국사회 가족주의와 사회자본』 등에 대해 일련의 글을 발표하고 있다.
- E-mail: hark@jbnu.ac.kr

진희권(秦熙權)

- **약력** : 고려대학교 법학과에서 학부와 일반대학원을 졸업한 후, 2003년부터 경기대학교 법학과 교수로 재직 중이다. 주요 관심은 우리나라의 법문화의 원류를 찾기 위한 전통법 연구로 유가 또는 법가의 법사상에 대한 연구에서 시작하여 불교의 법사상으로 범주를 넓히고 있다. 주요 저서로는 『유교적 국가이념과 국가질서』(2008), 『유교전통법의 기초적 이해』(2007), 『조선시대의 규범이론과 규범체계』(공저)(2006) 등이 있고, 논문은 "불교 오계의 규범적 의미" 『법철학연구』 17-2(2014), "선진법가의 정의관에 관한 일고찰" 『안암법학』 24(2007), "순자의 예치와 한비자의 법치" 『법철학연구』 7-2(2004), "유교사상과 조선조형사절차" 『동양사회사상』 6(2002) 등이 있다.
- E-mail : chinhk@kgu.ac.kr

홍승표(洪勝杓)

- **약력** : 고려대학교 사회학과를 졸업. 미국 아이오아 주립대학교에서 사회학 박사학위를 취득하였다. 1997년부터 계명대학교 사회학과 교수로 재직하면서, 동양사상을 바탕으로 새로운 사회이론을 구성하고, 탈현대 문명을 구상하는 작업을 수행하고 있다. 저서로는 『주역과 탈현대 문명』(2014), 『탈현대와 동양사상의 재발견』(2012), 『동양사상과 탈현대적 삶』(2011), 『동양사상과 새로운 유토피아』(2010), 『노인 혁명』(2007), 『동양사상과 탈현대』(2005), 『존재의 아름다움』(2003), 『깨달음의 사회학』(2002) 등이 있고, 이외 여러 권의 공저와 다수의 논문을 발표했다.
- E-mail: sphong@kmu.ac.kr

사회학총서 8

사회학적 관심의 동양사상적 지평

2014년 12월 10일　제1판 1쇄 인쇄
2014년 12월 15일　제1판 1쇄 발행

저 자　정 학 섭 외
발행인　강 희 일 · 박 은 자

발행처　**다 산 출 판 사**

서울특별시 마포구 용강동 494 - 85
등 록　1979. 6. 5.　제 3-86 호(윤)
전 화　717-3661~2,　718-1751~2
FAX　716-9945
조 판　민 하 디 지 탈 아 트

정가 18,000원　　파본은 바꾸어 드립니다.

http://www.dasanbooks.co.kr
ISBN 978-89-7110-474-3 94330
ISBN 978-89-7110-412-5(세트)